Y0-AHE-466

A ARMADILHA
DA GLOBALIZAÇÃO

O assalto à democracia
e ao bem-estar social

Rua do Catete, 153
Tels.: 205-0603 / 205-3860

HANS-PETER MARTIN
& HARALD SCHUMANN

A ARMADILHA DA GLOBALIZAÇÃO

O assalto à democracia
e ao bem-estar social

5ª *Edição*

Título do original em alemão:
Die Globalisierungsfalle

Copyright © 1996 by Rowohlt Verlag GmbH, Reinbeck bei Hamburg

Tradução: Waldtraut U. E. Rose e Clara C. W. Sackiewicz
Edição de texto: Maurício Rittner
Revisão de texto: Márcia Menin e Levon Yacubian
Projeto gráfico: Alves e Miranda Editorial Ltda.
Fotos de capa e orelha: FBG/Bavaria Bildagentur
Editoração eletrônica e fotolitos: WA Studio Arte e Composição Ltda.

Direitos mundiais em língua portuguesa cedidos a
EDITORA GLOBO S.A.
Avenida Jaguaré, 1485
CEP 05346-902 – Tel.: 3767-7000, São Paulo, SP, Brasil
e-mail: atendimento@edglobo.com.br

Todos os direitos reservados. Nenhuma parte desta edição pode ser utilizada ou reproduzida – em qualquer meio ou forma, seja mecânico ou eletrônico, fotocópia, gravação etc. –, nem apropriada ou estocada em sistema de bancos de dados, sem expressa autorização da editora.

Impressão e acabamento: Paulus Gráfica

Dados internacionais de Catalogação na Publicação (CIP)
(Câmara Brasileira do Livro, SP, Brasil)

Martin, Hans-Peter, 1957-
 A armadilha da globalização / Hans-Peter Martin, Harald Schumann ; [tradução Waldtraut U. E. Rose e Clara C. W. Sackiewicz]. – 5. ed. – São Paulo : Globo, 1999.

 Título original: Die Globalisierungsfalle
 ISBN 85-250-2136-9

 1. Economia mundial 2. História econômica – Século 20 I. Schumann, Harald, 1957- II. Título.

97-4638 CDD-330.904

Índices para catálogo sistemático
1. Globalização : Economia : Século 20 : História 330.904
2. Século 20 : Globalização : Economia : História 330.904

SUMÁRIO

7
CAPÍTULO 1 – A SOCIEDADE 20 POR 80
Dirigentes mundiais rumo a uma nova civilização

23
CAPÍTULO 2 – TUDO EM TODA PARTE
O impacto da globalização e a fragmentação global

61
CAPÍTULO 3 – DITADURA COM RESPONSABILIDADE LIMITADA
O jogo de bilhar no mercado financeiro mundial

137
CAPÍTULO 4 – A LEI DA SELVA
A onda de desemprego e as novas multinacionais

195
CAPÍTULO 5 – MENTIRAS CÔMODAS
O mito do local de produção e da globalização justa

229
CAPÍTULO 6 – SALVE-SE QUEM PUDER, MAS QUEM PODE?
O declínio da classe média e a ascensão dos sedutores radicais

257
CAPÍTULO 7 – CULPADOS OU VÍTIMAS?
Os pobres jogadores globais e a força das circunstâncias

273
CAPÍTULO 8 – A QUEM PERTENCE O ESTADO?
A decadência da política e o futuro das soberanias nacionais

313
CAPÍTULO 9 – O FIM DA DESORIENTAÇÃO
A saída do beco sem saída

331
CAPÍTULO 10 – DEZ IDÉIAS CONTRA A SOCIEDADE 20 POR 80

337
NOTAS

351
AGRADECIMENTOS

Para nossos filhos Ben, Manuel e Paul.

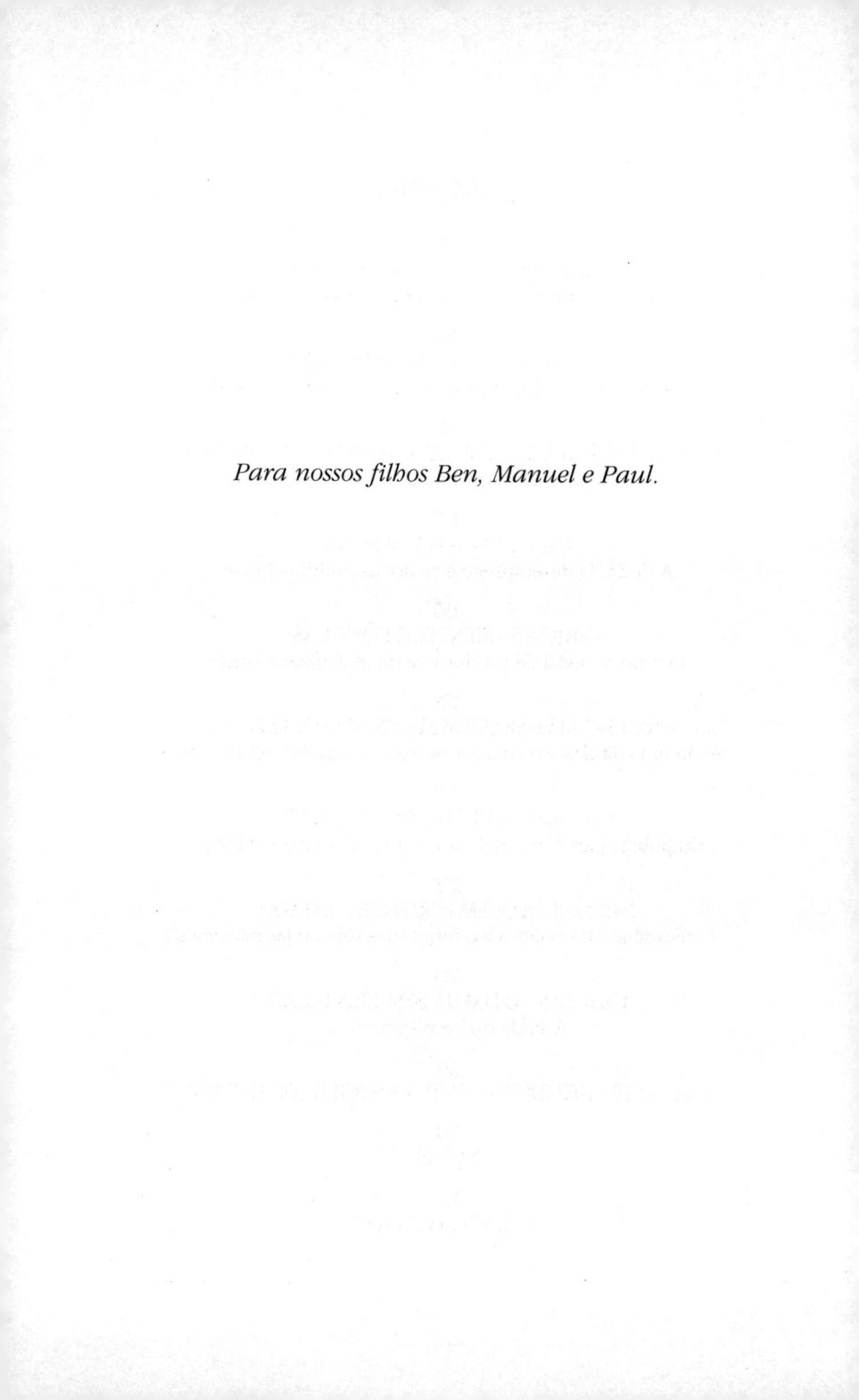

1

A SOCIEDADE 20 POR 80

Dirigentes mundiais rumo a uma nova civilização

> *"O mundo inteiro se transforma no sentido em que já se transformou antes."*
> WERNER SCHWAB, em sua peça póstuma *Hochschwab*

O sonho dourado das elites se materializa num hotel de San Francisco, Califórnia. O Fairmont é ao mesmo tempo uma instituição e um ícone, um alojamento de luxo e um símbolo do prazer de viver. Quem o conhece chama-o respeitosamente de "The Fairmont". Quem pode hospedar-se nele venceu na vida. Esse templo da prosperidade ergue-se numa colina, a Nob Hill, tendo aos pés a famosa "City", monumento californiano à ostentação, superlativa mistura de fim do século 19 com o bem-estar do pós-guerra. Os visitantes se extasiam com a vista ao subir pelo elevador transparente, do lado de fora do prédio, rumo ao Crown's Room, o restaurante da cobertura. Descortina-se dali o belo panorama daquele invejável mundo novo. Da ponte Golden Gate até a sucessão de colinas de Berkeley, do outro lado da baía de San Francisco, brilha a fortuna da alta classe média ascendente. Entre os eucaliptos, cintilam ao sol as piscinas das espaçosas mansões. Na entrada de cada propriedade, vários carros se enfileiram.

O majestoso Fairmont assinala a interseção entre as eras moderna e futura, entre os Estados Unidos da América e a orla asiática do Pacífico. Colina abaixo, estende-se o bairro densamente povoado que já foi a maior colônia chinesa fora da Ásia. Bem ao fundo, vislumbra-se o berço da revolução dos computadores, o Vale do Silício. Beneficiários do terremoto de 1906, generais americanos das guerras mundiais, dignitários das Nações Unidas, capitães de indústria e todos os presidentes dos EUA do século 20 comemoraram seus triunfos nos salões do hotel, que também serviram de cenário para o filme *Hotel*, baseado no romance de Arthur Hailey, e que desde então vivem repletos de turistas.

Nesse ambiente carregado de História, em fins de setembro de 1995, um homem que também soube fazer História, Mikhail Gorbachev, recepcionou a elite do mundo. Mecenas americanos, gratos por sua atuação no desmonte da União Soviética, patrocinaram-lhe a sede local para a Fundação Gorbachev, ironicamente localizada no Presídio, instalação militar desativada depois do fim da Guerra Fria, ao sul da ponte Golden Gate. Na ocasião, o prestígio de Gorbachev motivou quinhentos cientistas e líderes empresariais ou políticos a voarem para lá. O novo *braintrust* global, como o último presidente da União Soviética e ganhador do Prêmio Nobel definiu o conclave, deveria apontar caminhos para o século 21, "rumo a uma nova civilização".[1]

Autoridades de destaque, como George Bush, George Shultz e Margaret Thatcher, ali se encontraram com os novos donos do planeta, como Ted Turner, proprietário da CNN, que fundiu suas empresas com as da Time Warner e assim montou o maior complexo de comunicações do planeta, ou como o mandarim do livre comércio asiático, Washington SyCip. Durante três dias, os debates reuniram, em grupos de trabalho, os grandes nomes da informática e das finanças, os sacerdotes da economia, as maiores cabeças pensantes de Stanford, Harvard e Oxford.

Naturalmente, quando se trata do futuro da humanidade, precisam ser ouvidos também os arautos do livre mercado vindos de Cingapura e de Pequim. O governador da Saxônia (Estado da ex-Alemanha comunista), Kurt Biedenkopf, se esforçou para dar um toque germânico à discussão. Mas ninguém veio para espalhar bazófias, ninguém deveria perturbar o bom andamento dos trabalhos: o bando de jornalistas e fotógrafos foi mantido à distância.[2]

Regras severas obrigam cada participante a deixar a retórica de lado: só cinco minutos para introduzir um tema. Nenhum aparte mais extenso do que dois minutos. Elegantes senhoras de meia-idade apresentam aos oradores, sejam magnatas, políticos ou intelectuais, tabuletas com inscrições, como se estivessem numa corrida de Fórmula 1: "Mais 1 minuto", "30 segundos", "Pare".

John Gage, diretor da firma americana de computadores Sun Microsystems, inicia a rodada de debates sobre "Tecnologia e Trabalho na Economia Global". Sua empresa é a nova estrela do ramo: desenvolveu a linguagem Java de programação e a cotação de suas ações disparou em Wall Street. "Cada qual pode trabalhar conosco quanto tempo quiser, também não precisamos de vistos para nosso pessoal do Exterior", declarou Gage laconicamente. Governos e suas normas para relações trabalhistas já teriam perdido qualquer significado. Ele empregaria quem precisasse em dado momento, onde estivessem os candidatos, presentemente preferindo "bons cérebros na Índia". De todas as partes do planeta a firma estava recebendo, por computador, solicitações de emprego que falavam por si sós. "Empregamos nosso pessoal por computador, eles trabalham no computador e também são demitidos por computador."

"Mais 30 segundos", sinaliza a senhora da tabuleta, e Gage completa: "Simplesmente buscamos os mais eficientes. Com isso, desde o começo, há treze anos, pudemos elevar nosso faturamento de zero para 6 bilhões de dólares". Cheio de si, Gage dirige-se ao vizinho de bancada e saboreia sua vaidade: "Isso você não conseguiu tão rápido, David".

Que David é esse? Ninguém menos do que David Packard, co-fundador da gigante da alta tecnologia Hewlett-Packard. O idoso bilionário e *self-made man* nem pestaneja. Com seu raciocínio imediatista, prefere colocar a pergunta central: "De quantos empregados você realmente precisa, John?"

"Seis, talvez oito", Gage responde secamente. "Sem eles estaríamos falidos. Quanto ao local do planeta onde eles vivem, isso não importa em absoluto." O mediador dos debates, professor Rustum Roy, da Universidade Estadual da Pensilvânia, intervém: "E quantas pessoas trabalham atualmente para a Sun Systems?" Gage: "São 16 mil. Mas, exceto por uma pequena minoria, todas demissíveis em caso de racionalização".

Nem um murmúrio se ouve no salão: para os presentes, a visão de inimagináveis massas de desempregados é encarada com naturalidade. Não há executivo de carreira e bem pago, dos setores de ponta e dos países com futuro promissor, que ainda creia na criação de empregos novos e decentes em mercados tecnologicamente avançados – seja qual for a especialidade profissional.

Os pragmáticos reunidos no Fairmont resumem o futuro em um par de números e um neologismo: "20 por 80" e *"tittytainment"*. Vinte por cento da população em condições de trabalhar no século 21 bastariam para manter o ritmo da economia mundial. "Mão-de-obra adicional não será necessária", opina o magnata Washington SyCip. Um quinto de todos os candidatos a emprego daria conta de produzir todas as mercadorias e prestar todos os serviços qualificados que a sociedade mundial poderá demandar. Assim, aqueles 20% participariam ativamente da vida, do lazer e do consumo – seja qual for o país. Outros 1% ou 2%, admitem os debatedores, poderão ser acrescentados por parte daqueles que herdam alguma fortuna. E o resto? Cerca de 80% das pessoas aptas a trabalhar ficarão sem emprego? "Realmente", diz o autor americano Jeremy Rifkin, que escreveu o livro *O Fim do Trabalho*, "os 80% de baixo terão enormes problemas." O diretor da Sun, John Gage, retoma a palavra e cita o principal executivo de sua empresa, Scott McNealy, para quem no futuro a questão será: "Ter o que almoçar ou ser almoçado".

Em seguida, o grupo que trata do tema "O Futuro do Trabalho" focaliza aqueles que, mais adiante, não terão emprego algum. Entre esses, segundo firme convicção do círculo debatedor, estarão dezenas de milhões de pessoas que até agora, no mundo todo, sentiam-se mais próximas do conforto e da ascensão social que da luta cotidiana pela sobrevivência. No auditório do Fairmont, esboça-se então uma nova ordem social: países ricos sem classe média digna de nota – e ninguém contesta.

Ao contrário, corre solta a expressão *"tittytainment"*, que o veterano da política internacional Zbigniew Brzezinski introduz no jogo. Depois dos quatro anos que passou como assessor de Segurança Nacional do governo Jimmy Carter, esse polonês de nascimento ocupa-se de questões geoestratégicas. *"Tittytainment"*, segundo ele, é a combinação de *entertainment* (diversão, entretenimento) e *tits* (gíria americana para seios ou tetas). Ao cunhar a expressão, Brzezinski pensou menos em sexo e mais no leite da mãe que amamenta. Com uma mistura de diversão anestesiante e alimento suficiente – o "entretetanimento", numa tentativa de tradução –, a vasta legião de frustrados e excluídos poderia ser mantida satisfeita.

Prosaicamente, os dirigentes discutem as dosagens capazes de manter os supérfluos 4/5 da população entretidos, à custa do esforço do 1/5 privilegiado. Está fora de cogitação o engajamento social das empresas privadas, já assoberbadas pela concorrência global. Outras organizações que cuidem dos desempregados. Os debatedores esperam forte colaboração de fundações beneficentes, dos voluntários de serviços sociais, das comunidades de bairros e agremiações esportivas de toda espécie, bem como das eventuais alianças entre esses grupos. "Tais atividades até poderiam ser valorizadas com modestos pagamentos, garantindo assim a auto-estima de milhões de cidadãos", preconiza o professor Roy.

Em todo caso, nos países industrializados, já em breve haverá pessoas encarregadas de manter as ruas limpas, a salários próximos de zero; ou gente que encontrará um modesto abrigo como empregados domésticos. É o que esperam os altos dirigentes reunidos em San Francisco. Afinal, a era industrial não passa, com seu progresso e bemestar das massas, de "um piscar de olhos na história da economia", segundo o futurólogo John Naisbitt.

Nas três memoráveis jornadas dentro do Fairmont Hotel, os organizadores acreditavam estar a caminho de uma nova civilização. No entanto, a direção indicada pelo conclave retrocedia diretamente à era pré-moderna. Não mais a sociedade dos dois terços, que os europeus tanto receavam, na década de 1980, como modelo perverso de distribuição de riqueza e posição social. O padrão mundial do futuro seguirá a fórmula 20 por 80. Desponta a sociedade do um quinto, e nela os sem-emprego terão de ser controlados por meio do tal "entretetanimento".

Ou tudo não passa de exagero?

O furacão anunciado

Alemanha, 1996: mais de 6 milhões de pessoas aptas a trabalhar não encontram trabalho fixo – o maior número constatado desde a unificação em 1990. O rendimento médio dos alemães ocidentais cai há cinco anos. E isso seria, segundo os prognósticos do governo e de consultores independentes, apenas o começo. No mínimo mais de 1,5 milhão de empregos podem ser cortados até o começo do século 21, apenas na indústria, conforme previsão de um consultor empresarial de destaque, Roland Berger. "Além disso, provavelmente desaparecerá um de cada dois empregos nos níveis médios de gerência."[3]

Seu colega Herbert Henzler, chefe da filial alemã da firma de consultoria McKinsey, vai mais além: "A indústria seguirá a trilha da agricultura", profetiza. A produção de mercadorias futuramente só proporcionará ganha-pão para escassa porcentagem da população ativa.[4]

Também na Áustria as autoridades registram a cada ano números mais modestos de nível de emprego: a cada ano 10.000 postos na indústria são eliminados. Em 1997, a cota de desempregados deve estar em 8%, quase o dobro daquela de 1994.[5]

As explicações de economistas e políticos para tamanho declínio culminam sempre em uma palavra: globalização. Alta tecnologia nas telecomunicações, preços baixos no transporte e comércio livre sem limites convertem o mundo inteiro num único mercado, insiste a tese mais difundida. Isso criaria duras condições de concorrência global, mesmo no mercado de trabalho. Empresas alemãs criariam novos postos de trabalho apenas em países baratos. De presidentes de corporação a ministros, todos repetem a ladainha: nivelamento por baixo. Ininterruptamente os cidadãos são expostos à cacofonia de apelos no sentido de apertar o cinto. Os alemães – e mais ainda os austríacos – trabalhariam pouco, receberiam altas remunerações, gozariam de férias exageradas, faltariam muito ao serviço por doença. O coro das lideranças faz eco na imprensa e na televisão. "A sociedade ocidental de exigências colide com a cultura asiática do sacrifício", escreve o influente jornal *Frankfurter Allgemeine*. O Estado do bem-estar social teria se tornado "uma ameaça futura", e "uma maior disparidade social é inevitável".[6]

O jornal austríaco de maior circulação, o tablóide *Neue Kronenzeitung*, entra na batalha por leitores com a manchete: "O continente [europeu] viveu acima de suas possibilidades: nova onda de cortes choca a Europa".[7] Mesmo o presidente da República Federal da Alemanha, Roman Herzog, apóia tais declarações com discursos diretos ao povo. A mudança será "inevitável". Cada um de nós terá de fazer sacrifícios.

Nesse ponto, aliás, ele se equivocou. Não se trata daqueles sacrifícios habitualmente necessários em tempos de crise. Quando se defende a redução de salário em caso de doença ou a suspensão das leis que protegem o tabalhador da demissão, o que está se propondo são cortes drásticos no quadro de conquistas sociais e diminuição de ganhos, apesar da produtividade crescente.

Os reformadores da era da globalização põem em marcha algo mais do que o mero gerenciamento de uma crise. Eles querem rescindir o acordo tácito do governo alemão com a sociedade, o pacto que mantinha a disparidade social em limites suportáveis, mediante redistribuição de renda de cima para baixo. O modelo europeu do Estado de bem-estar social estaria superado, afirma-se, pois teria se tornado exageradamente caro.

Quem foi atingido entendeu muito bem. Sindicatos e associações previdenciárias levantaram sua voz indignada em todo o país. Mesmo o IG Chemie, sindicato normalmente conservador, ameaça com greves generalizadas, e Dieter Schulte, presidente da Central Sindical alemã, adverte a respeito de "circunstâncias" diante das quais a greve geral francesa de dezembro de 1995 terá sido apenas "um ensaio".[8] No entanto, os defensores do Estado assistencial lutam por uma causa perdida. Alguns argumentos de seus opositores, de fato, são simplesmente errados. Bem avaliados, os grupos empresariais alemães praticamente não criam novos empregos no Exterior, mas costumam comprar empreendimentos locais, para depois reduzir o quadro de pessoal e atender aos mercados regionais. Além disso, os encargos sociais na Alemanha de forma alguma explodiram: sua participação no produto interno bruto em 1995 foi até menor do que vinte anos atrás. O dado correto consiste na referência à política de outros países industrializados. Reduzir gastos públicos, diminuir salários e cortar despesas com assistência social – o programa é igual da Suécia à Espanha, passando pela Áustria. E em toda a parte o protesto terminou em resignação.

O internacionalismo, inicialmente uma invenção de líderes social-democratas dos setores trabalhistas contra os fomentadores de conflitos capitalistas, há muito tempo trocou de lado. Em escala mundial, mais de 40.000 empresas transnacionais de todos os portes aproveitam-se da rivalidade entre seus empregados, exatamente como fazem os Estados. Quarenta por cento de imposto sobre rendimentos de capital na Alemanha? É demais, a Irlanda se contenta com 10%, a Malásia e alguns Estados norte-americanos até renunciam a tributos durante cinco ou mesmo dez anos para atrair investimentos produtivos. Pagar 45 marcos por hora de trabalho a um operário especializado? Caríssimo, os britânicos trabalham por metade disso, os checos por um décimo. Apenas 33% de adicional para investimento em

15

novas fábricas na Itália? Muito pouco, na ex-Alemanha Oriental o Estado oferece 80% generosamente.

Nesse movimento global de pressões, a nova Internacional do Capital afeta Estados inteiros e corrói sua ordem social vigente até agora. A ofensiva ameaça aqui ou ali com fuga de capitais, e assim consegue forçar drásticas reduções de tributos, bem como bilhões em subvenções ou em infraestrutura gratuita.

Onde isto não tenha efeito, recorre-se a um planejamento contábil em grande estilo: lucros somente são declarados naqueles países em que a alíquota de impostos seja realmente mínima. No mundo todo, cai drasticamente a porcentagem que capitalistas e detentores de patrimônio concedem ao financiamento das metas sociais dos governos. De outro lado, os manipuladores dos fluxos globais de capital vivem achatando o nível de remuneração dos cidadãos, contribuintes de impostos. Também a cota de salários, a participação dos assalariados na riqueza social, diminui em proporções mundiais. Nenhuma nação, sozinha, tem condições de opor-se a tal pressão. O modelo da Alemanha, comenta o economista americano Rudiger Dornbusch, está sendo "desmontado" na competição transnacional.[9]

Enquanto as cotações nas bolsas e os lucros dos conglomerados sobem à razão de dois dígitos, os salários descem. Simultaneamente aumenta o desemprego, em paralelo com os déficits dos orçamentos públicos. Ninguém precisa conhecer economia para entender o que está acontecendo: 113 anos após a morte de Karl Marx, o capitalismo novamente conduz àquela direção que o revolucionário pensador tão bem definiu. "A tendência geral da produção capitalista não é de aumentar o nível médio das remunerações, mas sim de reduzi-lo, ou achatar o valor do trabalho até seu limite mínimo", disse Marx em 1865, perante o Conselho Geral da Primeira Internacional em Londres, sem suspeitar que o antigo capitalismo pudesse ser domado por medidas democráticas.[10]

Após todas as reformas do século social-democrático, porém, inicia-se agora uma contra-reforma de dimensões históricas: para trás, eis o lema do futuro. E um vencedor como Heinrich von Pierer, presidente da Siemens, triunfa de novo ao afirmar: "O vento da concorrência internacional virou tempestade e o verdadeiro furacão ainda está por vir".[11]

A forma de se expressar de Von Pierer e de outros porta-estandartes do novo globalismo quer fazer crer que tudo não passa de um processo natural, resultante de um progresso técnico e econômico impossível de deter. Bobagem. A interdependência econômica de forma alguma é fenômeno natural, mas sim provocado por uma política deliberada, consciente de suas metas. Cada acordo, cada lei, foi aprovado por governos e seus parlamentos, cujas deliberações removeram as barreiras alfandegárias, permitindo o livre trânsito de capital e mercadorias, por cima das fronteiras nacionais. Da liberação do comércio de divisas, dentro do mercado interno europeu, até a expansão contínua de acordos como o Gatt, sobre tarifas e comércio internacional, os políticos dos países industrializados do Ocidente sistematicamente criaram condições com as quais já não sabem lidar.

Cilada para a democracia

A integração global é acompanhada da ascensão de uma doutrina redentora da economia, que um exército de consultores econômicos constantemente leva à política: o neoliberalismo. Simplificando, eis sua tese básica: o mercado é bom e interferências do Estado são ruins. Partindo das idéias dos expoentes dessa escola, entre os quais o economista americano e prêmio-Nobel Milton Friedman, os governos do Ocidente, majoritariamente a favor de liberalidade na economia, levantaram esse dogma como diretriz de sua política no decorrer da década de 1980. Desregulamentação em vez de controle pelo Estado, liberalização do comércio e do fluxo de capitais, bem como privatização das empresas estatais, tornaram-se armas estratégicas no arsenal de governos crentes na economia de mercado e no das organizações por eles orientadas: Banco Mundial, Fundo Monetário Internacional (FMI) e Organização Mundial do Comércio (OMC, a entidade que sucedeu o Gatt).

Com tais instrumentos, todos entraram na luta pela liberdade do capital, uma batalha que dura até hoje. Não importa se o setor em pauta é navegação aérea ou telecomunicações, bancos ou seguros, indústria da construção ou desenvolvimento de software, nem mesmo a mão-de-obra, nada e ninguém deverá livrar-se da lei da oferta e da procura.

O colapso das ditaduras monopartidárias do bloco do Leste europeu favoreceu ainda mais a difusão e o impacto global dessa crença. Livre da ameaça da ditadura do proletariado, parte do mundo empenha-se agora no estabelecimento da ditadura do mercado internacional. Repentinamente, a participação maciça dos trabalhadores na criação de valores sociais é apresentada como sendo apenas uma concessão dos tempos de Guerra Fria, destinada a minar a agitação comunista em sua própria base.

No entanto, o "turbocapitalismo"[12], cuja penetração em âmbito mundial agora parece inexorável, destrói os alicerces de sua própria existência: o Estado capaz de funcionar e a estabilidade democrática. A velocidade da redistribuição do poder e da riqueza corrói as velhas instituições sociais mais rapidamente do que a nova ordem as possa desenvolver. Os países tidos como de bem-estar social, existentes até agora, consomem a substância de sua coesão social ainda mais depressa que seu patrimônio ecológico.

Economistas e políticos neoliberais pregam ao mundo o "modelo dos Estados Unidos", mas essa diretriz se torna tão apavorante quanto a propaganda da ex-Alemanha Oriental, cujo governo sempre quis aprender da União Soviética como sair vitorioso.

Aliás, em nenhum outro lugar a decadência social se mostra tão claramente quanto no país que deu origem à contra-revolução capitalista: nos EUA, a criminalidade assumiu proporções epidêmicas. No Estado da Califórnia, que seria, considerado individualmente, a sétima potência econômica do mundo, as despesas com presídios ultrapassam o total do orçamento para cultura.[13]

Já 28 milhões de americanos, ou seja, mais de 10% da população do país, se entrincheiraram em prédios de apartamentos ou condomínios providos de guardas armados. Para serviços de segurança particular, os cidadãos americanos gastam o dobro daquilo que o Estado aplica na polícia.[14]

Enquanto isso, também na Europa e no Japão, na China e na Índia, uma minoria de vencedores se separa da maioria de fracassados. Para centenas de milhões de pessoas, o progresso global inexiste. Soa-lhes como um escárnio a fórmula que os chefes de governo das sete nações mais industrializadas levantaram como lema do Encontro de Cúpula do G-7 em fins de junho de 1996, em Lyon: "Fazer da globalização um sucesso que beneficie a todos".

O protesto dos governos e políticos perdedores tem razão de ser, pois sua influência encolhe constantemente. Não importa se a justiça social deva ser estabelecida ou o meio ambiente protegido, se o poder da mídia deva ser limitado ou a criminalidade internacional ser combatida: sempre o Estado nacional, individualmente, estará exaurido, da mesma forma que os acordos internacionais. Se os governos, em todas as questões cruciais do futuro, nada mais conseguem senão apontar os imperativos da economia transnacional, toda a política torna-se uma farsa, uma demonstração de impotência, e o Estado democrático perde sua legitimação como tal. A globalização converte-se em cilada para a democracia.

Somente teóricos ingênuos ou políticos míopes podem julgar que se possa, como atualmente na Europa, privar ano após ano milhões de pessoas de seus empregos e do seguro social, sem ter de pagar o devido preço político algum dia. Ao contrário do que sucede dentro da lógica dos estrategistas de conglomerados, na sociedade democraticamente constituída não há *surplus people*, ou seja, gente em excesso ou cidadãos supérfluos. Os perdedores têm voz e voto. Saberão usá-los. Não há motivo para tranqüilidade: ao terremoto social seguirá o terremoto político. Social-democratas ou cristãos-socialistas tão cedo não poderão comemorar novos triunfos. Em vez disso, torna-se evidente que mais e mais eleitores levam a sério as fórmulas estereotipadas dos defensores da globalização. A culpa não é nossa, mas sim da concorrência estrangeira – eis o que os cidadãos ouvirão daqueles que deveriam representar seus interesses. Desse argumento, economicamente errado, é pequeno o passo para o ódio aberto a tudo o que é estrangeiro. Há algum tempo, milhões de cidadãos da classe média, sentindo-se inseguros, procuram salvação na xenofobia, no separatismo, na rejeição ao mercado global. Os que foram excluídos reagem, de seu lado, excluindo outros.

O candidato nacionalista-autoritário e populista Ross Perot, em sua primeira campanha nas eleições de 1992 para presidente dos EUA, alcançou 19% dos votos. Resultados semelhantes obteve o pregador do renascimento nacional francês, Jean-Marie Le Pen, e o radical-populista de direita na Áustria, Jörg Haider. De Quebec à Escócia e à Lombardia, os separatistas engrossam suas fileiras. Eles complementam o cânone da xenofobia com a ira ao centralismo do Estado e ao socorro financeiro prestado às regiões pobres de seus países. Simultaneamente, cresce no mundo inteiro a massa de migrantes andarilhos, que procuram fugir da miséria. O mundo 20 por 80, a sociedade do um quinto, como os visionários do Fairmont Hotel pintaram o século 21, é muito coerente com a lógica técnica e econômica que guia os governos e dirigentes empresariais rumo à integração global. Contudo, a corrida mundial por máxima eficiência e mínimos salários está abrindo as portas do poder à irracionalidade. Não são os realmente miseráveis que se rebelam. Uma força política tremendamente explosiva provém do medo do rebaixamento social que agora se manifesta. Não é a pobreza que ameaça a democracia, mas sim o pavor dela. Já aconteceu em 1930, um ano após o grande colapso da Bolsa de Nova York. O descalabro econômico arrastou a política à catástrofe global. Na ocasião, a revista inglesa *The Economist*, sempre tão a favor do capital, comentou: "O maior problema da nossa geração consiste em que os fatos econômicos superam tanto os políticos que economia e política não conseguem manter o mesmo ritmo. Economicamente, o mundo tornou-se uma unidade comercial. Politicamente, continuou fragmentado. As tensões entre os dois desenvolvimentos opostos provocaram um abalo em cadeia na vida societária da humanidade".

A história não se repete. Mesmo assim, a guerra continua sendo a válvula de escape mais provável, quando os conflitos sociais se tornam insuportáveis, mesmo em forma de guerra fratricida contra minorias étnicas ou regiões separatistas. A globalização não precisa levar necessariamente a conflitos armados, mas isso poderá ocorrer caso não se consiga dominar as forças sociais liberadas pelo desenvolvimento da economia transnacional.

As respostas políticas até agora apresentadas à interdependência econômica do mundo negam que o processo seja controlável de alguma forma. No entanto, existem instrumentos e meios para novamente colocar o comando em mãos de governos eleitos e suas instituições livres, sem levantar as nações uma contra a outra. Alguns deles serão apresentados e discutidos neste livro.

A tarefa mais nobre dos líderes democráticos, no limiar do século 21, será restaurar o Estado e restabelecer o primado da política sobre a economia. Se isso não acontecer, a integração dramaticamente rápida da humanidade pela tecnologia e pelo comércio em breve levará ao pólo oposto, causando um curto-circuito global. Aos nossos filhos e netos só restariam lembranças desta década, quando o mundo parecia em ordem e mudanças de rumo ainda teriam sido possíveis.

2

TUDO EM TODA PARTE

O impacto da globalização e a fragmentação global

> *"Os camponeses pertenciam ao dono da terra e este aos camponeses; mas agora tudo está confuso, não se entende mais nada."*
> O servo Firs, na peça de Anton Tchekhov,
> *O Jardim das Cerejeiras*

O mundo se torna um só. E no princípio a imagem era a de uma só Terra.

A quase três horas de vôo de Pequim, igualmente três de Hong Kong ou duas de Lhasa, a capital do Tibete, encontra-se Chengdu. Dificilmente alguém mais que os apreciadores da cozinha chinesa sabe dessa longínqua cidade da Província de Setchuan, no centro da China. Viajantes estrangeiros só se aproximam dela em casos de escalas involuntárias. No entanto, Chengdu já conta com 3,4 milhões de habitantes e é uma das metrópoles de mais rápido crescimento no mundo.

Entre os altos edifícios que compõem uma selva de pedra, hábeis pintores de cartazes, segundo instruções do onipotente Mao, mostram a face atual do progresso. Envoltas pela poeira das ruas já superlotadas, mas ainda sem asfalto, pinturas em cores berrantes, do tamanho dos telões de televisão, procuram atrair os transeuntes: um sobradinho rosa, o gramado verde, a piscina azul-clara, o feliz casal chinês diante de um carro reluzente.[1]

Do outro lado do planeta, nos confins da Amazônia e perto da fronteira Brasil-Bolívia, uma promessa semelhante domina os cartazes de rua. A construtora Mendes Júnior faz na floresta sua propaganda para o sonho da casa própria, segundo o modelo americano, sem importar-se com a destruição da natureza. Nos casebres cheirando a mofo ao longo do Rio Purus, os jovens caboclos, mestiços de índios e negros, discutem as medidas da nadadora Pamela Anderson, do seriado de televisão californiano *Baywatch*, como se se tratasse de uma moça da vizinhança. Com aparelhos de vídeo e respectivos filmes de Hollywood, os madeireiros subornam as poucas tribos de índios ainda restantes em Rondônia, para poder derrubar as últimas árvores de mogno de suas reservas.[2]

O poder de sedução das imagens em movimento já está influenciando os ianomâmis, pelos quais o astro de rock Sting, entre outros, se entusiasmou. O mesmo acontece com a juventude do Butão, o último Xangri-lá. Nessa ditadura budista-ecológica aos pés do Himalaia, a população é obrigada a usar batas até os joelhos e cultivar as terras por métodos medievais. Destacam-se aqueles que podem envergar uma jaqueta de couro por cima da bata e comercializar cópias piratas de filmes americanos, provenientes da Índia.[3]

Mesmo no longínquo leste da Rússia o grupo Denver Clan já é popular. O superintendente do aeroporto de Khabarovsk fica seriamente irritado com viajantes que teimam em explicar-lhe o que seja *Der Spiegel*. Toda semana ele pode ler extratos das matérias da revista alemã nos jornais da região.[4]

Na praia de Copacabana, Rio de Janeiro, um vendedor ambulante hasteia orgulhoso a bandeira alemã. O homem negro de forma alguma é descendente de nacionalistas germânicos, mas os admira "pela justiça existente na Alemanha, onde as pessoas humildes não são miseráveis".[5]

Sem dúvida, se hoje a humanidade precisasse votar num estilo de vida mundial, isto seria possível. Mais de quinhentos satélites ativos cobrem toda a superfície da Terra com sinais de rádio. Imagens uniformes, em milhões de telas de televisão, alimentam os mesmos desejos, seja nas margens do Rio Amur, entre a China e a Rússia, seja do Yang-tse, do Amazonas, do Ganges ou do Nilo. Antenas parabólicas e coletores de energia solar empurram milhares de pessoas, mesmo em regiões desprovidas de força elétrica, como ao longo do Rio Níger, no oeste da África, "de sua vida de aldeia às dimensões planetárias", como resumiu Bertrand Schneider, secretário-geral do Clube de Roma, a associação informal de empresários e intelectuais, fundada em 1968, que estuda soluções para os dilemas contemporâneos.[6]

A batalha de resistência do regime chinês contra o uso do fax, da correspondência eletrônica (E-mail) e contra as transmissões de televisão do mundo capitalista presta-se somente à manutenção do próprio poder, não à defesa de um conceito diferente de sociedade. Onde as imagens de tevê do mundo universal do consumo ainda são proibidas, como na Coréia do Norte e nos países do Islã, circulam fotografias e descrições minuciosas. Até mesmo no Irã os grupos de rock heavy metal são os músicos mais populares entre os adolescentes da classe média.[7]

Nem os sisudos aiatolás conseguem controlar o éter, o ar de seu território. Nunca tantas pessoas ouviram e souberam tanto sobre o resto do mundo. Pela primeira vez na História uma mesma fantasia da vida une a humanidade. Se os quase 6 bilhões de habitantes do planeta pudessem efetivamente decidir por plebiscito como gostariam de viver, uma maioria esmagadora votaria pelas condições da classe média em um subúrbio elegante de San Francisco. Uma minoria qualificada, mais bem informada, escolheria talvez os padrões sociais da Alemanha Federal nos anos anteriores à queda do Muro de Berlim (novembro de 1989). A combinação luxuosa de uma *villa* no Caribe com a seguridade social sueca continuaria sendo o sonho dos sonhos.

"Disney über alles"

Disney, ou Disneylândia, acima de tudo. Por que justamente o ideal californiano de padrão de vida conseguiu obter tanto êxito no resto do mundo? Por que Disney venceu de maneira tão categórica? O tamanho do mercado interno americano, a condição de potência geopolítica após a Segunda Guerra Mundial e a força demonstrada pelos EUA na batalha de propaganda durante a Guerra Fria tiveram um papel preponderante, mas não foi o único. Stálin queria onipotência, Mickey Mouse conseguiu onipresença.

O presidente da Walt Disney Company, Michael Eisner, costuma declarar: "A indústria de entretenimento americana proporciona uma multiplicidade de possibilidades individuais, de escolha individual e de expressão individual. É isso que as pessoas desejam em toda a parte". Informalmente, o grande camelô de Hollywood acrescenta: "Nossa indústria de diversões traz, como resultado da criatividade livre e sem censura, uma originalidade que não se encontra em nenhum outro lugar do mundo".[8]

Seu crítico mais eloqüente é Benjamin R. Barber, diretor do Walt Whitman Center na Universidade Rutgers, em Nova Jersey. Ele propôs uma fórmula já considerada clássica: "Jihad contra McWorld", ou seja, a Guerra Santa do Islã contra o McMundo. Ele chama a tese da multiplicidade de Eisner de "completa mentira", um mito que confunde dois aspectos cruciais: a forma da escolha e a suposta independência dos desejos. Em muitas cidades americanas, por exemplo, pode-se escolher entre dúzias de modelos de automóveis, mas não decidir a favor de melhor transporte público. E como alguém poderá afirmar que o mercado fornece às pessoas o que elas querem, quando a indústria da propaganda movimenta uma verba de 250 bilhões de dólares? "Não estaria a emissora de televisão MTV trabalhando 24 horas por dia, em âmbito planetário, só para fazer publicidade da indústria musical?"

O êxito da "colonização Disney da cultura global", acredita Barber, baseia-se em circunstâncias tão antigas quanto a civilização: a concorrência entre difícil e fácil, lento e rápido, complexo e simples. Sempre o primeiro é relacionado a feitos culturais admirados, enquanto o segundo corresponde à "nossa indiferença, esgotamento e indolência. Disney, McDonald's e MTV apelam a tudo que é fácil, rápido e simples".[9]

Independentemente de quem, Eisner ou Barber, tenha avaliado corretamente o motivo do triunfo de Hollywood, suas conseqüências são globais. "Cindy Crawford [a modelo] e Pocahontas [a indiazinha do desenho de Disney] perseguem você por toda parte, como faziam as estátuas de Lênin na ex-União Soviética. Os trinados de Madonna e Michael Jackson são o muezim [o anunciador da hora das preces muçulmanas] da nova ordem mundial." É assim que Nathan Gardels, pensador californiano, resume a monótona homogeneidade dos dias atuais.[10]

No gigantesco império da mídia, o sol já não se põe. Como centro energético internacional, Hollywood fornece a matéria-prima mais importante para o pós-materialismo. A Time Warner fundiu suas empresas com a Ted Turner Corporation e com a sua CNN, o que a tornou líder mundial no setor; a fusão da Walt Disney Company com a rede de televisão ABC foi o segundo maior negócio entre empresas de comunicação na história americana. A Sony possui a

Columbia Pictures, a Matsushita vendeu em 1995 o gigante das diversões MCA à multinacional de bebidas Seagram. Entre o Golfo Pérsico e a Coréia, domina o australiano Rupert Murdoch. Sua emissora por satélite Star TV, com sede em Hong Kong, irradia programas para regiões de quatro fusos horários diferentes, onde vive a metade da população do planeta. Espaço e tempo são cobertos por seis canais, onde atraentes apresentadoras chinesas, indianas, malaias ou árabes falam alternadamente mandarim ou inglês. Com todo o empenho, Murdoch procura abrir caminho na República Popular da China, mediante participações em canais de televisão por cabo. Até o momento, apenas 30 milhões de chineses do continente podem receber seus programas legalmente e sem interferências. Os déspotas chineses em Pequim ainda se fazem de rogados, mas já deram alguns sinais a respeito da fórmula com a qual Murdoch poderá entrar no mercado: *"No sex, no violence, no news"* ("Sem sexo, sem violência, sem noticiário").

Os gigantes da mídia, entre os quais o grupo alemão Bertelsmann, seu tenaz concorrente Leo Kirch e o telecrata italiano Silvio Berlusconi, estão portanto bem aparelhados para aplicar o "entretetanimento" recomendado no encontro de San Francisco, promovido pela Fundação Gorbachev. Suas imagens já dominam os sonhos. Os sonhos determinam os atos.

Um grito estridente no ar

Quanto mais o mercado de imagens foi engolindo fronteiras, tanto mais limitado ficou. Em média, a indústria cinematográfica americana investe 59 milhões de dólares por filme, uma quantia que os produtores europeus ou indianos nem de longe podem acompanhar.[11]

Em matéria de técnica e efeitos especiais, os dispendiosos filmes americanos colocam sempre novos parâmetros que seus concorrentes dificilmente conseguem alcançar. Aumenta, assim, o poder de atração de Hollywood e Nova York. Também a prometida variedade de 500 canais de televisão em cada lar é apenas aparente. Alguns poucos líderes de mercado acabarão moldando e reciclando seus produtos conforme o local de emissão e o público-alvo a ser alcançado. Além disso, a briga pela audiência acelera o processo de concentração. Os direitos de transmissão para importantes eventos esportivos já são financiáveis somente por meio de enormes contratos de publicidade, que por sua vez só podem ser bancados pelas maiores emissoras ou por redes internacionais.

De outro lado, apenas se interessam por comerciais e patrocínio aqueles fabricantes que estão presentes em toda a região abrangida pela emissora, em particular os grandes conglomerados. Na Alemanha, apenas dez empresas estão pagando quase um quarto de toda a publicidade televisionada.[12]

Inserções de comerciais em rede intercontinental, com 90 segundos de duração, custam praticamente o mesmo que, em média, um filme de longa-metragem europeu.[13]

As agências de publicidade, ademais, aproveitam-se de peças intercambiáveis da pátria comum dos sonhos de seus clientes. A massa do público alemão já está tão familiarizada com Nova York ou com o clima dos westerns que a emissora de televisão italiana RTI aproveitou mais da metade dos comerciais americanos difundidos durante os jogos finais do campeonato de futebol dos EUA, em maio de 1996. Colocou no ar clichês de um mundo distante, mas conhecido.[14]

Não se mostra mais um pôr-de-sol na Ilha de Capri, mas sim no mar, atrás da ponte Golden Gate, sempre com a cerveja Beck à mão. Os pneus Continental já não chiam mais em solo alemão, no autódromo de Nürburgring. Giram, por meio de montagens genialmente realizadas, acima dos abismos entre os arranha-céus de Manhattan. Os fatores que conduzem juntos a uma padronização do mundo levam esse processo cada vez mais à frente. O produto final que emergirá daí será um monótono e global tom único, norte-americano, um guincho ou grito estridente *(screech)*, como bem profetizou o videomaker nova-iorquino Curt Royston.[15]

Como que para confirmar tal estado de coisas, faz anos que uma jovem e barulhenta vanguarda cultural imita em exposições, desde a cidade siberiana de Tomsk até Viena e Lisboa, a cena da Nova York de duas décadas atrás. Em tom forçadamente agudo, a videoarte reproduz o inferno em monitores de tevê – um tédio![16]

Só aos poucos percebe-se que existe uma alternativa, um anticlímax: nos tempos em que todos berram, o silêncio pode se tornar uma opção muito mais provocativa e substancial.[17]

A concretização do guincho universal a que aludiu Royston já ocorreu quando os três tenores – José Carreras, Plácido Domingo e Luciano Pavarotti – apresentaram-se em turnê mundial em 1996. De Munique a Nova York, nos estádios lotados, os espectadores já não conseguiram ouvir de seus ídolos as músicas preferidas. Mesmo assim, a miscelânea apresentada, basicamente uniforme, tratava de incluir algo bem ao gosto do respectivo público, dando-lhe a impressão de que estava assistindo a um espetáculo singular, irrepetível. Sintonizando-se com o ambiente cultural, os promotores do espetáculo ofereciam à platéia, nos quatro continentes, um número extraprograma. Aos japoneses os três cantores globais apresentaram "Kawa-no nagare nayomi", a canção sentimental sobre um rio em seu eterno curso.

No Danúbio, que já nada tem de azul, mas agora está sendo represado justamente em frente ao estádio do Prater, onde se realizou o evento, mais de 100.000 ouvintes, em boa parte novos-ricos alemães, checos e húngaros, deliciaram-se com o sucesso de outrora *"Wien, Wien, nur du allein"* ("Viena, Viena, só tu").[18] Em sua sensibilidade regionalmente calculada, o encantador trio do bel canto poderá reportar-se à sedução universal da Coca-Cola. O gigante dos refrigerantes oferece seu líquido marrom na China e no Japão, seguindo paladares diferentes, adoçado de acordo com as preferências culturais e particularidades das respectivas regiões.[19]

No verão olímpico de 1996 a Coca-Cola apregoou em seus comerciais transcontinentais o slogan "for the fans", enquanto na sufocante Atlanta o calor inspirou essa multinacional cheia de sensibilidade local para anúncios em letras garrafais nos ônibus que levavam os atletas: *"Cheering is thirsty work"*. ("Torcer dá sede").[20]

Também na Europa o bem cultural "esporte" é cada vez mais consumido por uma sociedade ávida de lazer, que se entusiasma com embalagens enganadoras. O presidente da Fifa, João Havelange, deseja mais intervalos nos jogos de futebol, para aproveitamento de blocos publicitários, como no futebol americano.[21]

Já a Liga Alemã de Futebol procura uma nova identidade aproximando-se da National Basketball Association (NBA) norte-americana. O entusiasmo por uma imagem substitui o sentimento clubístico ou associativo. O time do Bayern, de Munique, já consegue vender mais camisetas em Hamburgo do que os clubes locais HSV e St. Pauli. Com o varejo do marketing esportivo, hoje os clubes de grande torcida arrecadam mais receita do que no início da década, incluindo-se aí os direitos de transmissão dos jogos pela televisão. Como a competição entre os times tradicionais de cada cidade aumenta,

31

"é preciso alimentá-la artificialmente, ou seja, jogador contra jogador, jogador contra técnico, técnico contra diretoria", diz o pesquisador de esportes Hans J. Stollenwerk.[22] Como uma colossal motoniveladora, a demanda bilionária pelos bens globalmente apregoados aplainou as avenidas principais das metrópoles. O vaticínio irônico feito pelo crítico e sociólogo Ivan Illich – "a transformação da sede numa vontade de tomar Coca-Cola" – a esta altura tornou-se uma verdade irrefutável.[23] Nas metrópoles dominam absolutas as grifes ou etiquetas famosas, de Calvin Klein a Kodak e Louis Vuitton. Idéias e produtos seguem o que os filmes propagam nos poucos cinemas restantes. Suas trilhas sonoras moldam as tendências musicais. Adaptam-se, muitas vezes em ritmo arrasador, às ofertas tradicionais da cultura nacional.

A vítima mais recente desse processo é a antiga capital austro-húngara, Viena. Inúmeras pequenas lojas, que proporcionavam ao centro da cidade um ambiente inconfundível e tão apreciado, precisaram fechar desde o ingresso da Áustria na Comunidade Econômica Européia em 1995, pois o valor dos aluguéis foi liberado e subiu além do razoável. Cadeias internacionais de comércio estão assumindo os melhores pontos. Brotam como cogumelos lanchonetes esquálidas, lavanderias anônimas e drogarias sem graça.

A era das cidades

A classe média urbana dos prósperos centros econômicos movimenta-se com inesperada desenvoltura neste nosso planeta azul. Ele parece encolher, tanto nas viagens de negócios como de lazer. Um total de 90 milhões de pessoas já têm acesso ao sistema Internet e a cada semana acresce mais meio milhão.[24]

Uma fotógrafa em Viena, nascida em Vorarlberg, hoje conhece melhor a Broadway de Nova York do que a capital de sua região natal, Innsbruck. Um corretor da Bolsa de Londres sente-se mais ligado aos seus colegas em Hong Kong do que ao gerente da filial em Southampton. Ambos consideram-se cidadãos do mundo, abertos a todas as novidades, sem perceber que suas relações globais ainda são bem provincianas, restritas ao próprio ambiente.

Jornalistas, atores e peritos em informática viajam mais e com maior desgaste do que diplomatas e políticos. De manhã pode-se estar numa cidadezinha da Hungria, com um cliente desesperado ou um sócio animado, à tarde em Hamburgo, à noite com nova e fugaz amiga em Paris, no dia seguinte na matriz da empresa em qualquer ponto e depois nos EUA ou no Extremo Oriente, conforme a direção tomada. Quem, ao despertar, precisar de alguns momentos para entender em qual continente acabou de dormir pertence à vanguarda do clube dos viajantes mundiais constantemente em trânsito. "Cuidado ao embarcar para não dar de cara com você mesmo no aeroporto, já voltando", era a piada que Hans-Dietrich Genscher, ex-ministro alemão das Relações Exteriores, dirigia aos poucos amigos que tais pessoas, na constante agitação em que vivem, conseguem preservar. Mesmo assim são invejados por muitos, pela sua flexibilidade mental, seus altos rendimentos, sua experiência do mundo.

Entretanto, nos bares dos hotéis de luxo mais famosos, no Raffles em Cingapura, no Savoy em Moscou ou no Copacabana Palace no Rio de Janeiro, esses estressados mensageiros da globalização costumam chorar de desespero, altas horas da noite, diante de companheiros eventuais. Distantes de tudo e de si mesmos, explode o vazio e a solidão – no máximo após o oitavo vôo intercontinental em um ano. Global sim, mas monótono e sem peso é o travesseiro em que repousam a cabeça. Giram pelo mundo prisioneiros de sistemas confiáveis, mas repugnantes, nos aeroportos, nas cadeias de hotéis, nos restaurantes de redes mundiais, tão semelhantes que se confundem. Anestesiam-se com os mesmos vídeos nos apartamentos dos hotéis e, como a alma desses agitados executivos não consegue viajar com a mesma rapidez do corpo, não lhes resta mais força para absorver o novo, o exótico, o singular. Estando em toda parte, continuam no mesmo lugar. Vêem tudo e não enxergam nada. Vão acumulando milhas voadas, em bônus das companhias aéreas, como antigos colecionadores de selos ou tampinhas de cerveja.

Essa mobilidade, porém, é bem indicativa do vôo a jato para o futuro, que promete uma estrutura mundial totalmente nova. Talvez logo após a virada do milênio, uma densa rede de comunicações eletrônicas, de telefones digitais via satélite, de aeroportos de altíssima capacidade e de parques industriais isentos de impostos interligue trinta extensas regiões metropolitanas, cada qual com populações de 8 a 25 milhões de habitantes. As metrópoles distribuídas no globo, como se fossem manchas luminosas ao acaso, mesmo distanciadas por milhares de quilômetros, não impedem que seus moradores sintam-se próximos entre si, porventura mais próximos que dos vizinhos no interior, até agora determinantes de sua história.

O poder das cidades residirá numa "aliança de agentes, comerciantes e governos municipais, que incentivam especialmente aquelas empresas globais que abrigam", segundo o futurólogo italiano Riccardo Petrella.[25]

Mesmo agora os grandes centros asiáticos buscam ultrapassar seus contendores. Os jovens em todos os continentes já estão crescendo com uma imagem urbana totalmente diferente daquela de seus pais. Os superlativos deixaram de brilhar em Paris, Londres e Nova York. Também não se aplicam a Moscou ou Chicago. O prédio mais alto do mundo, desde março de 1996, ergue-se na capital da Malásia, Kuala Lumpur; a maioria dos guindastes de construção não desponta acima dos telhados de Berlim, mas de Pequim ou Xangai.

Entre o Paquistão e o Japão, uma dúzia de regiões em pleno boom econômico concorrem ansiosamente para obter os papéis que couberam às cidades ocidentais nos últimos decênios. Por exemplo, Bangcoc quer assumir o papel de Detroit como metrópole do automóvel. Os fabricantes japoneses Toyota, Honda, Mitsubishi e Isuzu há muito tempo montam seus carros na Tailândia; Chrysler e Ford ampliam suas filiais locais como pontos de apoio para os negócios das matrizes situadas nos Estados Unidos.

Taipé já se vê como sucessora do Vale do Silício e, de fato, Taiwan (Formosa) está bem na dianteira no que se refere à produção de monitores e mouses para computador ou cinescópios para televisão. A Malásia quer prosperar com exportação de alta tecnologia, como há tempos na Alemanha a região do Ruhr explorou o filão da siderurgia. Bombaim, na Índia, produz anualmente 800 filmes de longa-metragem, quatro vezes mais que Hollywood. Lá os valores dos aluguéis de escritórios superaram os níveis do Japão, tidos como recordistas.

Como candidata ao estrelato de pólo nervoso da Ásia, destaca-se especialmente Xangai. "Até 2010 queremos ser o centro comercial, internacional e financeiro no Pacífico Ocidental", declara Hu Yangzhao, economista-chefe da Comissão de Planejamento Municipal. Provavelmente na maior remodelação urbana desde a reforma de Paris pelo Barão Haussmann, no século 19, Xangai está sendo quase que demolida – e em seu lugar vai surgindo uma nova megacidade. Mais de 250.000 famílias já precisaram deixar o centro da cidade, outras 600.000 ainda serão remanejadas.

Em compensação, quarenta das cem maiores empresas multinacionais abriram seus escritórios. A Siemens quer participar da construção do metrô; na Volkswagen de Xangai, mais de 220 mil automóveis de passeio são produzidos em série; a partir do ano 2000, essa cifra deve crescer para 2 milhões. A ex-colônia britânica Hong Kong, devolvida em 1997 à República Popular da China, quer afirmar-se. "A geografia está a nosso favor", argumentou o grande banqueiro Clint Marshall. Um total de 20 bilhões de dólares foi destinado ao novo aeroporto, distante apenas 20 quilômetros da florescente província chinesa de Guandong, onde fica Cantão, entreposto de produtos do mundo inteiro.[26]

Tornou-se um chavão falar do colossal progresso da China, no entanto ele ainda trará surpresas, boas e más. Com a "economia de mercado socialista" preconizada por Deng Xiaoping, o país pode virar o ano 2000 como segunda potência econômica da Terra, superando o Japão e a Alemanha. Enquanto os professores de ginásio da década de 1960 alertavam seus alunos quanto ao "perigo amarelo", e nada aconteceu, agora eles aí estão, os homens do Império do Meio. Operários contratados pelo grupo metalúrgico Meishan trabalham em Nápoles praticamente 24 horas por dia. Eles desmontam uma instalação de fundição de aço, pesando 24.000 toneladas, nos 100 hectares da fábrica desativada do grupo italiano Bagnoli. No verão de 1997 as peças deverão estar remontadas, a 14.000 quilômetros dali, na cidade portuária de Nanquim, às margens do Rio Yang-tse. Também os alemães da Thyssen Stahl desmontam um alto-forno ocioso a fim de exportá-lo para a Índia. Na Áustria, a Voest-Alpine vendeu um completo equipamento de usina de aço, do sistema Linz-Donawitz, que seguirá de Linz para a Malásia. Os compradores do Extremo Oriente, além de adquirir mercadoria de qualidade, são os últimos a lucrar com as milionárias subvenções injetadas nas siderúrgicas européias durante décadas.[27]

Com rapidez quase inimaginável, a globalização avança – "essa fusão de pântanos, lagos e mares, de economias de aldeia e de província, regionais e nacionais, para um só oceano de economia global, que sujeita os pequenos produtores às ondas gigantescas da concorrência, no lugar das calmas marés de antigamente", como o economista Edward Luttwak descreveu os novos tempos.[28] O mundo está virando um só mercado e ele provavelmente abrigará um comércio pacífico. Não será a realização de um sonho da humanidade? Não deveriam os povos ricos apreciar a ascensão de tantos países em desenvolvimento? A paz global já não está próxima?

Não.

A visão lançada pelo futurólogo canadense Marshall McLuhan, de uma "aldeia global" e do mundo como um povoado homogêneo, não se cumpriu de forma alguma. Enquanto comentaristas e políticos constantemente usam e abusam dessa metáfora, vai ficando claro quão pouco o mundo real se integra. É certo que mais de 1 bilhão de telespectadores acompanharam simultaneamente a luta de boxe entre Axel Schulz e Michael Moore em junho de 1996, realizada no estádio de Dortmund. A abertura da Olimpíada de Atlanta, apregoada pelas redes de televisão como "o maior evento do milênio", reuniu diante das telinhas 3,5 bilhões de pessoas. No entanto, se milhões e milhões de televisores exibiram uma imagem de alcance universal, nem por isso pode-se esperar que aconteça um intercâmbio de mútuos interesses ou um melhor entendimento entre os povos. A proximidade e a simultaneidade criadas pela mídia em nível planetário não conseguem criar comunhão cultural, muito menos adaptação econômica.

A revelação olímpica

Antes mesmo que o terrorismo anônimo lançasse uma luz realista sobre os choques sociais nos EUA, prejudicando o andamento dos Jogos Olímpicos, os organizadores em Atlanta desnudaram toda a falsidade de uma amistosa sociedade das nações. Despudoradamente, eles degradaram logo de início 85.000 visitantes, que haviam pago 636 dólares por entrada para a cerimônia de abertura, levando-os a servir de "extras" pagantes, imersos numa estonteante inundação de imagens. Lenços coloridos, faroletes e cartões precisavam ser movimentados segundo o comando das câmeras. A palavra "sonho" avançou à posição de estrela da noite, uma palavra que os propagandistas americanos procuram difundir mais ainda que seu conceito de liberdade. Atlanta seria "o marco de um sonho", divulgava o opulento e feioso programa impresso. A canção "O poder de um sonho", na voz da cantora Celine Dion, lembrava o poema de Edgar Allan Poe – "sonhar sonhos que nenhum mortal ousou jamais sonhar" – por meio dos telões luminosos. Finalmente, ecoou por todo o estádio a frase histórica de Martin Luther King, campeão negro dos direitos civis: "Eu tive um sonho".[29]

Sim, mas qual? Talvez o sonho de, trinta anos após seu assassinato, cidadãos americanos, praticamente todos de pele clara, no novo estádio oval de sua cidade natal, poderem ouvir sem medo sua voz trêmula, agora artificialmente reproduzida em fita cassete? Ou teria Luther King ousado sonhar que para a Olimpíada os sem-teto de Atlanta, quase todos negros, fossem sistematicamente retirados do centro da cidade, para não apresentar às equipes internacionais das televisões as imagens da realidade americana?

Nesta metrópole do sul dos EUA, pelo menos, com seus *slums* (favelas) luzindo de limpeza e seus imponentes arranha-céus projetando-se como símbolo de riqueza, tudo se parece com a capital da Malásia, Kuala Lumpur, onde pela escura e pobreza continuam sendo sinônimos.

Falando com cinismo autoprotetor, a produtora de tevê Barbara Pyle, uma das executivas do multimídia Ted Turner em Atlanta e, aliás, dotada de sensibilidade social, assim comentou a Olimpíada de 1996, farta em recordes: "Até há pouco tempo existiam alguns bairros miseráveis de negros, com apartamentos baratos, entre os arranha-céus da CNN e da Coca-Cola. Foram todos demolidos para dar lugar à Cidade Olímpica Global da AT&T, o parque olímpico do centenário. No futuro, os empregados de ambas as empresas poderão passear, sem serem molestados, entre os blocos centrais das duas companhias".[30]

Um mundo se desintegra

Imponentes e modernas instalações urbanas como aquelas de Atlanta não são raras, mas por enquanto constituem ilhas isoladas. O arquipélago da riqueza internacional consiste em enclaves de franco progresso, assim como algumas cidades dos países em desenvolvimento, a exemplo de Kuala Lumpur, são apenas fortalezas da economia global.

Enquanto isso, a maior parte do mundo está em mutação para um planeta de mendigos – de megametrópoles com megafavelas, onde multidões mal sobrevivem. A cada semana a população mundial cresce 1 milhão de pessoas.[31]

Simultaneamente "nossa indiferença constrangida mudou para uma indiferença presunçosa", advertiu o então presidente francês, François Mitterrand, em março de 1995. "Definhou todo e qualquer interesse pela ajuda aos países subdesenvolvidos. Ao que parece, todo país cuida somente do seu quintal."[32]

Após a morte do estadista, mesmo o mais ensolarado quintal reduziu-se a uma clarabóia. Juntos, 358 bilionários deste mundo são tão ricos quanto 2,5 bilhões de pessoas, quase a metade de toda a população do planeta.[33] As dotações dos abastados países industrializados para o Terceiro Mundo caem sem parar. Em 1994, a Alemanha ainda destinava para esse fim 0,34% de seu produto econômico; em 1995, foram 0,31%, embora a Áustria tenha continuado com 0,34% em contribuições.[34]

É verdade que, nesse ínterim, investimentos privados estão superando as verbas provenientes dos governos mais ricos, mas poucas regiões levam vantagem nisso. Os rendimentos de capital esperados pelos investidores freqüentemente situam-se, "devido ao risco", em 30% anuais, como por exemplo nas obras de canalização de água na Índia e Indonésia.[35]

No total, as dívidas dos chamados países em desenvolvimento crescem constantemente, apesar do coro de promessas dos governos do Hemisfério Norte, quanto a substanciais reduções dos juros cobrados. Em 1996, as dívidas em conjunto subiram para 1,94 trilhão de dólares. Praticamente dobraram o montante de dez anos atrás.[36]

"Acabou", declarou diante desses números o escritor egípcio Mohammed Sid Ahmed. "O diálogo Norte-Sul está morto, como o conflito Leste-Oeste. A idéia de desenvolvimento também morreu. Não existe mais uma linguagem comum, nem mesmo um vocabulário para discutir os problemas. Sul, Norte, Terceiro Mundo, Libertação, Progresso, todas essas expressões já não têm mais sentido."[37]

Em volume crescente, a cantilena na Europa e nos EUA propaga que eles mesmos estão precisando de ajuda, pois milhões de eleitores, mesmo nas prósperas regiões urbanas, julgam-se ludibriados nestes novos tempos. Na angústia pela manutenção de seu emprego, condições de carreira e futuro dos filhos, surge nova desconfiança: será que o bem-estar da classe média ocidental, ainda tido como tão indiscutível na perspectiva histórica, não se apresentará em breve como um grande KaDeWe, a luxuosa loja de departamentos subsidiada que existia em Berlim Oriental, de fraco movimento, mas que durante anos fez furor como vitrine do estilo de vida ocidental?

Como a sociedade continua se dividindo economicamente, as pessoas, inseguras, procuram sua salvação política cada vez mais em confinamento e segregação. Às dezenas, novos Estados foram inseridos nos mapas nestes últimos anos – na Olimpíada de Atlanta apresentaram-se 197 equipes nacionais no estádio. Italianos e mesmo suíços batalham por sua identidade, a unidade nacional está em jogo. Apenas cinqüenta anos após a constituição da "Repúbblica Italiana", até 50% dos italianos nas províncias entre Ventimiglia e Trieste votaram a favor dos movimentos de protesto da Liga Norte, cujo líder Umberto Bossi prega a explosão das estações transmissoras da RAI (Rádio e Televisão Italiana). Para 15 de setembro de 1996 Bossi até já havia anunciado declarar um Estado independente. Também em outras regiões, países prósperos se desintegram. Assim, por exemplo, St. Kitts e Nevis, duas ilhas do Caribe, pacíficos redutos de lazer, querem abandonar sua federação.[38]

O Canadá e a Bélgica estão sendo paralisados pelas disputas de seus grupos lingüísticos. Nos EUA, cujos fluxos babilônicos de imigrantes durante tanto tempo aceitaram o idioma nacional, milhões de hispânicos recém-chegados, junto com os jovens de segunda e terceira geração, agora recusam o inglês. O tribalismo acentua-se por todos os lados, redundando em nacionalismo brutal ou chauvinismo regional.

Diferentemente das guerras tradicionais do século 19 e mesmo do início do século 20, a maioria das guerras atuais estão sendo travadas como guerras civis. Em 1995, somente duas das cinqüenta guerras em andamento seguiam o padrão conhecido: os combates entre Peru e Equador, bem como entre Líbano e Israel. Os conflitos recentes dentro dos limites nacionais recebem pouca atenção internacional. No entanto, apenas na África do Sul, no ano após o fim do *apartheid*, 17.000 pessoas perderam a vida em atrocidades – mais do que a guerra civil custou durante os dezesseis anos de sua duração.[39]

Com desastrosos mecanismos de repressão, a comunidade internacional reage à tragédia do contingente africano. Nove dos 21 serviços americanos para ajuda no Exterior, que devem ser fechados até 1999, encontram-se nesse continente, que por muitos já é descartado como perdido. "No entanto, talvez a África seja tão relevante para a política mundial como eram os Bálcãs, no século passado, antes das duas Guerras Balcânicas e da Primeira Guerra Mundial", afirma o especialista americano em questões de Terceiro Mundo, Robert D. Kaplan. "Justamente por estar grande parte da África à beira do abismo, ela proporciona uma antevisão de como serão as guerras, as fronteiras e a política étnica dentro de poucas décadas."[40]

As cidades entre Serra Leoa e Camarões, em particular Freetown, Abidjan e Lagos, à noite são as mais perigosas do mundo; na capital da Costa do Marfim, 10% da população é HIV-positiva. "Não existe outro local neste planeta onde os mapas políticos sejam tão falsos, tão fictícios como na África Ocidental", julga Kaplan. Com Ruanda, Burundi, Zaire e Malavi, também outros Estados africanos tornaram-se palco de guerras tribais e civis.

Como 95% do crescimento populacional deste nosso mundo se concentra nas regiões mais pobres, não cabe mais perguntar se haverá novas guerras, mas sim de qual natureza serão e quem lutará contra quem. Dezessete dos

22 Estados árabes em 1994 anunciaram uma redução de sua capacidade econômica, mas em muitos desses países a população provavelmente duplicará nas próximas duas décadas. Em breve a água se tornará escassa em regiões muito diversas, na Ásia central, Arábia Saudita, Egito e Etiópia. Neste contexto, "o Islã se torna atrativo justamente pela sua militância em prol dos oprimidos. Essa religião, a que mais rapidamente está crescendo, é a única disposta à luta", segundo balanço de Kaplan.[41] Assim, separatismo e fanatismo religioso continuarão crescendo, do Marrocos e Argélia até a Índia e Indonésia.

Já no verão de 1993, o professor de Harvard, Samuel P. Huntington, publicou um ensaio na revista *Foreign Affairs*, tradicional veículo americano para intelectuais e política externa, colocando como título a pergunta que se tornou famosa: *"The Clash of Civilizations?"* (O Choque das Civilizações?).[42]

Sua tese, segundo a qual os conflitos entre as civilizações será determinados no futuro por razões de ordem religiosa e cultural, e não mais por razões sociais ou motivos políticos, como nos tempos da Guerra Fria, suscitou grande atenção nos países industrializados ocidentais. Temores muito antigos, de que a Europa seria esmagada por hunos, turcos ou russos, foram como que renovados por Huntington. Justificam-se? O Ocidente democrático colidirá com o restante do mundo, como prevê o estrategista de Harvard, com uma aliança de déspotas e teocratas, do tipo Saddam Hussein ou Aiatolá Khomeini, eventualmente apoiados pelos países asiáticos de salários rebaixados?

Cabem todas as dúvidas, tanto mais que os países até agora ricos do Ocidente estão mutilando em ritmo assustador seus próprios sistemas de garantias sociais, provocando tensões políticas. Ao mesmo tempo, a cultura padronizada global liga as elites nacionais. Considere-se, ainda, que especialmente a Ásia emergente é tudo menos homogênea. Dissolução e fragmentação também ameaçam o Império do Meio. "A China poderá bater contra a parede", opina Timothy Wirth, primeiro secretário americano para questões globais e amigo íntimo do presidente Clinton. "A desintegração da China em breve irá tornar-se o tema predominante."[43] Os camponeses chineses estão fartos de sua vida miserável. Há vinte anos, nada podiam saber pelo rádio, obviamente censurado, sobre os cidadãos mais aquinhoados das cidades. Mesmo se alguém lhes contasse e se quisessem mudar para algum centro urbano, os rígidos controles policiais ao longo das estradas de cada província os teriam barrado imediatamente. No entanto, agora já fazem parte do exército de desenraizados, que em busca de sobrevivência engrossam os cortiços, longe do controle do Partido Comunista e dos comitês de bairros. A massa de migrantes perambulando pelo país já é avaliada em mais de 100 milhões de infelizes, o que expõe a enorme pressão existente no mais populoso país do mundo.[44]

Também a Índia, que dentro em breve será a segunda nação de 1 bilhão de habitantes, está sob tensão crescente. Bombaim e Nova Délhi suplantam a Cidade do México e São Paulo nas manchetes sobre cidades de puro horror. Ambos os monstros urbanos hoje abrigam mais de 10 milhões de pessoas, em menos de vinte anos deverá duplicar o número de habitantes. Em breve, a metrópole até agora ignorada do Paquistão, Karachi, despertará atenção mundial: sua população, agora de quase 10 milhões, até o ano de 2015 deverá elevar-se a mais de 20 milhões.[45]

Por imagens de satélite, os administradores de Nova Délhi podem saber onde sua cidade está crescendo – sem qualquer planejamento, controle ou legislação. Durante o dia, as cidades parecem túneis de névoa e todos tossem na fumaceira dos baratos jinriquixás motorizados. Um terço de todas as crianças sofre de bronquite alérgica, que os remédios só podem aliviar por pouco tempo. Anualmente, 2.200 pessoas morrem no trânsito, com um número de carros treze vezes menor que nos EUA. Um ministro do país referiu-se a Nova Délhi, conhecida até a década de 1970 por "Cidade Jardim", como "o buraco negro ecológico da Ásia, a bem dizer inabitável".[46]

Em Bombaim, desde a abertura econômica da Índia "o cortiço mais caro do mundo" (assim denominada pelo colunista Sudhir Mulji), os táxis de manhã exalam mau cheiro, pois seus motoristas não podem se dar ao luxo de horas de viagem para dormir em casa e tomar banho. Diariamente 2.000 toneladas de lixo precisam ser removidas das ruas, e há um déficit de centenas de milhares de ligações de esgotos, mas a administração municipal não consegue prover nem dois terços da água necessária.[47]

Ainda assim, milhões de camponeses e habitantes das pequenas cidades não se deslocam para as megalópoles como bois para o matadouro. Um estudo sobre Nova Délhi demonstrou que a maioria dos migrantes só decide mudar-se depois que amigos ou parentes, que já vivem na metrópole, possam oferecer-lhes uma oportunidade de emprego. Recém-chegados muitas vezes conseguem sair-se melhor do que a legião de miseráveis nascida na própria cidade.[48] Também isso causa tensões, que por sua vez criam movimentos migratórios, mas além-fronteiras.

Numa visita oficial a Pequim, o ministro alemão Klaus Töpfer pôde sentir o quanto é frágil mesmo uma estrutura autoritária como a da China. Ele julgou-se no dever de recomendar ao primeiro-ministro Li Peng que preservasse os direitos humanos. O estrategista chinês respondeu que tais direitos poderiam ser concedidos ao seu povo, "desde que a Alemanha estivesse disposta a receber anualmente de 10 a 15 milhões de chineses e cuidar deles". A reação inesperada fez calar o missionário da democracia ocidental, desarmado pelo que chamou de "cinismo inimaginável".[49]

Mas será que a observação de Li Peng era apenas cínica? Ela contém, isto sim, a questão colocada hoje a toda a humanidade, em particular aos vencedores na Europa e nos EUA: quanta liberdade, ou melhor, qual tipo de liberdade ainda será possível neste nosso planeta, em breve habitado por 8 bilhões de seres humanos? Quais as regras, quais as formas sociais que permitirão solucionar os problemas do meio ambiente, da alimentação e da economia?

As cúpulas da política internacional foram tomadas de desconfortável inquietação. "Vivemos em meio a uma revolução mundial", repetia o secretário-geral da ONU, Boutros Boutros-Ghali, em suas palestras. "Nosso planeta encontra-se sob a pressão de duas forças colossais, justapostas: a globalização e a desintegração."

Melancolicamente inseguro, Boutros-Ghali ainda acrescenta: "A história demonstra que aqueles que passam por transformações revolucionárias dificilmente entenderão seus significados finais".[50]

O inimigo somos nós

O modelo de civilização imaginado há tempos na Europa provou ser dinâmico e eficaz, sem concorrentes. Mas não é adequado para estruturar o futuro. A "considerável melhoria do padrão de vida" para todos nos "países subdesenvolvidos", pelo "aumento da produção industrial", como o presidente americano Harry Truman declarou em 1949 aos pobres do mundo, não acontecerá.[51]

Justamente agora que a população mundial, interligada pelo mundo das imagens de Bogotá até Moscou, procuram alcançar um desenvolvimento segundo o padrão ocidental, os vendedores dessas belas promessas estão rompendo o acordo. Já em seus próprios países, nos EUA e na Europa, não conseguem cumprir a previsão nem controlar a crescente cisão social. Quem, então, ainda pensaria em crescimento ecologicamente sustentado e distribuição justa das riquezas no Terceiro Mundo? Cada vez mais se revela o arrogante dogma do desenvolvimento como arma ultrapassada; pertencia ao arsenal da Guerra Fria e, dentro dessa lógica, parece que seu lugar é no museu.

Salve-se quem puder, parece ser a nova diretriz. Mas quem poderá salvar-se? Pois com a vitória do capitalismo de forma alguma chegou-se "ao fim da História", como escreveu o pensador americano Francis Fukuyama em 1989, mas ao final de um projeto que ousadamente foi denominado "a era moderna". Chegamos à encruzilhada de dimensões globais, que se caracteriza, para a maioria da humanidade, por um cotidiano não de ascensão e bem-estar, mas de decadência, destruição ecológica e degeneração cultural.

Se em San Francisco a elite mundial projetou uma sociedade 20 por 80 dentro dos países até agora tidos como ricos, tal repartição de renda, nos parâmetros internacionais, já se acha estabelecida há tempos.

Os dados são conhecidos, mas, graças às forças liberadas pela globalização, eles se apresentam sob outro aspecto: o um quinto mais rico de todos os países decidirá sobre 84,7% do produto bruto mundial, seus habitantes movimentarão 84,2% do comércio internacional e serão proprietários de 85,5% de todas as poupanças internas. Desde 1960, a distância entre o quinto mais rico e o quinto mais pobre da população mais que duplicou – e também por esses índices pode ser medida a falência da esperança de uma ajuda ao desenvolvimento, via globalização.[52]

Atualmente, a preocupação por empregos e bem-estar social ofuscou, nos noticiários, as questões do meio ambiente, mas isso não significa que as condições ecológicas do planeta tenham melhorado. O padrão de consumo global dos recursos naturais continua inalterado desde a Eco-92, a conferência sobre meio ambiente e desenvolvimento promovida pela ONU no Rio de Janeiro em 1992. Os 20% mais ricos da elite econômica tomam para si 85% do aproveitamento das madeiras do mundo, 75% do processamento de metais e 70% da energia.[53]

As conseqüências são brutais: nunca a população mundial poderá alcançar, conjuntamente, tal bem-estar em detrimento da natureza. O planeta coloca limites à humanidade. A expansão de usinas de energia e motores de combustão por toda a Terra já perturbou fundamentalmente o equilíbrio energético de nosso sistema ecológico. As declarações de intenções da Eco-92 em pouco tempo passaram a soar como realejo desafinado. A comunidade internacional reunida na outrora Cidade Maravilhosa comprometera-se, em longos discursos, com um "desenvolvimento sustentado", seguindo uma política que não legaria às gerações futuras uma natureza devastada, exaurida de recursos. A emissão de dióxido de carbono, pelo menos nos países industrializados, deveria ser reduzida aos níveis de 1990. A Alemanha queria baixar seus índices em 25% até o ano de 2005.

Promessas no papel são voláteis. O consumo mundial de energia tende a duplicar até 2020. Os poluentes gasosos na atmosfera aumentarão de 45 a 90%.[54] Em vão, renomados pesquisadores do clima, que intercambiam os resultados de suas pesquisas, alertam há anos para "a perceptível influência humana no clima do planeta".[55]

Se não há como frear a mudança de clima, talvez ainda se possa atenuá-la, o que exigirá enormes sacrifícios. "Para nós, o aquecimento global, com suas conseqüências como tormentas e inundações, já se tornou óbvio", declarou Walter Jakobi, do Grupo Gerling, a maior seguradora do setor industrial na Alemanha. Na década de 1980 as grandes companhias de seguro precisaram enfrentar 50 catástrofes naturais por ano, com danos de no mínimo 20 milhões de dólares cada; em meados da década de 1990, já são 125 casos anuais de devastações. Uma única tempestade sobre a Costa Leste americana ou o norte da Europa, assim calculam as seguradoras, poderá custar até 80 bilhões de dólares.[56] Conseqüentemente, sobem os prêmios dos seguros, e nas regiões sujeitas a inundações os proprietários dos imóveis encontram dificuldades crescentes para negociar um contrato de seguro viável. Alguns países já estão pagando um preço exorbitante pelo risco do clima. A crescente vulnerabilidade aos furacões está impedindo que investidores estrangeiros apliquem somas mais expressivas em Bangladesh.[57]

Um sensível aumento do nível do mar provavelmente já não poderá ser evitado, por conta do efeito estufa. A tão recente era das cidades encontraria um fim abrupto antes do ano 2050, pois quatro de cada dez aglomerações com mais de 500.000 habitantes situam-se próximo à costa. Entre elas, três quintos de todas as megametrópoles.[58] Bombaim, Bangcoc, Istambul e Nova York estão ameaçadas de extinção, mas poucos desses monstros urbanos têm condições de arcar com os altos custos da construção de barragens, como as da Holanda, para proteger-se das águas.

Também a China corre o risco da devastação pelo oceano: Xangai, Hong Kong e dúzias de outras metrópoles olham para o mar. No entanto, os herdeiros de Mao pensam no curto prazo, enquanto procuram copiar os progressos do Ocidente, com ou sem licença. Uma diretriz oficial já foi adotada: o povo de 1,2 bilhão de pessoas deve juntar-se à sociedade motorizada. Um veículo próprio acalma como ópio. Mas uma conta simples mostra que isso poderá aquecer o clima mundial antes de melhorar o humor do país. "Andar de bicicleta agora já é considerado na China como sinal de subdesenvolvimento", observou o perito em trânsito de Washington, Odil Tunali. Atualmente apenas 1,8 milhão de automóveis estão nas ruas, ou seja, 5% da frota total alemã. No entanto, em menos de quinze anos já devem ser 20 milhões.[59] As grandes montadoras internacionais foram atacadas pela febre do ouro; somente a fábrica da Volkswagen em Xangai espera poder fornecer um terço de todos os automóveis novos. Também a General Motors, Chrysler, Mercedes-Benz, Peugeot, Citroën, Mazda, Nissan e o grupo Daewoo da Coréia do Sul participam de acordos de produção no espetacular deslanche da China. Rumo à nova era, Índia, Indonésia e Tailândia acompanham o boom.

"Todo o mercado asiático, com 20 milhões de carros novos por ano, em breve terá as mesmas proporções da Europa e dos Estados Unidos juntos", profetiza Takahiro Fujimoto, perito em indústria automobilística na Universidade de Tóquio.[60]

A América Latina e os países do antigo bloco comunista do Leste europeu registram igualmente índices de crescimento enormes; no Brasil, dobrou a produção de automóveis no decênio de 1990, como também o trânsito nas ruas de Moscou. Não há nada mais cobiçado pelos cidadãos do Leste que equiparar-se aos vizinhos ocidentais. O fascínio pelo veículo próprio, que já está começando a desaparecer na Europa, ainda tem força total nos novos mercados. O automóvel não é tido apenas como meio de transporte, mas como símbolo de status social, prova de riqueza, de poder e, supostamente, de liberdade pessoal.

Diante disso as emissões de gases pelos automóveis estão fora do controle no mundo inteiro, uma vez que 1 bilhão de automóveis, o dobro de hoje, provavelmente estarão envolvido no caos global do trânsito em 2020.

Já agora os cidadãos da União Européia desperdiçam 1,5% do produto interno bruto em congestionamentos.[61] Em

Bangcoc são 2,1%.[62] Viagens pela capital da Tailândia, antigamente a Veneza do Oriente, são tão demoradas que os automobilistas no seu trajeto para reuniões de negócios levam, por precaução, sanitários portáteis no carro. No Japão há empresas de transporte que mandam três caminhões aos clientes, por diversos itinerários, a fim de manter seus compromissos de fornecimento apesar dos atrasos nas rodovias.

E daí? Sonhos continuam sendo sonhos, mesmo depois de provado que o caminho está errado. Assim, a motorização desenfreada, aparentemente sem conseqüências, está sendo levada ao seu último e grande estágio. Todos os esforços em muitos outros países e regiões, para ao menos reduzir o aquecimento do clima pelo uso racional da energia e redução do tráfego de automóveis, estão sendo aniquilados. Sentimos a amarga vingança da natureza à falta de medidas de controle nos países industrializados, onde já na década de 1980 deviam ter sido adotadas restrições nos transportes e nos combustíveis, capazes de assegurar a proteção ecológica. Agora, a expansão das frotas de veículos fugiu ao controle e o baixo preço do petróleo está sendo aproveitado por recém-chegados ao mercado global.

Enquanto os custos relativos ao meio ambiente não pesarem na balança, os comerciantes chineses poderão embarcar toneladas de brinquedos para metade do planeta e oferecê-los à União Européia ainda mais baratos que aqueles produzidos nas fábricas checas, com baixíssimos salários, sem falar das empresas locais.

Entrementes, a industrialização nos países em desenvolvimento avança sob assustadora ignorância ecológica. Das cidades da China emanam enormes nuvens de gases venenosos, que se alastram por 1.700 quilômetros pelo Oceano Pacífico. A população de Xangai praticamente todos os dias úteis acorda sob uma redoma de neblina e fuligem.[63] Em Chengdu, por dezenas de quilômetros, uma densa fumaça não filtrada provém de milhares de fornos de cal e olarias, pior ainda do que no famigerado Vale de Katmandu, no Nepal, onde o ar poluído afeta violentamente as mucosas, como acontece nas megametrópoles.[64] Após extensa viagem ao Extremo Oriente, o arquiteto britânico John Seargant resumiu suas impressões: "Eu vi o futuro de grande parte do Pacífico e estou chocado. Um quarto da humanidade muda seu padrão de vida e com isso está arruinando uma parte essencial do planeta".[65]

A China está em boa companhia, todos nós o sabemos, e também fazemos parte das conseqüências. Na maioria dos países industrializados acredita-se poder viver bem com o desconforto crescente do aquecimento global. No entanto, o funil ecológico também favorece a sociedade 20 por 80 que desponta. Por se tornarem raros e caros os bens naturais, poucos poderão comprá-los. Quem puder dispor deles lucrará adicionalmente.

Em Lech-am-Arlberg, estação de esqui e mundanismo, pode haver uma explosão de contentamento se os pesquisadores do clima declararem o "fim do turismo de inverno" na Áustria.[66] A 1.450 metros de altitude, o lugarejo poderá ficar rico se nas regiões mais baixas a neve deixar de aparecer. Esquiar nos Alpes poderá tornar-se esporte tão exclusivo como jogar golfe na Grã-Bretanha. Os hoteleiros de Lech estão cheios de dívidas, pois especularam e fizeram investimentos exagerados. No entanto, os 1.380 habitantes locais foram previdentes: demarcaram seus setores e bloquearam a entrada de estranhos. Seus filhos e netos esperam pela bonança. Se em 2060, nem com artifícios dispendiosos, as pistas de Kriegerhorn e Mohnenfluh puderem ficar cobertas de neve, todos eles poderão ficar ricos, viver dos rendimentos de seu capital ou mudar de ramo.

Esse exemplo, que soa repulsivo, talvez explique algo: as frentes políticas de combate ao efeito estufa formam-se muito lentamente, pois milhares e milhares de pessoas julgam poder lucrar com tal mudança de clima. De outro lado, também está errado quem se omite de qualquer esforço. O Apocalipse será inevitável, o que serve de desculpa para a falta de iniciativa. Parece cômodo esperar o fim do mundo. No entanto, isso não resolverá todos os conflitos. A humanidade ainda precisa sobreviver por muito tempo e o fará. A questão é apenas como – e qual a porcentagem de famílias que viverá bem ou ficará à míngua, inclusive nos atuais países industrializados. Acredita-se que "o destino ecológico da humanidade será decidido na Ásia", como salienta o chefe da Greenpeace International, Thilo Bode.[67] Mas a responsabilidade primária pela guinada decisiva rumo ao desenvolvimento sustentado recai sobre as indústrias que criaram o paraíso dos bens materiais e se apegam às suas imagens como ídolos.

O afastamento do modelo tradicional de desenvolvimento econômico – com toda a renúncia necessária – de maneira alguma precisará ser "uma marcha triste à miséria". Ele pode perfeitamente "levar a novas formas de bem-estar", como argumentou Ernst Ulrich von Weizsäcker, presidente do Instituto Wuppertal.[68] Como chefe desse renomado laboratório de pesquisas, ele, em conjunto com os peritos em energia americanos Amory B. Lovins e L. Hunter Lovins, apresentou em 1995 seu detalhado estudo: *Fator Quatro – Prosperidade em dobro, consumo dos recursos naturais pela metade*. Pelo menos na Alemanha, o livro tornou-se um best-seller admirado.[69]

Enquanto em vastas regiões da Europa tem-se uma motorização quase integral e todas as residências estão abastecidas de aparelhos de televisão, alguns cidadãos urbanos mais arredios distanciam-se desses ícones da era moderna. Mas mesmo aí a sociedade se polariza: desde que as dificuldades de estacionamento excedam o prazer de dirigir, perdem-se os ideais da sociedade motorizada e igualitária. Mesmo os infernais congestionamentos não equiparam todas as pessoas. Há pouco tempo, a posse de automóvel e televisão dava status, hoje o novo luxo é não precisar tê-los. Quem pode arcar com as despesas prefere residir em condomínios calmos, em meio a parques, perto do centro da cidade, do que em bairros de difícil acesso. Quem leva uma vida agitada de bom grado renuncia ao cintilante pseudomundo da televisão – e certamente não será alvo do "entretetanimento".

Tais pequenas e seletivas fugas não substituem as futuras mudanças sociais, já apresentadas por pensadores como Dennis Meadows (*Os Limites do Crescimento*, 1972) e o vice-presidente americano Al Gore (*Caminhos para o Equilíbrio*, 1992). Em meados de 1989, pela primeira vez os problemas do meio ambiente e de catástrofes causadas pelo clima entraram na pauta da reunião de cúpula do G-7, grupo das sete nações mais ricas do Ocidente. Parecia ser um sinal positivo por parte dos poderosos. "A década de 1990 será crítica", declarou o World Resources Institute, que tanta influência exerce sobre o governo de Washington, em tom alarmante.[70] "No século 21 já será tarde", afirmava o biólogo Thomas Lovejoy, do Smithsonian Institution em Washington. "As lutas decisivas serão vencidas ou perdidas nos anos 90."[71]

Quando caiu o Muro de Berlim, os otimistas acreditaram que a batalha pela salvação da Terra poderia substituir a guerra ideológica entre Leste e Ocidente.[72] Inicialmente, essa idéia pareceu fascinante. Sem dúvida a Guerra Fria consumiu muito dinheiro, além de fanatismo, capacidade essa que agora ficava ociosa. Contudo, o anticomunismo dirigia-se a um inimigo externo e podia recorrer aos mais imediatos instintos de preservação. "A ameaça de hoje, porém, não tem rosto, o inimigo somos nós mesmos", diz Bertrand Schneider, do Clube de Roma.[73]

O poderio mundial do trigo

Além do Clube de Roma, certamente Lester Brown é tido como um dos mais conhecidos defensores da ecologia. O Worldwatch Institute, por ele fundado em 1974, em Washington, tornou-se mundialmente o mais citado instituto particular de pesquisa; seus relatórios anuais sobre "Condições do Mundo" são traduzidos para 27 idiomas e constituem leitura obrigatória para políticos sérios, bem como para estudantes dos quase mil cursos colegiais e universitários dos EUA.[74]

Adulado pelos grandes do mundo, Lester Brown não poderia faltar à reunião promovida por Gorbachev em San Francisco. De tênis e em passos largos, típicos desse homem, ele se apressa nos longos corredores acarpetados do Fairmont Hotel. Procura por seus bons amigos "Ted and Jane", isto é, Ted Turner e sua esposa Jane Fonda. Ainda bem que, por insistência de Brown, a CNN de Ted Turner produziu notável documentação ecológica e que as conferências da ONU nestes últimos anos não tenham sido apenas encontros festivos, mas que os temas principais tenham sido apresentados de forma abrangente.

Rapidamente o fundador da CNN cumprimenta os convidados na recepção de abertura do encontro. Esperam-se ganhadores de Prêmio Nobel, como Rigoberta Menchu. Caviar à vontade enfeita os bufês. Na cozinha próxima, grandes *chefs* preparam seus cardápios sofisticados.

Lester Brown também se interessa por alimentação, mas de modo bem diferente. O homem está agitado como um jovem estudante que acaba de ver confirmada sua tese de mestrado: "Sabia que pela primeira vez a China, em toda sua história, importa trigo em grande escala? Quem alimentará esse enorme país no futuro? Isso terá grandes repercussões para todos nós".[75]

Poucos dias antes, conta Brown, especialistas em agricultura e meteorologia, bem como técnicos em reconhecimento de imagens por satélite, encontraram-se em Washington. Depois de chegarem a uma sala isolada da Secretaria de Agricultura dos EUA, um guarda armado fechou a pesada porta de aço e a trancou. No recinto da reunião, estavam desligados os telefones e computadores. Persianas fechadas impediam a visão do mundo exterior. Assim, em total reclusão, o grupo passou dia e noite examinando e comparando pilhas de dados. O encontro, que tanto lembra práticas de espionagem ou filmes sobre a Máfia, referia-se a uma arma que dentro de poucos anos poderá ser empregada sem clemência: as reservas mundiais de trigo.

Como um treinamento para o futuro, o World Agricultural Outlook Board americano já está avaliando, discretamente, as previsões globais das safras e o consumo dos principais tipos de trigo em mais de cem países. Alega-se que o sigilo é para proteger as conclusões de uma revelação intempestiva, antes do encerramento dos trabalhos. Na mão de especuladores, qualquer informação antecipada sobre a situação mundial do trigo pode reverter em polpudos lucros. Nas bolsas de cereais interligadas por computadores, as previsões do Outlook Board determinam o destino de inúmeros agroindustriais e comerciantes de matéria-prima.

Em breve, receia Brown, as estatísticas do trigo poderão levar a sérios conflitos políticos, pois alguns países precisarão valer-se de todas as vantagens na luta por alimentos. Em 1995, as reservas de trigo, arroz, milho e outros cereais chegaram ao nível mais baixo em duas décadas. Em 1996, os silos armazenavam reservas para apenas 49 dias de consumo mundial, a menor quantidade constatada até então. "Pela primeira vez na História, a humanidade precisa ajustar-se a uma diminuição constante dos alimentos disponíveis por pessoa", analisou o homem do Worldwatch Institute em Fairmont.

Teria chegado a crise para a qual Brown alertava há anos? Parece que sim. As reservas de milho já são menores que em 1975 e talvez encolham ainda mais. Profetizar em questões de alimentação mundial não está mais em moda, desde que as doutrinas de Malthus provaram ser erradas, porém uma enorme Revolução Verde, que exceda todas as dimensões conhecidas, faz-se necessária para reverter a tendência atual. Apesar da tecnologia genética e seu enorme incremento de produção, do aperfeiçoamento constante de sementes de alta qualidade e das técnicas de adubação, ninguém, em parte alguma, conta com aumentos de produção suficientes para manter baixos os preços do trigo. Se as áreas desativadas nos últimos anos, na Europa e nos EUA, fossem novamente plantadas, não passaria de uma ninharia em relação à demanda crescente, declarou o *Frankfurter Allgemeine* certamente sem intenção de profetizar.[76]

Ao mesmo tempo, continua o abuso da exploração exaustiva dos solos de qualidade. Os países asiáticos que primeiro deram o grande salto para a industrialização – Japão, Coréia do Sul e Taiwan – sacrificaram, na década de 1960, 40% de suas áreas de cultivo de trigo para as construções de milhares de fábricas, cidades e ruas.

Apenas em Java, Indonésia, 20.000 hectares de terras de cultivo estão sendo destruídos por ano: uma área que supriria alimentos para 360.000 pessoas. Por outro lado, justamente nos países emergentes, registrou-se no mesmo período um aumento da população da ordem de 3 milhões. A China e a Índia não estão resistindo à tentação: para dar lugar às indústrias de automóveis e outros bens de seu boom econômico, destroem em larga escala as regiões de cultivo. O que restar de terras inaproveitadas neste planeta ainda será muito, mas não substituirá as antigas plantações, pois as superfícies baldias já sofreram demais com a erosão, encontram-se em regiões excessivamente áridas ou frias, e portanto seu cultivo seria antieconômico.

Assim sendo, os atacadistas de cereais aguardam pacientemente novas altas nas bolsas, mesmo diante dos aumentos já ocorridos entre maio de 1995 e maio de 1996, de quase 60%. Tamanhas elevações de preços custarão aos países importadores, especialmente aos mais pobres, despesas adicionais em torno de 3 bilhões de dólares, segundo cálculos da Organização para Alimentação e Agricultura (FAO), órgão da ONU sediado em Roma.[77] "Quando o bolo deixa de crescer", comenta Lester Brown, "altera-se a dinâmica política." Atualmente as exportações de grãos, no mundo inteiro, são da ordem de 200 milhões de toneladas, dos quais a metade é fornecida pelos EUA. "Isso significa", conclui Brown sua análise em San Francisco, "que mesmo no setor de produtos alimentícios no futuro os EUA serão a maior potência, com a perspectiva de abusos no controle dos alimentos como forma de pressão." Segundo recente avaliação, talvez já no ano 2000 a China precise importar aproximadamente 37 milhões de toneladas de trigo, ou seja, mais do que o total das atuais exportações norte-americanas do produto.

Globalização não representa "imperialismo cultural americano" apenas no setor de lazer – como há tempos já criticou o ex-ministro da Cultura francês, Jack Lang. Como "superpotência da cultura das massas" (Lang), os Estados Unidos não só determinarão o circo mas também distribuirão o pão.[78] Será que o ex-assessor de Segurança Nacional americano, Brzezinski, também considerou essa estratégia quando apresentou diante de Lester Brown e todos os outros o conceito do "entretetanimento"?

Sem nenhum alerta ou medida preventiva que seria lícito esperar do governo americano, a humanidade continua consumindo trigo, mesmo a altos preços. Enquanto isso, a fertilidade dos solos, no mundo todo, está sendo prejudicada por salinização, erosão, poluição do ar e verões mais quentes: escasseiam não só as áreas cultiváveis, mas também água e adubos. Para os parceiros europeus dos EUA, isso por enquanto parece não ser motivo de inquietação. A boa notícia saiu em 9 de dezembro de 1995 na imprensa e permaneceu limitada às páginas de economia, sem causar alarde. O *Frankfurter Allgemeine* publicou: "A Comunidade Européia decretou uma taxa adicional sobre suas exportações de trigo, a fim de frear o volumoso escoamento do produto para o mercado mundial".[79]

Comentaristas sarcásticos poderão dizer que, com o novo conselheiro agrícola da União Européia, Franz Fischler, novamente um austríaco se preocupa com a questão da alimentação no continente europeu; calculistas frios constatarão que, com o imposto, finalmente entram rendimentos na tradicional cesta de subvenções à agricultura da União Européia. Mas tanto os sarcásticos como os calculistas deverão admitir uma conseqüência: quando a União Européia deixa de subvencionar suas exportações de excedentes de alimentos para encarecê-las com impostos, lá fora o aperto se tornará maior.

Quem ordenará "fogo!"?

O sonho acabou? Enriquecer pelo trabalho parece uma história sem sentido para os camponeses de Kamchatka e os lavradores da Terra do Fogo, os roceiros de Madagáscar e os demais jovens pobres por toda parte. Não mais uma Califórnia ou uma Alemanha para todos? Seria aceitável. Porém, nem Califórnia nem Alemanha para ninguém que não seja da União Européia, do Japão e dos abençoados Estados Unidos da América? Nenhuma chance de sonhar com nada, para ninguém que nada possua?

Nunca.

A desigualdade global está mostrando seus efeitos. Não importa onde as imagens de televisão e os turistas documentem o padrão de vida dos países industrializados – e o próprio país nada tenha a oferecer senão pobreza –, a nova geração, sedenta de vida, prepara-se para a migração em massa às terras prometidas. Há mais de um século a Europa exportou seu excedente populacional e seus exércitos de pobres para outros continentes. Somente da Grã-Bretanha partiram 18 milhões de emigrantes, cifra correspondente, na época, a seis vezes a população de Londres, então a maior cidade do mundo.[80]

Também hoje, na ilha britânica como nos outros países da União Européia, a pobreza está aumentando, e seria tempo para nova migração. Mas para onde?

Em vez disso, pessoas em situação muito pior forçam passagem pelo Rio Grande, na fronteira do México, querendo entrar nos louvados Estados Unidos, ou cruzam o Mediterrâneo em direção à exaurida Europa, na ânsia de conseguir algum emprego. Já na década de 1970, mais de 20% da força de trabalho da Argélia havia emigrado, bem como 12% do Marrocos e 10% da Tunísia.[81]

A União Européia já se defende há algum tempo: recusa visto e permissão de trabalho. Mesmo assim, a fortaleza Europa não pode ser trancada, o fosso é muito estreito. Mesmo em uma simples prancha de surfe, com vela feita em casa, é possível atravessar o Estreito de Gibraltar e vencer a distância entre pobreza e riqueza em poucas horas. Os chefes de governo da União Européia armaram seus guarda-fronteiras. "Milhões virão", vaticina Bertrand Schneider, do Clube de Roma. "Quem ordenará 'fogo!' para impedi-los?"[82]

3

DITADURA COM RESPONSABILIDADE LIMITADA

O jogo de bilhar no mercado financeiro mundial

> *"Queríamos a democracia. Deram-nos os fundos de pensões."*
>
> GRAFITE POLONÊS

Michel Camdessus é sem dúvida um homem de poder. Sua linguagem dispensa rodeios, suas decisões não sofrem contestação. Ele ocupa uma imponente mesa de trabalho no 13º andar de um impessoal arranha-céu em Washington, na Rua G, perto da Casa Branca. Dali o importante burocrata de origem francesa comanda uma das instituições mais criticadas e aparentemente indispensáveis do mundo moderno: o FMI, Fundo Monetário Internacional. Sempre que governos dos países-membros não conseguem amortizar dívidas ou superar crises econômicas, são encaminhados a Camdessus e sua equipe de 3.000 colaboradores.

Perante o chefe do FMI, há mais de dez anos no cargo, mesmo os representantes de grandes nações, como Rússia, Brasil ou Índia, são simples pedintes. Em negociações que podem levar anos, sempre precisam comprometer-se com medidas draconianas de redução do déficit público, restrição de crédito privado e enxugamento da máquina estatal. Somente depois disso Camdessus encaminha para aprovação, ao comitê representativo dos ricos provedores do fundo, em particular EUA, Japão e Alemanha, os pedidos de liberação de créditos a juros favorecidos.

Toda essa rotina falhou na fria noite de segunda-feira, 30 de janeiro de 1995. Perto das 21 horas, chega a Camdessus uma notícia que o arrepia. Em questão de minutos, ele sente caber-lhe a responsabilidade de prevenir uma catástrofe que até então parecia quase impossível. Sob grande tensão, deixa sua mesa de trabalho, pega vários documentos e dirige-se à sala de reuniões, onde habitualmente 24 relatores do FMI decidem sobre a concessão dos empréstimos.

Sozinho na sala com um problema, Camdessus ainda não sabe o que dizer ao telefone.[1] Deveria ignorar as severas normas internas e liberar sem condições e sem o consentimento dos relatores o maior crédito em 50 anos da instituição? Ao completar sua primeira ligação, o corpulento chefão do FMI se reduz às dimensões de uma marionete cujos cordéis se encontram em mãos distantes.

A operação de salvamento do peso mexicano

A crise começou quando os políticos de Washington começaram a sair em férias de inverno. Quatro dias antes do Natal, o governo mexicano havia anunciado que, pela primeira vez em sete anos, sua moeda precisaria ser desvalorizada. O peso devia baixar em US$ 0,05, isto é, 15% menos do que até então. O pânico alastrou-se de pequenas corretoras de investimentos a grandes casas bancárias, de Wall Street às sedes dos ricos fundos privados de pensões. Haviam investido mais de 50 bilhões de dólares em títulos públicos, ações e obrigações do Tesouro mexicano. O país alcançara a reputação de ter finanças sólidas e cumpria todas as obrigações impostas pelo FMI para sanear o Estado e a economia. Agora, porém, o patrimônio dos aplicadores estrangeiros estava sob a ameaça da maxidesvalorização cambial. Quem pôde retirou seu dinheiro do México, como já haviam feito os investidores locais bem informados. Em três dias, o peso perdeu não 15%, mas 30% do seu valor de troca pelo dólar americano.

Para várias pessoas da Casa Branca – o secretário de Finanças Robert Rubin, o chefe da Casa Civil Leon Panetta e muitos outros – as férias de inverno acabaram antes de começar. Uma comissão de emergência foi formada, representando todos os setores envolvidos na política exterior e econômica dos EUA, do Federal Reserve (Fed, o banco central americano) ao Conselho de Segurança Nacional. Um dos projetos mais importantes da administração Clinton corria risco: a estabilização do vizinho ao sul, do qual vinham anualmente milhões de emigrantes pobres. Rubin e Panetta iniciaram uma ação de socorro que o jornal *The Washington Post*, parodiando a Operação Escudo do Deserto, na Guerra do Golfo, apelidou de Escudo do Peso *(Peso Shield).*[2]

Após três semanas de negociações ininterruptas com o governo mexicano, o problema parecia resolvido. O presidente Ernesto Zedillo sacrificou seu ministro da Economia e prometeu imediato saneamento das finanças públicas. Bill Clinton anunciou que seu governo apoiaria o México com garantias de crédito no montante de 40 bilhões de dólares. Ninguém precisaria recear que o país desse o calote em seus credores estrangeiros.

Para espanto dos gerenciadores da crise, o posicionamento de Clinton não proporcionou alívio e a situação até se agravou. Os investidores já não desconfiavam de que o México esgotara suas reservas, agora tinham certeza. Ademais, era incerto se Clinton obteria aprovação do socorro previsto junto à nova maioria republicana, sua adversária no Congresso. O Banco Central mexicano diariamente comprava pesos no equivalente a meio bilhão de dólares, mas o câmbio continuava caindo. Isso era ameaçador para o México, pois as mercadorias importadas subiram a níveis impagáveis, e era problemático para os EUA, onde milhares de empregos dependiam do comércio bilateral.

A queda do peso parecia não afetar o resto do mundo, mas isso mudou dramaticamente a partir de 12 de janeiro de 1995. Durante esse dia, quando Clinton e Zedillo divulgaram seu acordo financeiro, iniciou-se uma evolução atroz, com a qual dificilmente alguém teria contado. Em todas as bolsas importantes do mundo – de Cingapura a Londres e Nova York – mais de uma dúzia de moedas sofreram pressão simultaneamente. O zloti polonês desvalorizou-se tão depressa como o baht da Tailândia ou o peso argentino. Subitamente, investidores em todos os chamados "mercados emergentes" se desfaziam de ações cotadas nas bolsas e de títulos públicos. Como imediatamente convertiam os resultados de suas vendas em moedas fortes – dólar, marco, franco suíço e iene –, junto com as cotações dos títulos também caíam as moedas nas quais foram emitidos. Isso aconteceu em países tão diversos quanto a Hungria e Indonésia, que economicamente nem mantinham relações entre si. Pela primeira vez na História, os diretores dos bancos centrais dos países do Sudeste Asiático reuniram-se num encontro de emergência. Arrastados por uma dinâmica comum a todos e pela qual não eram responsáveis, precisaram encarecer artificialmente suas moedas por um sensível aumento nas taxas de juros, a fim de manter o bom humor dos investidores. Argentina, Brasil e Polônia seguiram o exemplo.

A partir de 20 de janeiro, ao fim da quarta semana de crise, também o câmbio do dólar despencou, colocando em alerta o diretor do Fed, Alan Greenspan, admirado nos círculos bancários por sua conduta imperturbável. Perante o Senado americano, ele declarou: "O início de uma fuga maciça de capitais, em moedas de qualidade como o iene e o marco alemão, ameaça a tendência global para uma economia de mercado e para a democracia". Juntamente com o pessoal da Casa Branca, Greenspan instou seus correligionários no Congresso a aprovar a concessão das garantias ao México. A situação acalmou-se por alguns dias e parecia próximo o fim da crise de confiança nos novos países em crescimento do Sul e do Leste, até aquela fria segunda-feira de fins de janeiro.[3]

Logo após as 20 horas daquela noite, o chefe da Casa Civil de Clinton, Leon Panetta, recebeu dois telefonemas: um do novo ministro da Economia mexicano, Guillermo Ortiz, e outro do líder da maioria republicana na Câmara dos Deputados, Newt Gingrich.

O mexicano relatou que seu país estava acabado: as últimas reservas em dólares haviam-se esgotado. Se o refluxo de capitais não fosse barrado, ele precisaria restringir a troca de pesos por dólares e acabaria com dez anos de esforços pela integração do México no mercado internacional. A notícia de Gingrich não era mais otimista. Em curto prazo não haveria maioria no Congresso para aprovar o crédito ao México, declarou o republicano ao seu adversário na Casa Branca. O presidente teria de assumir a responsabilidade sozinho, já que não poderia contar com o apoio do Congresso.

Restou a Clinton e sua equipe o já elaborado "Plano B", como Panetta relatou mais tarde. A comissão de emergência teve de recorrer ao fundo para crises, com dotação de 20 bilhões de dólares, que em casos especiais está à disposição do presidente dos EUA. E ele precisou solicitar o apoio de outros fundos, pois nem mesmo esse enorme montante era suficiente. O primeiro grito de socorro foi dirigido ao FMI na vizinha Rua G. As horas de angústia de Michel Camdessus haviam começado.

Em uma atuação sem precedente, o chefe do FMI já nas duas semanas anteriores havia levantado uma ajuda ao México no montante de 7,7 bilhões de dólares, através do comitê interno de relatores, a maior soma admissível pelos estatutos da entidade. Mas ainda não era o suficiente. No mínimo, mais 10 bilhões de dólares seriam necessários para salvar o México da falência. Camdessus podia usar dessa maneira o dinheiro que lhe fora confiado pelos países-membros do FMI? A vontade e a insistência dos americanos e mexicanos eram óbvias. Mas o aumento do crédito de emergência, em 10 bilhões de dólares adicionais, também consultaria o interesse de todos os outros provedores do Fundo, entre estes Alemanha, França, Grã-Bretanha e Japão? Não havia tempo para uma consulta formal segundo os regulamentos. Em Bonn e em Paris eram 3 horas da madrugada. A decisão precisava ser tomada naquela noite, pois na manhã seguinte o fracasso do plano de Clinton seria oficialmente conhecido no Congresso.

Mais uma vez, lembra Camdessus, ele pensou nos telefonemas de alerta recebidos de importantes banqueiros e administradores de investimentos de Nova York.[4] Se o mercado mexicano quebrasse, como tinham profetizado, não haveria mais como evitar o desastre total. O medo de crises semelhantes em outros países emergentes causaria uma reação em cadeia, ao fim da qual poderia ocorrer uma catástrofe financeira de âmbito mundial.

Camdessus resolveu pedir ligações telefônicas com nove representantes de governos presentes em Washington, membros do FMI. Em todas essas chamadas, repetiu uma pergunta: "É sua opinião que o diretor do FMI, em caso de absoluta urgência, pode agir independentemente?" Admirados, todos os consultados confirmaram e asseguraram-lhe sua confiança. Depois, Camdessus tomou uma decisão solitária, da qual Bill Clinton soube quando regressou de um jantar à Casa Branca, pouco antes da meia-noite. O francês desconsiderou todas as normas do Fundo, arriscou seu cargo, bem como a reputação de sua instituição, e mandou avisar a Clinton que o FMI assumiria mais 10 bilhões, perfazendo a quantia de 17,7 bilhões de dólares.

Risco semelhante correu Andrew Crocket, presidente do Bank of International Settlements (BIS, Banco de Compensações Internacionais), a instituição que congrega todos os bancos centrais. Em sua sede na Basiléia, Suíça, eram 7 horas da manhã quando o Fed americano consultou Crocket sobre se o BIS participaria da operação de salvamento do México. Crocket disse que, até então, a entidade somente havia discutido se conseguiria entrar com 10 bilhões. Isso bastou para quem telefonava de Washington.[5]

Com sangue-frio, Rubin e Panetta concretizaram seu "Plano B". Após quatro horas de sono, o presidente Clinton entrou às 11h15 no Marriott Hotel de Washington e sacudiu a reunião anual dos governadores americanos com esta notícia sensacional: com a ajuda do FMI, do BIS e do governo canadense, estaria à disposição do México, de imediato e sem a concordância formal do Congresso, um crédito de mais de 50 bilhões de dólares. O país em crise pagaria todas as suas dívidas.

Em menos de 24 horas, meia dúzia de homens, totalmente fora do controle parlamentar e com recursos obtidos dos tributos dos países industrializados ocidentais, conseguia montar um programa de apoio maior que qualquer outro concedido em todo o mundo desde 1951, ultrapassado apenas pelo Plano Marshall, com o qual os EUA financiaram a reconstrução da Europa após a Segunda Guerra Mundial. Representante dos demais, Camdessus não economizou superlativos para justificar o ato. O caso do México, declarou o diretor do FMI, "foi a primeira grande crise deste novo mundo de mercados globalizados". Ele simplesmente precisava agir, sem considerar o ônus da ação. Do contrário, "uma verdadeira catástrofe mundial teria ocorrido".

Muitos críticos, porém, interpretaram o bilionário aporte de capital de forma bem diversa. Rimmer de Vries, economista do Banco J. P. Morgan de Investimentos, sediado em Nova York e que não participou da operação, falou abertamente de uma "fiança garantida a especuladores", que desobrigava qualquer investidor dos riscos de suas aplicações.[6]

Também Norbert Walter, economista-chefe do Deutsche Bank, criticou a "injustiça de que o contribuinte ainda precise garantir, posteriormente, os altos rendimentos de investidores em obrigações do Tesouro mexicano".[7] Willem Buiter, professor de Economia na Universidade de Cambridge, comentou que todo o episódio não passou de "um presente dos contribuintes aos ricos".[8]

Essa censura não refuta a argumentação de Camdessus, Rubin e seus correligionários. Isso porque o caso do México foi ambas as coisas: eventualmente a mais ousada defesa contra catástrofes econômicas e uma descarada pirataria contra os fundos providos pelos contribuintes dos países pagantes, em favor de uma rica minoria. Naturalmente, o crédito privilegiado favoreceu os especuladores, respondeu o diretor do FMI aos seus críticos. Mas, assim, ele confessou abertamente: "O mundo está nas mãos desses tipos".

Com rara nitidez, a crise do México mostra a face da nova ordem mundial na era da globalização. Como nunca antes, os protagonistas demonstraram com que ímpeto a integração global da economia alterou as estruturas do poder mundial. Como se fossem dirigidos por mãos invisíveis, os governos sujeitaram-se à superpotência EUA; o FMI, outrora onipotente, e todos os bancos centrais europeus obedeceram ao *Diktat* de um poder superior, cuja força de destruição já nem mais podem avaliar: o mercado financeiro internacional.

De Bretton Woods à livre especulação

Nas bolsas e nos escritórios dos bancos e seguradoras, nos fundos de investimentos e de pensões, um novo tipo de classe política chegou ao palco de um poder avassalador do qual nenhum governo, nenhuma empresa e muito menos o cidadão e contribuinte normal poderá se esquivar. Negociantes de títulos cambiais e ações movimentam um fluxo crescente de capitais de investimento, em escala global, e com isso podem decidir sobre o destino de nações inteiras – em grande parte sem qualquer controle estatal.

A operação Escudo do Peso foi apenas um caso. Com freqüência sempre maior, políticos e seus eleitores em todo o mundo registram como os atores anônimos dos mercados financeiros estão assumindo o comando de sua economia e a política passa ao papel de mera espectadora. Quando em setembro de 1992 algumas centenas de diretores de bancos e fundos seguiram o exemplo do megainvestidor George Soros e apostaram somas bilionárias na desvalorização da libra esterlina e da lira italiana, tanto o Bank of England como a Banca d'Italia não conseguiram evitar a desvalorização de suas moedas, mesmo empregando quase todas suas reservas em dólares e marcos alemães na compra de divisas. Diante disso, ambos os governos precisaram abandonar o Sistema Monetário Europeu, economicamente vantajoso, com suas taxas de câmbio fixas.

Em fevereiro de 1994 o Fed americano subiu os juros oficiais e o mercado interno de capitais entrou em pânico, mas o governo alemão apenas assistiu impotente ao pagamento de juros mais altos, por parte de empresas alemãs, pelos seus créditos em dólares, ainda que a inflação alemã fosse reduzida e o Bundesbank (banco central) tivesse colocado à disposição das instituições bancárias dinheiro suficiente e barato, a taxas de desconto inferiores.

Igualmente impotentes se mostraram os governos alemão e japonês quando, no começo de 1995, a taxa de câmbio do dólar caiu para as marcas históricas de 1,35 marco e 73 ienes, respectivamente, afetando as exportações dos dois países, que se encareceram. Acuados, desde então muitos chefes de governo buscam refúgio na retórica do protesto. Em abril de 1995, o primeiro-ministro britânico, John Major, reclamou ser inadmissível que as manobras nos mercados financeiros "ocorram com tamanha velocidade e numa ordem de grandeza que os colocam totalmente fora do controle de governos e instituições internacionais".[9] O ex-primeiro-ministro da Itália Lamberto Dini, ele próprio ex-presidente do banco central de seu país, apoiou Major: "Não devia ser permitido aos mercados minarem toda a política econômica de um país".[10] Ao presidente da França, Jacques Chirac, todo o setor financeiro parece reprovável; sem rodeios, chamou sua casta de especuladores de "Aids da economia mundial".[11]

No entanto, a suposta conspiração é outra coisa. Nenhum cartel de banqueiros ávidos por lucros está atuando. Em parte alguma são realizadas reuniões de círculos secretos às escondidas, para enfraquecer o câmbio de um país ou fazer subir as cotações em determinada bolsa. O que acontece nos mercados financeiros segue à risca uma lógica largamente comprovável e é provocado pelos próprios governos dos grandes países industrializados. Em nome da doutrina de intocabilidade do mercado livre, desde a década de 1970 eles vêm demolindo as cancelas que permitiam administrar o trânsito de dinheiro e o fluxo de capitais na passagem das fronteiras. Agora se queixam, como aprendizes de feiticeiro desnorteados por não poderem mais controlar os espíritos que eles e seus antecessores invocaram.

O capital internacional começou a livrar-se de restrições graças à suspensão do câmbio fixo entre as moedas dos maiores países industrializados, no ano de 1973. Até aí valiam as regras do sistema de Bretton Woods. Nessa localidade, nas montanhas do Estado americano de Wisconsin, as potências vencedoras da Segunda Guerra Mundial já em 1944 haviam firmado um acordo sobre uma ordem internacional de padrões monetários que, durante quase trinta anos, proporcionou estabilidade. Para as moedas de todos os países participantes valia uma paridade fixa em relação ao dólar, enquanto o banco central americano garantia a conversão das reservas em ouro.

Simultaneamente, as transações com divisas estavam subordinadas à fiscalização do governo. A troca ou transferência de quantias vultosas na maioria dos países exigia autorização prévia. O sistema valia como resposta à evolução caótica das décadas de 1920 e 1930, que haviam terminado em violentas reações nacionais de defesa, protecionismo e finalmente em guerra.

A indústria em tempestuosa expansão e os grandes bancos, no entanto, consideraram tal controle um óbice burocrático indesejável. Os EUA e a República Federal da Alemanha, o Canadá e a Suíça, a partir de 1970, abandonaram os controles de fluxo de capital. Assim ruiu a barragem. Daí por diante os especuladores, isto é, negociadores que taxam o valor das moedas segundo as várias possibilidades de investimento, regateiam as taxas de câmbio. O sistema de câmbio fixo desmoronou.

Em conseqüência, todos os outros países que ainda mantinham controles sentiram as pressões. Seus grupos empresariais reclamavam que lhes era impedido o acesso ao capital estrangeiro a juros vantajosos. Em 1979 os britânicos suspenderam as últimas restrições. O Japão acompanhou um ano depois. O resto foi feito pelo FMI e pela então CEE, Comunidade Econômica Européia. Conduzidos pela firme crença no aumento do bem-estar por meio da total liberdade, os governos da Europa, a partir de 1988, entraram no "maior programa de desregulamentação da história da economia", como afirmou o comissário da CEE, Peter Schmidhuber. A França e a Itália liberaram o fluxo de capitais em 1990, a Espanha e Portugal ainda resistiram até 1992.

O que o G-7, grupo dos sete grandes países industrializados do Ocidente, tinha decidido para seu âmbito econômico pouco a pouco foi sendo adotado no resto do mundo. Para tanto, o FMI era o foro ideal, porque em seu comitê relator os governos do G-7 têm voz decisiva. Não importa onde o FMI tenha concedido créditos, isso sempre foi vinculado ao compromisso de tornar a respectiva moeda conversível e abrir o país à circulação internacional de capitais.

Enfim, foi por ação política e legislação direcionada, da parte de governos democraticamente eleitos, que se desenvolveu o sistema econômico hoje independente chamado "mercado financeiro global", ao qual cientistas políticos e economistas já atribuem o caráter de "um poder superior". As nações do mundo estão interligadas não tanto por ideologia, cultura pop, cooperação internacional ou mesmo ecologia, como pela máquina de dinheiro dos bancos, seguradoras e fundos de investimento, unidos entre si por via eletrônica.

Caça aos lucros à velocidade da luz

Com base na liberdade mundial, o setor financeiro internacional explodiu em apenas dez anos: desde 1985, os negócios com divisas e títulos mais que decuplicaram. Atualmente, durante um dia normal, reservas monetárias da ordem de aproximadamente 1,5 trilhão de dólares mudam de mãos, conforme apurou o Banco de Compensações Internacionais. Essa soma equivale mais ou menos ao produto interno bruto anual da Alemanha, ou a quatro vezes a despesa mundial por ano com petróleo.[12]

Na mesma ordem de grandeza, florescem os negócios com ações, empréstimos empresariais, títulos de dívidas estatais e uma infinidade de contratos especiais, os assim chamados derivativos. Ainda há uma década, existia em Frankfurt um mercado para empréstimos do governo alemão, em Londres um para ações de empresas britânicas e em Chicago um para operações a termo, cada qual obedecendo às próprias normas. Hoje, todos esses mercados estão diretamente interligados. Os dados completos do câmbio, das praças e bolsas podem ser consultados em qualquer lugar, a qualquer hora, e provocam compras e vendas cujos valores, devidamente convertidos, viajam em forma de bits e bytes ao redor do mundo. Assim, é possível que uma queda de juros nos EUA faça subir as cotações de ações no outro lado do globo, eventualmente na Malásia. Se a carteira em títulos da dívida americana render menos, os investidores mudam para papéis de outros países. O valor de títulos federais pode subir se o Banco Central do Japão emprestar dinheiro barato às corretoras em Tóquio. Trocados em marcos e investidos em papéis alemães de juros maiores, os créditos baratos em ienes transformam-se em lucro garantido.

Justamente por esse motivo, quem quiser pegar empréstimo ou captar capital, seja governo, grupo empresarial ou construtora, imediatamente entra em concorrência com todos os demais tomadores em potencial. Nem a situação conjuntural da economia alemã nem o Bundesbank decidem sobre o juro no mercado alemão de capitais. O que conta é tão-somente a avaliação dos multiplicadores profissionais de dinheiro, que, "como um exército eletronicamente armado" *(The Economist)*, estão 24 horas por dia na corrida global por maiores ganhos.

Em seu trabalho, os caçadores de lucro agem com velocidade da luz numa rede de dados tentacular, de escala mundial: uma utopia eletrônica, cuja complexidade é ainda mais intrincada do que a matemática na qual se baseia cada transação. De dólar para iene, em seguida para francos suíços, depois para recompras de dólares – em poucos minutos os negociantes de divisas podem pular de um mercado ao outro, de um parceiro em Nova York para outro em Londres ou Hong Kong, fechando negócios da ordem de centenas de milhões. Do mesmo modo, os dirigentes de fundos movimentam os bilhões de seus clientes em questão de horas, dividindo-os entre investimentos e mercados totalmente diversos. Empréstimos públicos americanos transformam-se, por telefone ou toque de mouse, em títulos da dívida britânica, em ações japonesas ou em obrigações do governo turco, aliás denominadas em marcos alemães. São negociados mais de 70.000 títulos diferentes, incluindo os cambiais, que atravessam fronteiras com enormes chances e riscos.

Para processar uma montanha de dados, cada negociador dispõe de equipamentos à altura. Patrick Slough, 29 anos, trabalha com mais de 400 colegas na mesa de operações do Banco de Investimentos Barclay's de Zoete Wed (BZW) em Londres. Ele gerencia apenas negócios com francos suíços, os *swiss*, diante de três monitores e dois alto-falantes que lhe fornecem dados sem interrupção. À direita da mesa, está montada a instalação da Reuters, líder de mercado no setor de dados eletrônicos financeiros. De agência noticiosa, essa empresa tornou-se o principal organizador do mercado informatizado, e com sua ajuda a BZW consegue obter um lucro mensal de mais de 1 bilhão de marcos. Pela Reuters, Patrick Slough se interliga – graças a linhas alugadas, canais próprios de satélite e um supercomputador nas Docklands de Londres – com 20.000 casas financeiras e todas as grandes bolsas do mundo.[13]

Na tela aparecem simultaneamente as últimas três ofertas ou consultas para o *swiss*, as cotações mais altas e mais baixas de última hora para todas as moedas, bem como as mais recentes notícias do setor cambial.

Com o uso de uma senha, Slough pode contatar um parceiro e firmar imediatamente um negócio. No entanto, não poderá confiar somente nisso. Ao mesmo tempo, precisa observar as cotações que dois de seus corretores, intermediários independentes, lhe transmitem por alto-falante. A cada poucos minutos ele mesmo passa uma oferta, seja por telefone ou teclagem no computador. Se um cliente de outro corretor aceitar, segue-se logo um telefonema de confirmação.

Pela tela da EBS, sistema eletrônico de dados concorrente da Reuters e gerido por um consórcio internacional de bancos, operadores como Slough ficam conectados em tempo real e on line com o preço máximo de compra *(bid)* e o preço mínimo de venda *(offer)* para francos suíços, cotados em dólares ou marcos. Mais importantes, e portanto destacadas em preto sobre amarelo no monitor, são a terceira e a quarta casa depois da vírgula, que se alteram constantemente. Se Slough acionar o comando *bye*, o computador desvenda a identidade do ofertante e automaticamente faz a conexão.

Nesta quinta-feira de janeiro de 1996, "o mercado anda nervoso", queixa-se Slough. Antes de iniciar seu trabalho, ele estuda o briefing interno de informações do Departamento Econômico. Decisivo será o resultado da reunião de diretoria do Bundesbank em Frankfurt. Se o Bundesbank reduzir ainda mais a taxa básica de juros *(prime rate)*, o dólar e o franco devem subir mais em relação ao marco. Mas fica a dúvida: podem os alemães arcar com isso? Sendo alta sua dívida interna, o receio de haver inflação é um fator a considerar no comércio de divisas. O colega economista tem o palpite de que não haverá mudança de juros. Slough adere e aposta no marco mais forte.

Após meia hora, ele testa o mercado e compra "70. marcos" por *swiss* .575" na UBS, União de Bancos Suíços. Passando a caneta eletrônica pelos pontos de contato na mesa, ele transfere a transação para o sistema interno da casa: 70 milhões de marcos alemães contra francos suíços, ao preço de 0,81575 francos por marco. Logo em seguida lhe escapa um palavrão. O câmbio caiu 1 décimo milésimo e Slough perdeu 7.000 francos. Por enquanto. O "Buba", apelido do Bundesbank, está do seu lado. Os juros alemães continuam firmes. O marco sobe e, com essa notícia, o prejuízo se converte em lucro dobrado, em questão de segundos. Slough vende imediatamente e relaxa.

"Um jogo de azar com regras" é como ele chama sua profissão, definindo-se como apenas um dos soldados que o mercado mobiliza. "Mesmo os maiores jogadores, como o Citibank de Nova York, não podem movimentar as mesas de câmbio sozinhos", declara Slough. "O mercado simplesmente é grande demais."

No setor de derivativos, que funciona no outro canto da sala, seus colegas negociam com cotações futuras, mais exatamente com os valores que a maioria dos participantes do mercado de ações, empréstimos ou títulos cambiais espera dentro de três ou doze meses, de um ou cinco anos. Seus produtos chamam-se *swaps* e *collars, futures* e *options*, dingos e zebras. A cada mês aparecem novos papéis no mercado, mas a característica comum a todos é que seu valor, no vencimento, é virtual. Será derivado das cotações que venham a obter, hoje ou no futuro.

Para apostar na economia alemã, por exemplo, não será necessário comprar ações negociadas no dia-a-dia da bolsa. Os clientes podem firmar um contrato futuro para o índice alemão de ações, contra garantia de pagamento de um valor combinado. Para tanto o banco também precisa garantir-se mediante outros contratos de risco ou pelas próprias reservas em ações. Se o cliente desejar, poderá ainda fugir das oscilações cambiais do marco pela prática do *swap* e trocar os juros de seu dinheiro aplicado a longo prazo por juros bancários de curto prazo, ou vice-versa. O efeito mais espetacular desses negócios é que eles separam o risco de uma queda no câmbio, ou o da inadimplência de um devedor, do risco embutido na compra dos próprios títulos e divisas em si. O risco é negociado como mercadoria. Outrora, tais negócios a termo ou de risco somente serviam como forma de seguro para a economia real. Por exemplo, exportadores podiam defender-se contra oscilações de câmbio na moeda dos importadores. Desde a expansão e o aprimoramento dos computadores, porém, o negócio de derivativos ficou totalmente independente. "Deu-se a largada para a era da revolução financeira", declarou euforicamente Alexandre Lamfalussy, ex-presidente do BIS.[14]

Já há tempos todas as grandes praças financeiras instalaram bolsas próprias só para os negócios a termo. De 1989 até 1995, os valores nominais dos contratos negociados duplicaram a cada dois anos e internacionalmente alcançaram a inimaginável soma de 41 trilhões de dólares.[15]

Basta essa cifra para sinalizar a mudança dramática ocorrida no setor financeiro. Apenas 2 a 3% dos negócios realizados são para financiar a indústria e o comércio. Todos os outros são "jogos educados" entre malabaristas do mercado, segundo o padrão: "Vamos apostar que o índice Dow Jones em um ano estará 250 pontos acima do nível de hoje. Do contrário eu pago..."

Comparado aos cassinos, os contratos de risco têm uma grande vantagem: os apostadores só precisam pagar uma pequena entrada. Como o vencimento é lá na frente, a maioria limita seu risco de perda mediante contratos paralelos. Por essa razão, o efetivo valor de mercado dos derivativos representa uma fração das somas nominais. Com isso, mudou o perfil do mercado como um todo: pequenas alterações de posição provocam movimentação sempre maior das cotações e, como resultado, a "expectativa" passa a ter um peso desproporcional.

Com os negócios de derivativos, "o mundo financeiro teria se desligado da esfera real", julgou Thomas Fischer, que, como chefe desse segmento em diversos bancos alemães, durante anos entrou na maratona do mercado. Juros básicos e outras relações econômicas objetivas estão perdendo terreno. O que mais conta é a expectativa, o jogo do sobe-e-desce. A faixa de oscilação de todas as cotações, no jargão financeiro chamada de "volatilidade", aumentou drasticamente.

Desse risco, criado a partir dos negócios com divisas da forma como atualmente são realizados, os grandes bancos fizeram um extraordinário negócio. O Deutsche Bank sozinho lucra anualmente com os derivativos quase 1 bilhão de marcos. O rendimento auferido no jogo do mercado está mudando o papel dos bancos nas finanças globalizadas. A administração de poupanças e a concessão de créditos a pessoas físicas ou jurídicas pouco representam. Inúmeros grupos empresariais, como a Siemens AG, já são seu próprio banco. Lucram mais nos lances financeiros do que na colocação de seus produtos. Além disso, podem obter capital de giro ou de investimento mediante títulos de sua própria emissão, negociados internacionalmente.

Com exceção das corretoras gigantes de Nova York e Tóquio, efetivamente atuantes no mundo inteiro, resta à maioria das casas bancárias a função de correio para os mercados. Suas mesas operadoras apenas fornecem os soldados rasos para o exército eletrônico das finanças. O comando está mais em cima, nos gabinetes de diretoria das administradoras de fundos de investimento e de pensões, que com seu crescimento nos últimos dez anos tornaram-se as estrelas dos capitais globais. Somente as associações americanas do ramo administram cerca de 8 trilhões de dólares em poupanças e fundos de pensão, e com isso tornaram-se a maior fonte de volumosos mas instáveis fluxos de capitais.[16]

Casa Branca: uma casinha de brinquedo

Em todo esse negócio, Steve Trent faz parte da elite.[17] Juntamente com dois outros diretores, ele administra um *hedge fund*, isto é, um fundo de salvaguardas, uma daquelas firmas especiais que proporcionam aos seus investidores estruturas de investimentos especialmente sofisticadas, mas também arriscadas, que podem auferir rendimentos de dois ou três dígitos percentuais. Mármore de Carrara e madeira de lei ornamentam o luxuoso ninho de águias na esquina da Avenida Connecticut com a Rua H em Washington, de onde Trent e seus colegas observam o mundo. Ironicamente, há poucos anos, no mesmo local ficava a sede do Peace Corps, o Corpo da Paz, que por várias décadas enviou jovens americanos socialmente engajados ao Terceiro Mundo, para ajudar em projetos de desenvolvimento. Na década de 1980, com a valorização do terreno, o imóvel foi demolido para a construção de um ultramoderno prédio de escritórios.

No andar térreo, onde o restaurante de luxo The Oval Room ecoa intencionalmente o nome da sala de reuniões da Casa Branca, o ás das finanças Trent, bem como o pessoal da Time Warner, contempla um panorama simbólico: de suas janelas em vidro fumê, a residência de Bill Clinton na Avenida Pensilvânia parece uma modesta casinha de brinquedo, do tipo "Lego". Mesmo o enorme complexo da Secretaria do Tesouro não impressiona os donos do dinheiro e da mídia. Apenas o obelisco de mármore do monumento a Washington, o riquíssimo primeiro presidente dos EUA, ainda impõe algum respeito.

Ansioso mas concentrado, Trent acompanha as notícias para poder encaminhar os 2 bilhões de dólares de seus clientes aos canais adequados. Também ele se serve de uma tela Reuters, de um *squawk box*, ou seja, um conjunto de alto-falante e microfone que parece uma lâmpada, entre os monitores da tevê e do computador. Quase cem colaboradores, espalhados por todo o mundo, poderão ouvi-lo, em especial seus corretores nas bolsas de Tóquio, Londres e Nova York. Assim, pode manipular bilhões de dólares em segundos, sem chamar a atenção, mas com eficiência.

Se o Congresso americano estiver reunido na outra ponta da Avenida Pensilvânia, Trent certamente estará acompanhando com um olho, ao vivo pela televisão. No entanto, não considera seu trabalho um mero jogo de apostar e ganhar, como é o caso de Patrick Slough em Londres. Os comentários de Trent mais parecem avaliações de conjuntura mundial, como aquelas apresentadas aos governos pelos seus serviços secretos e estados-maiores.

Cinco a dez vezes ao ano, Trent viaja por uma ou duas semanas aos mais importantes centros financeiros e mercados em crescimento. Colhe informações sobre todo aspecto imaginável da vida política e econômica. Recebido por autoridades e empresários como um desbravador do fluxo internacional de capitais, nem precisa falar em números. "Os dados, todos têm no computador", ensina ele. "O que conta é o ânimo, são os conflitos não-manifestos." E mais: "Quem conhece a história de um país poderá prever melhor o que acontecerá em crises agudas".

Com precisão e sangue-frio, Trent procura pinçar os erros de avaliação da concorrência. Descobriu em fins de 1994 que as previsões róseas para a Alemanha, que levaram os mercados a apostar numa conjuntura aquecida e alta de juros, não tinham base sólida. "Sabíamos que a Alemanha não estava controlando o problema do alto custo da mão-de-obra, e também que as empresas médias alemãs trocariam todos os dólares ganhos por marcos, para cobrir seus custos internos." Portanto, Trent apostou na alta do marco, no desaquecimento da conjuntura e na posterior redução de juros. Acabou tendo razão e comandou um dos maiores êxitos especulativos dos últimos anos, quando os fundos compraram em larga escala marcos alemães e títulos de médio prazo, na mesma moeda, a preços baixos. Tais papéis só precisavam ser resgatados três, seis ou doze meses depois, e Trent usufruiu elevações de valores de mais de 10% em pouco tempo.

Os grandes ganhos só podem ser obtidos por quem – como os *hedge funds* – não emprega simplesmente o capital de seus clientes, mas multiplica a aplicação com créditos a curto prazo. O risco é alto, mas, quando a avaliação está correta, poderão vir não 10%, mas 50% de lucro para o investidor, e o diretor do fundo será premiado com um bônus no valor de um ano de salário. Um golpe de bilhões é viabilizado quando outros fundos e bancos aderem à mesma estratégia de aplicações e, dessa forma, provocam a evolução das cotações conforme previram. Aparentemente isso foi alcançado repetidas vezes por Trent e seus colaboradores nos últimos anos. O valor de uma cota de seu fundo, de 1986 até 1995, subiu nada menos que 1.223%, e o patrimônio dos cotistas duplicou a cada ano, em média.

Foi o que aconteceu quando "especuladores" (conforme o Ministro da Fazenda da Alemanha, Theo Waigel) nos anos de 1992-93 subverteram o Sistema Monetário Europeu (SME). Também naquela ocasião os multiplicadores profissionais de dinheiro empregaram basicamente dinheiro emprestado. Alcançaram lucros que na economia real jamais seriam possíveis. Ocorre que, na contrapartida, não estavam outros parceiros de mercado, mas sim quinze governos europeus, e não se tratava tanto de dinheiro, mas sobretudo de uma luta pelo poder, entre mercado e Estado.

Cem milhões de dólares por minuto

Uma moeda estável é enorme vantagem para qualquer economia nacional. Ela permite cálculos confiáveis para os negócios de importação e exportação, bem como reduz os custos de garantias contra oscilações de câmbio. Por esse motivo, já em 1979, os governos da Europa Ocidental chegaram a um acordo, vinculando estreitamente todas as suas moedas para compensar as perdas decorrentes do regime de Bretton Woods, ao menos dentro da Comunidade Européia. Isso devia facilitar às regiões menos desenvolvidas seus esforços de recuperação econômica e, gradativamente, criar uma "convergência". Os bancos centrais foram os avalistas do câmbio, praticamente fixo, e durante anos o SME também foi um bom negócio para os investidores. Em países economicamente mais fracos, como Itália ou Irlanda, havia juros mais altos para empréstimos públicos e particulares do que na Alemanha ou nos EUA. Mesmo assim, era pequeno o risco cambial e o retorno em marcos ou dólares estava garantido.

Esse sistema desmantelou-se quando da reunificação alemã, em meados de 1990. Primeiro houve uma unificação monetária em que o governo da Alemanha Ocidental efetivamente "comprou" a crédito um país industrializado falido: a Alemanha Oriental. Repentinamente, o montante de dinheiro em circulação no mercado subiu, sem existir o respectivo lastro em bens ou produtos. Surgiu a ameaça de altos índices de inflação. O Bundesbank tratou de enfrentar o perigo, aumentando sensivelmente os juros, e todos os demais bancos centrais da Comunidade Européia viram-se forçados a acompanhá-lo, caso desejassem manter estável o valor de suas moedas em relação ao marco alemão. Na economia como um todo isso era problemático, a mordaça dos juros reprimia os investimentos. De repente o Bundesbank se viu na linha de fogo e grandes grupos empresariais iniciaram a retirada de seus créditos em liras, libras e pesetas, uma vez que muitos economistas passaram a considerar essas moedas como supervalorizadas. Mesmo assim, os poderosos da União Européia (UE) hesitaram em abandonar o Sistema Monetário Europeu. Afinal, o conceito de integração européia estava ligado a isso e eles esperavam uma breve superação da crise alemã. Dois anos depois essa esperança se realizou, mas no mercado financeiro internacional dois anos são uma eternidade.

Na crise do SME, Stanley Druckenmiller, diretor do legendário Quantum Fonds, propriedade do megainvestidor George Soros, farejou a chance de sua vida. Druckenmiller é o sonho americano em pessoa.[18] Fracassado na universidade, também não conseguiu ingressar no setor bancário. Mas sua reputação como ousado formulador de apostas invulgares lhe garantiu um primeiro emprego como analista de ações de um pequeno banco em Pittsburgh, depois como administrador de bens na dinastia Dreyfuss e a partir de 1989 como sucessor de George Soros à frente do Quantum.

Desde então Soros, nascido na Hungria, ficou apenas com as funções de símbolo publicitário da empresa. Ele se dedicou a atividades de mecenas e incentivador das reformas na Europa Oriental. "O homem que movimenta os mercados", como a revista econômica *Business Week* o chamou, é na realidade Druckenmiller, o novo diretor do Quantum Fonds.

Em agosto de 1992 Druckenmiller foi um dos primeiros a reconhecer quão precária era a situação dos defensores do SME. Quase diariamente, ministros e presidentes de bancos centrais, de Estocolmo a Roma, asseguravam que manteriam as taxas de câmbio fixadas. Ao mesmo tempo, porém, vazou que as instituições centrais dos países de moeda fraca já haviam levantado créditos em marcos alemães, para recompor suas reservas.

Para os atacantes, na batalha do Sistema Monetário Europeu, os dados sobre as reservas em marcos alemães dos bancos centrais eram tão valiosos como na guerra o conhecimento das provisões de alimentos e água de uma cidade sitiada. Munido desses dados, Druckenmiller teve o jogo facilitado. Sua estratégia era simples: ele emprestava diariamente somas crescentes em libras esterlinas, somente para trocá-las imediatamente nos bancos britânicos por marcos alemães, que aquelas casas bancárias por sua vez solicitavam ao Bank of England. Quanto mais imitadores o seguiam, mais certo poderia estar de que o banco de Sua Majestade Britânica acabaria limpo de suas reservas. Nessas condições, a instituição deixaria de pagar a alta cotação do marco e seria obrigada a liberar a libra para uma desvalorização. Por taxar cambiais menores, o Quantum novamente conseguiu comprar libras e liquidar os créditos assumidos. Mesmo se a libra caísse apenas 10%, o negócio poderia representar, para cada libra, aproximadamente 0,25 marco de lucro.

Até a segunda semana de setembro, os britânicos ainda esperavam ajuda do Bundesbank alemão. Com seus ilimitados recursos em marcos, teoricamente ele poderia ter defendido a libra contra qualquer ofensiva. No entanto, para absorver as crescentes ondas de especulação, precisaria despejar muitos bilhões de marcos no mercado, e os guardiães da moeda em

Frankfurt achavam que isso só ativaria a inflação. Em 15 de setembro, a solidariedade germano-britânica chegou ao limite de ruptura. Casualmente, o presidente do Bundesbank na época, Helmut Schlesinger, mencionou em entrevista à imprensa que o SME necessitaria de algumas "adaptações". Segundo muitos peritos financeiros, essa observação, difundida em minutos por toda parte, se equiparava ao texto de um anúncio publicitário, dizendo: "Vendam libras".

Comprometido por opinião e por lei com as regras do livre trânsito de capitais, restou ao secretário do Tesouro em Londres, Norman Lamont, apenas uma arma: ele podia aumentar a taxa de juros e encarecer o cacife – emprestado – dos atacantes. No dia seguinte à traição de Schlesinger, ele aumentou duas vezes, às 11 e 14 horas, os juros para dinheiro vivo em mais 2%, em cada ocasião. No entanto, os lucros esperados a partir da desvalorização eram muito superiores às perdas pelo aumento de juros. A única conseqüência das manobras de defesa de Lamont foi que os especuladores tomaram de empréstimo quantias ainda maiores, para imediata conversão. Às 16 horas, o Bank of England tinha perdido nesse jogo a metade de suas reservas e desistiu. Em horas, a libra havia desvalorizado quase 9% e os atacantes embolsaram lucros fabulosos. Mais tarde, Soros comunicou que Druckenmiller havia obtido 1 bilhão de dólares para o Quantum.

Nos dias seguintes, o espetáculo se repetiu com a lira italiana e a peseta espanhola. Para evitar a mesma sorte, a Suécia e a Irlanda agiram em legítima defesa: de uma só vez aumentaram os juros em 500% e 300% respectivamente. No entanto, os especuladores interpretaram isso, com razão, como sinal de fraqueza. Bastaria esperar, sabendo perfeitamente que ambos os países agüentariam por pouco tempo, não querendo sufocar suas economias. Efetivamente, em novembro a Suécia havia chegado ao fim, voltou ao juro normal e desvalorizou a coroa em 9%. A Irlanda seguiu-a em fevereiro, com 10% de desvalorização.

No entanto, a luta pelo SME não terminara. O *franc fort*, o forte franco francês, ainda se mantinha. Diferentemente dos outros casos, a moeda da França não era considerada supervalorizada. Em princípios de 1993 a segunda economia nacional da Europa até estava em condições melhores do que a alemã. Mas, com o sucesso do ano anterior, os caçadores de lucros tomaram gosto. Bastou a declaração de intenções de Bonn e de Paris, quanto a manter estável a paridade com o marco e salvar o SME, mesmo sem a Grã-Bretanha e a Itália, para causar novas ondas de especulação. Durante meses o Banco Central em Paris interceptou todas as tentativas com compras de apoio e pressionou os colegas em Frankfurt para finalmente baixarem os juros e assim eliminarem a pressão sobre o Sistema Monetário Europeu.

Quando o Bundesbank, na reunião de diretoria realizada em 29 de julho, não atendeu a esse desejo, as ondas se agigantaram em vagalhões. Em um encontro sobre a crise germano-francesa, convocado apressadamente para o dia seguinte, no Ministério das Finanças em Paris, Jacques de Larosière, diretor do Banque de France, exigiu apoio ilimitado de seus parceiros de Frankfurt. Ainda enquanto discutiam, as delegações souberam do colapso efetivo do SME. Um único número documentou a supremacia indiscutível da especulação mundial contra a França: em seu auge, no final da manhã, o banco central francês perdera temporariamente 100 milhões de dólares por minuto. Até o encerramento da Bolsa de Paris, os colaboradores de Larosière haviam gasto 50 bilhões de dólares, com mais da metade disso no vermelho.[19]

Essa dívida e as esperadas especulações ulteriores nem Schlesinger nem seu sucessor designado, Hans Tietmeyer, quiseram assumir, recomendando aos franceses que desistissem. Estes se opuseram, dizendo que todo o problema havia sido causado só pela Alemanha. Até domingo à noite, Larosière e seu governo tentaram colocar os alemães sob pressão – inutilmente. Perto da 1 hora da madrugada de segunda-feira, pouco antes da abertura das bolsas na Ásia Oriental, os membros remanescentes do SME divulgaram sua deliberação: deixar flutuar futuramente todas as paridades cambiais, em até 15%.

Assim terminava, após catorze anos, o pacto de estabilidade da Europa Ocidental. As batalhas perdidas custaram aos bancos centrais europeus (e portanto aos contribuintes) cerca de 100 bilhões de marcos, numa avaliação otimista.

Não obstante, os partidários do livre mercado mundial não viram nisso nada de ilícito, pelo menos por parte de corretores e investidores. Seu defensor de maior influência na Alemanha foi o próprio diretor do Bundesbank, Hans Tietmeyer. Sendo parte do mundo livre e da economia de mercado, a competição também se estende à concorrência entre moedas. "O livre trânsito de capitais abre caminho às adequações indispensáveis de política econômica", enfatizou. Não teria sido diferente quando do colapso do Sistema Monetário Europeu. As taxas fixas de câmbio é que teriam se tornado "inviáveis" naquela conjuntura.[20]

Para o diretor do Bundesbank e tantos outros escravos das forças do mercado, o erro sempre está na política. Conforme ele declarou em fevereiro de 1996, no Fórum da Economia Mundial em Davos, resta o problema "de que a maioria dos políticos ainda não se conscientizou do quanto estão sob o controle dos mercados financeiros, mesmo sendo dominados por eles".[21]

Isso é exagero, mas corresponde tão-somente às teorias mundialmente aceitas – e politicamente aplicadas – do economista americano e ganhador de um Nobel, Milton Friedman. A visão do mundo dos numerosos adeptos deste assim chamado monetarismo é relativamente simples. Segundo eles, apenas a livre flutuação dos capitais permite, através de todas as fronteiras, seu emprego ótimo (otimizado). Sua palavra mágica para esse processo é eficiência. Dirigido pela procura do máximo lucro, o patrimônio da poupança mundial sempre deve fluir para onde seja mais bem empregado. Na visão dos monetaristas, isso naturalmente também é o investimento que proporciona o maior lucro. Assim, o dinheiro chega dos países de capital forte às regiões ricas em potencial de investimentos, e os poupadores auferem o melhor proveito possível. Inversamente, os tomadores de crédito poderão escolher os ofertantes com os menores juros e não são obrigados a submeter-se aos cartéis bancários de seus países ou pagar juros altos porque é elevado o déficit público. Nesse entendimento, ao menos em teoria, todas as nações ganham, pois dessa forma as maiores taxas de crescimento são obtidas com os melhores investimentos.

Assim, os monetaristas atribuem aos contratempos no setor financeiro um tipo de racionalidade superior. Os atores em cena seriam "apenas árbitros, que punem os erros da política com desvalorização e maiores taxas de juros", argumentou entre outros o antigo colega de Tietmeyer na diretoria do Bundesbank, Gerd Häusler, hoje na diretoria do Dresdner Bank.[22]

A revista inglesa *The Economist* enfaticamente declarou: "Os mercados financeiros tornaram-se juízes e jurados de toda a política econômica".[23]

Para os países de sentimento nacionalista, certa perda de poder seria boa, segundo os teóricos do livre mercado. Com isso os governos perderiam a possibilidade de abusar dos tributos excessivos e do endividamento gerador de inflação, o que forçará à "disciplina sadia".

Temos então o mercado financeiro ilimitado como fonte universal de bem-estar e fiador da racionalidade econômica? Tal promessa não só é enganosa mas também arriscada. A fraseologia exposta impede que se avalie o risco político relacionado. E isso se explica: quanto mais dependentes os países se tornarem da benevolência dos investidores, mais brutalmente os governos precisam favorecer uma minoria sempre privilegiada – os detentores do patrimônio monetário. Seus interesses costumam ser os mesmos: inflação baixa, câmbio estável e tributos insignificantes sobre os rendimentos de capital. Ainda que sem admiti-lo, os adeptos do livre mercado sempre equiparam essas metas ao bem-estar geral. No entanto, no contexto do movimento financeiro global, isso se torna pura ideologia. O curto-circuito da economia financeira entre os países lhes exige uma corrida por tributos menores, redução das despesas públicas e renúncia a uma igualdade social, que como resultado nada mais traz além de uma redistribuição global de baixo para cima. Será premiado quem proporcionar aos fortes (de capital) as melhores condições. Cada governo fica sob ameaça de punição quando se opõe a essa lei da selva.

A anarquia off-shore

A renúncia aos controles (fronteiriços) no trânsito de capitais colocou em marcha uma desastrosa dinâmica interna, que sistematicamente desengata a soberania das nações e já há muito apresenta traços anárquicos. Os Estados perdem sua soberania fiscal, os governos tornam-se passíveis de extorsão, as autoridades policiais defrontam-se, impotentes, com organizações criminosas que escondem muito bem seu capital.

Nada documenta melhor a tendência hostil ao Estado, típica do sistema financeiro planetário, do que o desenvolvimento das assim chamadas praças financeiras *off-shore* (ao largo da costa). Do Caribe a Cingapura, passando por Liechtenstein, hoje já estão espalhadas pelo mundo mais de cem praças, através das quais os bancos, as seguradoras e os fundos de investimento administram o dinheiro de seus clientes, sistematicamente colocando-o fora do alcance dos países de origem. Esses portos seguros para capital de fuga operam sempre da mesma maneira: prometem impostos reduzidos ou até isenção de tributos para depósitos de estrangeiros e colocam sob sigilo bancário a identidade do titular da conta, mesmo no caso de consultas de autoridades governamentais.

Entre as principais praças desse tipo estão as Ilhas Cayman, no Caribe, que pertencem aos assim chamados "territórios dependentes" do Reino Unido. Na ilha principal, com apenas 14 km^2 e 14.000 habitantes, contam-se 500 bancos com registro. Está representado tudo o que no setor monetário tem porte e fama, incluindo os dez maiores bancos alemães. Mesmo instituições estatais, como o Westdeutsche Landesbank ou o Hessische Landesbank, não se embaraçam em levantar dinheiro nas Ilhas Cayman.[24] Seus clientes, naturalmente, não dependem só do Caribe para sonegar impostos. O mesmo serviço também é encontrado nas ilhas do Canal da Mancha, Jersey e Guernsey, bem como nos principados de Liechtenstein e Luxemburgo.

Como novo ímã para o dinheiro, entre esses "paraísos fiscais" floresce Gibraltar. Mais de 100.000 ricaços já transferiram *pro forma* seus patrimônios para a "Rocha dos Macacos", situada na ponta sul da Espanha. Conselheiros como Albert Koch, titular da firma Marina Bay Consultants, agenciam tudo, desde a abertura de uma firma com endereço falso até a documentação para uma imigração fictícia, necessária para a declaração de renda no local. Com o slogan "Investidores espertos agora rumam para Gibraltar", até o Commerzbank alemão faz propaganda para a fuga dos tributos. Todo sonegador é bem-vindo na sua filial, em plena Main Street da colônia britânica, desde que queira investir ao menos 100.000 marcos alemães em conta de depósito a prazo fixo. Quem desejar uma administração de bens com rendimentos mais sonoros, precisa trazer meio milhão de marcos. O gerente da casa, Bernd von Oelffen, pontifica: "Aqui ainda existe realmente o sigilo bancário".[25]

O prejuízo que o sistema *off-shore* está causando já nem pode mais ser avaliado. Para o crime organizado internacional, não poderia haver nada mais próprio. Tornou-se praticamente impossível rastrear seus bens ilegalmente amealhados. Quais e quantos lucros oriundos de crimes de toda espécie estão sendo infiltrados na circulação legal de dinheiro é outro dado que não poderá ser levantado. "Não existem evidências materiais a esse respeito", confessa Michael Findeisen, que veio coordenar, na Superintendência Federal dos Assuntos Financeiros da Alemanha, o combate à lavagem de dinheiro.[26] A polícia federal da Suíça calcula que, somente da Rússia, desde 1990 tenham sido deslocados 50 bilhões de dólares de fontes ilegais para o Ocidente.[27]

Cabeça-de-ponte da contabilidade de diversas máfias russas é o centro *off-shore* da Ilha de Chipre, onde 300 bancos russos mantêm filiais *pro forma* e divulgam uma movimentação anual de 12 bilhões de dólares.[28] Esses bancos também têm acesso às transações financeiras eletrônicas na Alemanha, assegura Findeisen. Contrariamente às declarações do ministro do Interior e do lobby dos bancos, a porta está totalmente aberta para o dinheiro de origem criminosa. O mesmo vale para a Áustria. Técnicos de segurança em Viena calculam em 200 bilhões de xelins, ou seja, cerca de 19 bilhões de dólares, o patrimônio da Máfia investido nos bancos da República dos Alpes.

A nódoa da infiltração de dinheiro ilícito empalidece quando comparada aos prejuízos desastrosos que a fuga de capitais legalmente organizada impõe aos cofres de uma nação. Mais de 200 bilhões de marcos foram depositados por seus titulares alemães somente nas filiais de financeiras e corretoras de valores de origem germânica em Luxemburgo. Com isso, a Fazenda perde anualmente, em arrecadação, quantias enormes, de dois dígitos de bilhões, mais ou menos a metade do que é pago pelos contribuintes normais como tributos para programas sociais. A maior parte do dinheiro de fuga, depois de render o que pode, é reaplicada na Alemanha, até mesmo em títulos públicos.

Puro surrealismo! O Estado se torna devedor daqueles que lhe sonegam os impostos e ainda paga juros que favorecem os espertos com um rendimento adicional isento de taxação.

A variante de Luxemburgo é apenas um dos canais pelos quais o Tesouro de um país é sangrado. Somando todas as praças de fuga, a evasão fiscal chega provavelmente a 50 bilhões de marcos por ano, valor próximo ao novo endividamento interno anual da República Federal da Alemanha. Para o conjunto das nações, as perdas representam uma catástrofe financeira. Seguramente, pelos levantamentos estatísticos do FMI, mais de 2 trilhões de dólares são administrados sob a bandeira dos paraísos *off-shore*, fora do alcance dos países onde o dinheiro foi gerado.

Há uma década, Cayman registra mais depósitos de estrangeiros do que todas as entidades financeiras da Alemanha em conjunto. E certamente não será possível levantar o total do dinheiro de fuga. Ano após ano o balanço internacional das contas apresenta um déficit de bilhões, em dois dígitos. Ou seja: o escoamento do dinheiro ainda é contabilizado, mas – pela visão da estatística – ele não chega a parte alguma, uma vez que muitos bancos das praças *off-shore* não divulgam dados, nem para fins de estatística. Já em 1987 os peritos da OCDE (Organização para

Cooperação e Desenvolvimento Econômico) e do FMI estimaram o volume dos bens tragados pelo buraco negro da economia mundial em mais outro trilhão de dólares.[29]

É grotesco. Nada se vincula materialmente àquelas estruturas políticas insignificantes, que colocam suas bandeiras à disposição do mundo financeiro e cuja soberania nacional, na melhor das hipóteses, é alugada a terceiros. Dificilmente alguém viajará com as malas cheias de dinheiro vivo para o Caribe ou Liechtenstein. Lá inexiste a infraestrutura necessária para a administração desses capitais. Nem é preciso. Uma caixa de correio ou endereço eletrônico e um representante legal ou fiduciário bastam. O resto é resolvido pelos computadores. Isso porque o negócio não depende fisicamente dos bancos e corretoras. As matrizes ainda se encontram em solo alemão, britânico, japonês ou americano, mas o ramo financeiro, com sua malha de interligações, pode manter grande parte de seus registros eletrônicos como domínio extraterritorial, sem a menor cerimônia.

Para as autoridades tributárias e policiais, não seria difícil barrar os canais de fuga, sem precisar invadir pequenos países. Tal procedimento, porém, seria incompatível com a circulação livre de capitais. Até agora os grupos bancários puderam evitar qualquer avanço contra seu "sigilo", com a simples insinuação de que isso levaria à mudança do negócio para outra parte.

Uma nova versão dessa farsa ocorreu na própria Alemanha em princípios de 1996. Diante do crescente déficit orçamentário, o serviço alemão de repressão de fraudes fiscais pela primeira vez procedeu a ações de busca em grandes bancos. Prontamente, como muitos de seus colegas, o diretor do Dresdner Bank, Jürgen Sarazin, protestou alegando que tal conduta "não seria adequada para levantar a moral tributária", mas prejudicaria apenas a praça financeira do país. Como prova de suas possibilidades de evasão, o Deutsche Bank logo depois apresentou seu balanço anual, em que declarou um resultado operacional de 4,2 bilhões de marcos, o segundo maior lucro de sua história, mas recolheu 377 milhões de marcos a menos do que no ano anterior.

Pacto com o diabo

De acordo com os princípios expostos, os Estados nacionais e seus governos tornaram-se alvos de chantagem ou extorsão. Sob a orquestrada pressão da máquina financeira, praticamente em todas as partes do mundo os governos seguem o caminho que Sarazin, do Dresdner Bank, e seus colegas novamente indicaram em 1996: redução de impostos sobre o patrimônio e os rendimentos de capital, desregulamentação dos serviços bancários (com cobrança de tarifas), corte nas despesas para encargos sociais e para a prestação de serviços públicos. Segundo Sarazin, altas taxas de juros "fomentam a frustração e provocam a resistência" que leva à evasão de impostos. Orçamento após orçamento, legislação tributária após legislação tributária, o que se consolida com a globalização é a desigualdade, não importando a diferença das culturas ou dos valores sociais.

A mecânica da equiparação política se dá por meio da administração pública. A ligação desses países com o sistema financeiro internacional é comparável a um "pacto de Fausto", comentou a revista americana *Newsweek*, relembrando a lendária figura do homem que vendeu a alma ao diabo.[30]

Inicialmente, os governos que aderem têm acesso às reservas globalmente disponíveis de capital. Podem endividar-se para seus investimentos muito mais do que se recorressem à poupança interna ou aos empresários ricos de seu próprio território. Mas a tentação até agora tem sido irresistível. A unificação alemã não seria financiável sem os compradores estrangeiros de títulos públicos. Mais de um terço da dívida externa alemã encontra-se atualmente em mãos de fora.

No entanto, o ingresso para o teatro das finanças internacionais custa caro: submissão à dança dos juros e a outros poderes dos quais a maioria dos cidadãos não faz a menor idéia.

Entre as agências anônimas do poder mundial do mercado financeiro, goza de especial influência aquela estabelecida em um prédio compacto de onze andares, situado em Nova York na Church Street, 99. À sombra das duas torres do World Trade Center, trabalham os 300 analistas bem remunerados da Moody's Investors Service, a maior e mais solicitada consultoria de investimentos do planeta. Na parede do saguão de entrada, um relevo de mais de 12 m² banhado em ouro resume a filosofia da empresa: "Crédito é o sopro de vida no moderno sistema de livre comércio moderno. Contribuiu cerca de mil vezes a mais para a riqueza das nações do que as minas de metais preciosos possam ter proporcionado".

Atrás dessa dourada confissão de fé começa uma esfera de poder e sigilo incomparáveis. Dificilmente em qualquer outro lugar os segredos de tantos Estados e empresas sejam tão bem guardados. Nenhum visitante estranho, não importando sua categoria, pode entrar nas salas de trabalho. Negociações com os interessados são realizadas exclusivamente nas elegantes salas de reunião da cobertura.

Vincent Truglia, vice-presidente da empresa fundada no início do século 20, inicialmente só esclarece o que Moody's não quer ser. "Não, nós não julgamos nações inteiras, nossa avaliação não é moralista e nada diz a respeito dos valores de um país. Nós não instruímos os governos sobre o que devem fazer, nunca damos conselhos."[31]

Tais declarações oscilam entre o *understatement* (eufemismo) e a hipocrisia. Pois Tuglia é chefe do serviço de *Nation Rating* na Moody's e sob sua égide a agência classifica as nações pelo ranking de credibilidade. O grau "Aaa" é conferido tão-somente à elite econômico-financeira: EUA, Japão e os países mais estáveis da UE, como Alemanha e Áustria. Já a Noruega, apesar de seus recursos em petróleo, precisa aceitar a restrição "Aa", que a agência justifica com "riscos algo maiores para investimentos a longo prazo". A Itália, altamente endividada, deve contentar-se com um simples "A", sendo considerada "sujeita a enfraquecimento futuro", enquanto a Polônia com "Baa" não se colocou mal. O instituto aguarda apenas "adequada segurança financeira". Para a Hungria, que ganhou um "Ba", até isso é "duvidoso".

A avaliação tem efeito imediato: os negociadores de corretoras e bancos traduzem a classificação automaticamente em taxas adicionais de risco para a compra de títulos públicos. Com isso, a Moody's é metáfora e memória do mercado ao mesmo tempo. Nunca esquece e só perdoa após décadas. Por exemplo: a Argentina continua com a etiqueta de um país "B", pelo seu passado de finanças caóticas, moratórias de dívidas e alta inflação. Hoje, ela tem a moeda mais estável da América do Sul e a taxa de inflação não é maior do que nos EUA. A austeridade da política financeira trouxe sacrifícios para a população, mas estes não são computados pelos mercados financeiros. Ainda agora o governo de Buenos Aires precisa pagar, nos seus empréstimos em marcos alemães, mesmo com boas garantias, 3,8% mais de juros que a própria Alemanha, avaliada com a tripla distinção "Aaa".[32]

Para Truglia e sua equipe, tudo isso é apenas resultado da aplicação coerente de critérios econômicos. Como precaução contra tentativas de suborno, os avaliadores da Moody's sempre viajam em dupla, quando devem revisar as finanças públicas a convite de algum país. Cada analista precisa apresentar mensalmente suas próprias investigações e ninguém pode saber antecipadamente o veredicto, assegura o vice-presidente da Moody's. Mesmo que governos exerçam pressão, não haveria deferência. "Só valorizamos o interesse dos investidores, não fazemos política." Obviamente, o resultado é político. Os julgamentos da agência podem custar bilhões de encargos adicionais aos países atingidos. Influenciam eleições, bem como a autoestima das nações. Quando em fevereiro de 1995 o dólar canadense começou a escorregar e já era negociado nos mercados como "o peso do Norte", o primeiro-ministro Jean Chrétien procurou barrar a evasão de capitais com um novo orçamento e cortes de despesas. Mas, antes que o plano pudesse ser discutido no Parlamento, a Moody's caracterizou as reduções como insuficientes e anunciou eventual descenso do Canadá para a segunda divisão, a dos "Aa". Prazerosamente, o líder da oposição acusou o governo de política financeira desordenada. As chances de Chrétien para a reeleição diminuíram rapidamente e o *New York Times* comentou com acidez: "O homem da Moody's rege o mundo".[33] O mesmo aconteceu quando a agência, em 1996, também pouco antes das eleições, colocou a credibilidade da Austrália *under review*, isto é, sob reavaliação. "Nuvens sombrias pairam sobre o governo", foi a manchete do maior jornal de Sydney. O Partido Trabalhista perdeu.

Tribunal sem leis

A rígida imposição da lógica do mercado não é apenas questão de maus investidores estrangeiros. Onde o mercado de capitais está internacionalizado, também as pessoas ricas do país logo se fazem de juízes do governo. Afinal, também elas podem investir seu dinheiro em outra parte. Na Europa nenhum país sentiu isso mais que a Suécia. Sempre louvado por sua abrangente política social, o país se empenhava na possível realização de um capitalismo socialmente justo. Hoje, pouco resta dessas boas intenções. Desde o fim da década de 1980, grupos empresariais e proprietários de bens foram deslocando mais e mais empregos e ativos de risco para o Exterior. Mesmo diante de uma queda de arrecadação, o governo reduziu as alíquotas para rendimentos maiores. O déficit orçamentário explodiu e forçou uma restrição dos numerosos programas sociais.

Para os "mercados", o processo não foi suficientemente rápido. Em meados de 1994, o magnata Peter Wallenberg, principal proprietário da indústria de caminhões Scania, ameaçou transferir a sede do grupo para outro país, caso o governo, na época formado por aliança conservadora, não reduzisse o déficit público. Bjorn Wollrath, chefe da Skandia, a maior companhia de seguros da Escandinávia, chegou a estimular o boicote dos títulos públicos suecos, até então negociados pela taxa média européia de juros. No dia imediato, alguns tipos de títulos se tornaram invendáveis, a coroa sueca caiu e com ela as cotações das ações. Para todo o dinheiro emprestado, o governo, como todos os demais tomadores de crédito em coroas suecas a partir de então, precisou pagar 4% a mais de juros do que os devedores em marcos alemães. O país mergulhou no endividamento e os cortes radicais de verbas oficiais tornaram-se inevitáveis.

Hoje em dia, à Suécia sobra menos para seus pobres do que à Alemanha. Levado a trilhar rumos anti-sociais, o país outrora exemplar, nesse ínterim, goza de moeda bem cotada e juros relativamente vantajosos. A ameaça, no entanto, permanece, como o primeiro-ministro Goran Persson sentiu na pele em janeiro de 1996. Na campanha eleitoral ele publicamente propôs que fossem restabelecidos o auxílio-desemprego e o auxílio-doença, no nível de 80% dos respectivos valores precedentes. Dois dias depois, a Moody's publicou um relatório, segundo o qual a estabilização do orçamento sueco não seria suficiente. Ao contrário, "provavelmente os programas de previdência social precisarão ser cortados ainda mais". Já no dia seguinte caíram as cotações dos títulos e o valor de troca da coroa sueca começou a escorregar.[34]

O mesmo e conhecido roteiro está sendo seguido pela Alemanha na desmontagem do Estado de bem-estar social, que costumava manter dentro de limites toleráveis as disparidades sociais, mediante tributação progressiva. Corte por corte, a coalizão conservadora-liberal do governo obedeceu às exigências do setor industrial e bancário quanto à reformulação do sistema tributário. Por duas vezes, em curto intervalo, foi reduzida a alíquota do imposto de renda das pessoas jurídicas, proporcionando lucros adicionais às grandes empresas. Também a incidência máxima foi reduzida de 5%. Bruscamente, o número de vantagens em abatimentos na declaração anual de renda foi aumentado para os autônomos. Com isso, o peso dos encargos da unificação alemã recaiu sobre os menos abonados, em particular sobre a classe média assalariada e todos os que pagam imposto de consumo. O resultado é óbvio: quando Helmut Kohl assumiu o mandato de chanceler (primeiro-ministro) no ano de 1983, as empresas e os autônomos ainda arcavam com 13,1% do total da carga tributária. Treze anos depois, essa participação havia sido reduzida a 5,7%, menos da metade.[35]

Já em 1992 uma equipe de peritos altamente qualificada da Comissão da União Européia em Bruxelas constatou que, na tributação das empresas, a Alemanha havia ficado atrás dos EUA, Japão e da média da Europa Ocidental.[36] Deduz-se daí que a República Federal da Alemanha – ao menos no que se refere a tributos – já se curvou ao ataque global contra o Estado de bem-estar social, antes de arriscar-se à punição do mercado de capitais, representada por juros mais altos.

Até mesmo o governo americano segue obedientemente os ditames da especulação financeira. Quando Bill Clinton entrou na Casa Branca em 1992, havia prometido um amplo programa de reformas aos seus eleitores. As escolas públicas dos EUA, em estado de abandono, deveriam tornar-se um sistema eficiente de formação. Nenhum cidadão, num futuro breve, ficaria sem seguro de saúde.

Esses belos projetos dependiam, porém, de despesas públicas adicionais. E logo depois da eleição as cotações dos títulos públicos americanos começaram a cair: os corretores de investimentos publicamente fizeram frente contra as reformas. Depois de poucos meses no cargo, muito antes de Clinton perder a maioria no Congresso, as boas intenções se esvaziaram. James Carville, homem de marketing que assessorou Clinton na campanha, declarou resignado: "Eu tinha pensado em voltar, na próxima encarnação, como presidente ou papa. Agora prefiro voltar como executivo do mercado de capitais. Isso permite ameaçar quem quer que seja".[37]

A sujeição às diretrizes do setor financeiro torna-se um assalto à democracia. Cada cidadão continua tendo um voto. Os políticos ainda precisam procurar obter um equilíbrio de interesses entre todas as camadas sociais para conseguir maioria, seja na Suécia, nos EUA ou na Alemanha. Após a eleição, entretanto, as decisões são tomadas com base no "direito de voto monetário", como foi apelidado eufemisticamente pelos economistas.

Não é nenhuma questão de moral. Os administradores profissionais do dinheiro apenas cumprem sua tarefa, exigindo o máximo rendimento pelo capital que lhes foi confiado. Contudo, com sua atual supremacia, podem colocar a perder mais de cem anos de árduas lutas e conquistas sociais.

É irônico que a antiga insubmissão social-democrata ao capital internacional tenha sido o fator que hoje desencadeia o capitalismo em escala global. Foram os contínuos aumentos de salários e a proteção social organizada pelo Estado nestes últimos cinqüenta anos que permitiram a formação da classe média, com cujas poupanças o setor financeiro trabalha agora. Nunca antes na História tinham existido tantas pessoas que dispusessem de mais rendimentos do que necessários para sua subsistência. São justamente elas que, com a parte poupada, fornecem munição às seguradoras, bancos e fundos de pensões para a ofensiva contra sindicatos atuantes e a política social.

Pela avaliação do Deutsche Bank, os fundos de investimento no mundo inteiro administram algo como 7 trilhões de marcos. Outros 10 trilhões de marcos estão nas mãos de ofertantes de previdência privada, como as seguradoras alemãs.[38] Assim sendo, o cidadão da alta classe média, razoavelmente bem remunerado, hoje é tanto algoz quanto vítima, ganhador e perdedor ao mesmo tempo. Enquanto suas aplicações de poupança ou previdência privada rendem juros capitalizados, ele perde cada vez mais pelo lado da tributação.

Mais ironia! Talvez amanhã, os administradores daquele fundo de investimentos onde o cidadão tinha aplicado suas economias poderão instituir, na qualidade de acionistas majoritários da empresa em que ele trabalha, uma "reengenharia" que elimine também seu emprego – no interesse dos aplicadores do fundo!

Os governos que se esforçam pela estabilidade dos juros e da moeda poderão assim assegurar perfeitamente que estão servindo às metas de uma certa justiça social. Acontece que são sacrificados todos aqueles que não dispõem de consideráveis poupanças, aqueles que perdem o emprego e não podem continuar honrando seus contratos de financiamento de um imóvel, por exemplo.

"Disciplinar" cegamente os Estados através "dos mercados", portanto, é muito menos "saudável" do que os monetaristas querem fazer crer. Esse conceito não só ignora que, forçosamente, a política democrática está sujeita a outras leis que não as de mercado. Também nivela as diferenças socioculturais entre as nações e produz um potencial de conflitos ameaçadoramente crescente.

A maioria dos suecos até hoje não deseja um alinhamento de sua sociedade exclusivamente pelos rendimentos de capital. É por esse motivo que o governo sueco se opôs à demolição do Estado de bem-estar social. Também o primeiro-ministro do Canadá, Jean Chrétien, em princípios de 1995 não vacilou em dizer não quando lhe foi proposta uma futura redução do orçamento social. Sua meta principal, na época, consistia em proteger o país contra a decadência – uma ameaça muito séria criada pelo plebiscito dos separatistas na província francófila de Quebec. Se Chrétien tivesse cortado os recursos dos governos provinciais, teria aumentado o número de seguidores dos separatistas (que perderam por pouco), arriscando-se a provocar um dano econômico muito maior ao seu país.

Igualmente o governo italiano se opôs à desvalorização da lira em 1992 não por ignorância burocrática, como maldosamente declararam alguns intelectuais e especuladores. Ao contrário, tratou de proteger mais de 1 milhão de famílias que – por recomendação dos bancos – haviam financiado suas casas e apartamentos mediante hipotecas, calculadas na moeda contábil da UE (na época chamada ecu, hoje euro). Com o fracasso do Sistema Monetário Europeu, seus rendimentos em ecu encolheram de um terço, e assim precisariam pagar 33% mais aos bancos hipotecários, sem que seus imóveis tivessem aumentado de preço uma lira sequer. Com isso, os especuladores favoreceram a "Aliança pela Liberdade", facção direitista cujo intérprete mais radical, o neofascista Gianfranco Fini, despontou como porta-voz dos mutuários lesados.[39]

Nos relacionamentos entre as nações, os mercados financeiros também provocam conflitos, que mais e mais fogem à governabilidade política. O segmento de ações e de renda variável, incensado por economistas que vêem o mercado como tribunal financeiro mundial, emite julgamentos injustos, não respeita lei alguma e produz caos econômico em vez de justiça.

Caçadores de lucros, por princípio, dão preferência às nações de economias robustas, em detrimento das mais modestas, e fazem isso independentemente da boa ou má conjuntura interna. Países como Irlanda, Dinamarca, Chile ou Tailândia pagam de fato até 2% a mais de juros ao tomar empréstimos, só por serem pequenos. Tecnicamente, isso faz todo o sentido. Quanto menor o mercado, tanto maior o risco de não se encontrar comprador em caso de crise. "É como no cinema quando começa um incêndio", esclarece Klaus Peter Möritz, até 1995 diretor do setor de câmbio no Deutsche Bank. "Todos querem sair, mas não existem saídas suficientes." Esse *exit risk*, portanto, custa uma taxa de risco. Em relação à economia nacional, tal princípio é igualmente absurdo e encarece os investimentos.

Acresce que os grandes precisam recear muito menos o julgamento dos mercados do que os pequenos. Disso os Estados Unidos, em particular, tiram o máximo proveito: utilizam a poupança interna de outras nações, captada maciçamente através de juros positivos e da segurança proporcionada pelo dólar.

Há mais de uma década os EUA convivem com déficit no balanço de pagamentos; isso quer dizer que, em conjunto, consumidores, empresas e governo recebem muito mais dinheiro do Exterior do que, de sua parte, estão investindo nos mercados mundiais.

Desde 1993 o déficit público americano gira em torno de 10% do produto interno bruto, tornando o país o maior devedor líquido do mundo. Nem assim subiram exageradamente as taxas de financiamento para imóveis, por exemplo, ou as multas por atraso de pagamento. Disso cuida o mercado, ao manter o dólar firme e portanto atrativo aos investidores. Ademais, o dólar continua sendo a moeda de reserva mundial. Não só 60% das reservas em moedas fortes de todos os bancos centrais são mantidas em dólares mas também quase a metade de todas as poupanças particulares.[40] Ainda que o real tamanho da economia americana perfaça só um quinto do produto mundial, até um lavrador chinês ou uma operária russa juntam suas economias em dólares. Motivo suficiente para que cada governo dos EUA tenha a metade do mundo do seu lado, quando se trata de defender a estabilidade da moeda americana.

O dólar como arma

Um dramático desequilíbrio coloca grande parte da economia mundial na dependência do desenvolvimento interno americano. Desde 1990, negociadores e economistas observam que, em última análise, as meras condições do dólar determinam o desenvolvimento dos juros internacionalmente.

Em princípios de 1994, por exemplo, tudo parecia indicar uma queda no ritmo do crescimento alemão, devido à menor demanda por créditos. Pelas regras tradicionais da economia, isso causaria a redução dos juros, premissa indispensável para estimular investimentos produtivos. Entrementes, a economia americana registrava expansão, e os juros internos explodiram no mercado. Prontamente, também na Europa os juros subiram mais de 7%, o que, no jargão do economês, é "veneno para a conjuntura".

Um ano e meio depois a Alemanha novamente entrou em recessão e o espetáculo se repetiu, quando as fábricas americanas anunciaram uma produção totalmente colocada. Nem mesmo a adoção, pelo Bundesbank, da menor taxa básica de juros internos em uma década adiantou. Efetivamente, os guardiães da moeda alemã liberaram mais dinheiro aos bancos do que em qualquer outra época, permitindo que as empresas assumissem, em 1995, 7% mais créditos do que no ano anterior. No entanto, o capital barato imediatamente fluiu para os mercados estrangeiros, de rendimento superior. Em tom conformado, Helmut Hesse, membro do conselho diretor do Bundesbank, admitiu que "infelizmente desapareceu a capacidade dos bancos centrais de, por si sós, reduzirem os juros".[41]

A dependência mundial à esfera do dólar proporciona aos agentes políticos, financeiros e monetários de Washington uma posição de poder, que os leva com freqüência sempre maior ao choque com outras nações. O parâmetro para a relação de forças na guerra latente pela supremacia econômico-financeira são as cotações cambiais. Quando, nos primeiros quatro meses de 1995, o valor da moeda americana, comparada ao iene e ao marco alemão, caiu até 20%, isso jogou todo o mecanismo da economia global no caos e provocou na Europa e no Japão uma nova recessão. Tomados pelo pânico, os administradores de carteiras de títulos remanejaram seus investimentos em marcos e ienes. Não só o dólar caiu, mas também todas as moedas européias se desvalorizaram em relação ao franco e ao marco. Repentinamente, os rendimentos de empresas alemãs no Exterior passavam a valer menos que o calculado. Daimler, Airbus, Volkswagen e centenas de outras indústrias ficaram no vermelho.

Mais uma vez as revistas especializadas, tais como *Business Week*, *Handelsblatt* e *The Economist* descreviam a "impotência dos bancos centrais" perante as vicissitudes do mercado bilionário de divisas, cujo movimento de negócios diário é quase o dobro do que as reservas de todos os bancos centrais somadas.

Objetivamente, a queda brusca do câmbio não parecia justificada. O poder aquisitivo do dólar correspondia muito mais ao de 1,80 marco do que ao do 1,36 negociado. Ademais, no *money market* (isto é, o mercado de empréstimos de curto prazo) o dólar recebia até 1% mais de juros do que o marco e o iene, embora estes fossem apreciados como moedas "de qualidade". Cientistas econômicos de todos os matizes mostraram-se confusos. "No câmbio do dólar", disse Marcel Stremme, perito em divisas do Instituto Alemão de Pesquisa Econômica, sediado em Berlim, "não existe nenhuma explicação lógica." Ao economista-chefe do FMI, Michael Mussa, restou apenas dizer: "Os mercados estão loucos".

Sem lógica? Irracional? Para os entendidos no jogo cambial, a visão é bem diferente. Klaus-Peter Möritz, então diretor de câmbio do Deutsche Bank, interpretou a queda do dólar simplesmente como "estratégia politicamente desejada pelos americanos".[42] A economia dos EUA, fraca nas exportações, devia ser fomentada para vender seus produtos mais barato nos mercados estrangeiros. O câmbio do dólar tornou-se uma arma na luta por segmentos cada vez maiores dos mercados mundiais, combatendo o Japão e a Alemanha.

Isto soa como teoria conspiratória, mas é plausível. A grande maioria dos jogadores do mercado financeiro global é constituída por firmas americanas com infra-estrutura de abrangência internacional. Sem dúvida, elas dançam conforme a música do governo americano, mas provavelmente atendem às metas do Fed e de seu presidente, Alan Greenspan. Ao maior banco central do mundo, que é independente do Poder Executivo dos EUA, nem mesmo os mais ousados especuladores se opõem. Suas reservas em dólares são ilimitadas. "Basta o telefonema de um diretor do Fed a um deputado no Congresso, avisando que o país não tem mais interesse em manter a estabilidade da moeda", disse Möritz. O resto é feito pelos negociadores do varejo, que logo estarão informados e entrarão em ação.

Indiretamente, os dois homens mais poderosos do continente americano confirmam essa estratégia. Durante a crise do dólar de abril de 1995, que atingiu escala mundial, o presidente Clinton fez divulgar que os EUA "nada podiam fazer para frear a queda".[43] Pouco antes, em audiência a parlamentares, o diretor do Banco Central, Greenspan, dera como iminente uma redução da taxa básica de juros *(prime rate)*, que aliás não chegou a ocorrer.[44] Em ambos os casos, o sinal dado foi perfeitamente entendido pelo mercado: Banco Central e governo desejam que a cotação do dólar caia. Também o professor de Economia em Frankfurt, Wilhelm Hankel, interpreta a queda do dólar apenas como "hábil manobra da política monetária americana". Em um mundo com moedas fracas, sacrificadas pela inflação, o próprio dólar estaria tendendo a uma valorização excessiva.

Na medida em que os guardiães da moeda difamam o dólar, "deslocam o problema para outros países".[45] Parece que assim entenderam os assessores econômicos de Helmut Kohl. Contrariando a habitual reserva perante o Grande Irmão do outro lado do Atlântico, o chanceler alemão protestou vivamente contra a política monetária obstrutiva de Washington, declarando em público que ela era "totalmente inaceitável". Teve moderado sucesso.

Os dados econômicos relativos a 1995 documentam a vitória dos estrategistas do dólar: na Alemanha, o crescimento econômico previsto ficou pela metade, a fraqueza do dólar foi motivo para demissões em massa. Mais atingidos ainda foram os japoneses. Seu superávit comercial com os

EUA encolheu para um quarto do que era, em apenas doze meses, fazendo dobrar a taxa de desemprego no Japão.[46]

Greenspan e o secretário do Tesouro, Rubin, só abandonaram o caminho das pedras em fins de 1995, quando tiveram certeza dos resultados almejados. A partir de setembro daquele ano, os bancos centrais dos três países – Japão, Alemanha e Grã-Bretanha – reiniciaram em conjunto as compras de divisas em apoio ao dólar. Calma e lentamente o câmbio recuperou-se e, em meados de 1996, chegou de novo a 1,48 marco por dólar.

O que se conclui é que o mercado de divisas está longe de um acesso de loucura. Eles obedecem à batuta de Alan Greenspan. A confusão de vários especialistas diante desse fenômeno demonstra apenas que, não obstante suas teorias, no "ciberespaço" das finanças mundiais atuam pessoas que têm interesses de poder ou precisam sujeitar-se a tais interesses. Nem todos os bancos centrais são igualmente impositivos em face do insaciável mercado. Em vez disso, eles se enquadram numa perfeita hierarquia de grandeza. Na ponta domina o Fed, ou Federal Reserve americano, em segundo lugar estão o Bank of Japan e o Bundesbank alemão, que por sua vez dominam seus vizinhos na esfera de influência do iene e do marco.

Guerrilha na selva das finanças

Ao menos nos mercados financeiros, até o momento a globalização nada mais significa do que americanizar o mundo. Para profissionais do ramo como Möritz, nada a estranhar. "Talvez seja esse o preço a pagar por estarem os EUA intervindo para nós nos Bálcãs." Mesmo assim, o dano econômico que tal dependência produz é enorme – o risco existe até para os EUA. Quanto mais inescrupulosamente o gigante americano abusa de sua supremacia, tanto mais prováveis e violentas serão as contra-ofensivas. Isso pode acontecer quando governos se sentem prejudicados, como já foi demonstrado pela emergente Malásia. Sob a égide de seu primeiro-ministro Mahathir Mohamad, desde 1981 no cargo, o país tornou-se economicamente um dos mais bem-sucedidos da Ásia, ao lado de Cingapura. Além do mais, Mahathir gosta de atacar com regularidade a arrogância do Ocidente, sua decadência e suas intenções imperialistas. Em 1988, ele procurou vencer o inimigo em seu próprio terreno: o mercado cambial.

Anteriormente, o Bank Negara, banco central da Malásia, tinha sofrido sensíveis perdas. Durante anos, a política de juros altos do governo Reagan fez subir o câmbio do dólar. Depois, os americanos, em reunião secreta no Plaza Hotel de Nova York, combinaram com os bancos centrais do Japão, da Grã-Bretanha e da Alemanha reduzir o valor de troca do dólar mediante intervenções conjuntas e provocaram uma queda caótica de quase 30%. Furioso, o chefe do Negara, Tan Sri Dato' Jaffar bin Hussein, ex-colaborador da firma de auditoria Price Waterhouse, registrou que as reservas em dólares da Malásia, conseguidas com grande esforço, passaram a valer muito menos, sem que lhe coubesse culpa. Com o acordo feito no Plaza, "houve mudanças radicais nas regras do jogo", indignou-se Jaffar em discurso proferido em Nova Délhi, na Índia.[47]

Diante disso, também ele passou por cima da norma segundo a qual a tarefa essencial de um banco central é preservar a estabilidade da moeda nacional. Com o apoio de Mahathir, Jaffar inverteu a regra tácita para seu exato oposto e desfechou uma guerrilha financeira. Munido de todos os privilégios de um banco central – crédito ilimitado, acesso privilegiado às informações e o poder de autoridade fiscal –, o Bank Negara especulou com êxito contra as moedas dos países do grupo G-7. Com seus gigantescos recursos, a Malásia teve todas as vantagens nesse jogo. Na maioria dos casos, vendia numerário numa certa moeda simultaneamente a diversos bancos, em parcelas de centenas de milhões, e desse modo causava imprevistas quedas no câmbio. Na medida em que estas se avolumavam, os programas stop loss (para parar a perda) dos computadores plugados nas mesas das corretoras as levavam, por sua vez, a desfazer-se da moeda em questão. Antes de baixar a maré de vendas, porém, o Bank Negara comprava de volta e embolsava os lucros.

Está bem documentada a ofensiva contra a libra esterlina em 1990. Em poucos minutos, os guerrilheiros financeiros de Mahathir jogaram 1 bilhão de libras no mercado e causaram uma queda cambial de US$ 0,04 por libra. Os bancos britânicos protestaram e formaram uma frente de defesa contra ataques futuros. Nisso, o Negara podia contar com a diligente cooperação de outros países. Afinal, o prévio conhecimento de uma manobra do banco central malasiano valia ouro para qualquer especulador. "Se tivessem feito essas manipulações em qualquer bolsa séria do mundo", comentou um executivo do Fed, "os autores já estariam presos."

Ainda não existem, no mercado global interbancário, esquemas legais que levem a isso. Mas o Negara acabou punido e derrotado por imitadores ainda mais ousados, desta vez particulares. Quando da crise aguda do Sistema Monetário Europeu, Jaffar avaliou mal a situação. Pego de surpresa com a rápida saída dos britânicos do SME, seu banco perdeu em 1992-93 perto de 6 bilhões de dólares. Jaffar precisou justificar-se pelo "maior escândalo financeiro da Malásia", segundo o líder da oposição local, e deixou seu cargo. Desde então seu sucessor não corre o mesmo risco.

A especulação do Negara demonstra o quanto é vulnerável o mundo financeiro interligado, em face das tensões que ele mesmo cria. Diante do crescimento explosivo dos mercados, hoje um país como a Malásia provavelmente seria pequeno demais para ameaçar a estabilidade de todo um sistema. No entanto, o "vulcão de dólares" (expressão de Hankel) que é o Fed emite sempre mais papel-moeda, e com isso o nível de dinheiro americano circulante no Exterior cresce perigosamente.

Os bancos centrais da Ásia já controlam quase a metade das reservas em moedas fortes do mundo. As reservas da China situam-se aproximadamente em 70 bilhões de marcos, o mesmo possui Taiwan, o Japão mais que o dobro. Diante das crescentes discórdias entre os EUA e seus parceiros comerciais asiáticos, esses dados dão "assunto suficiente para um thriller sobre o mundo das finanças", alertou *The Economist* em 1995.[48]

Até agora é improvável que Estados asiáticos, com seu espírito antiamericano, venham a sabotar o dólar e, por extensão, todo o sistema financeiro mundial, mediante vendas de divisas em massa. Esses países ainda dependem do mercado importador e também da proteção militar dos EUA. Mas isso pode não prevalecer para sempre. A dinâmica do crescimento das nações orientais está deslocando o equilíbrio de poder em direção à Ásia.

Na Europa, esboçam-se tentativas de livrar-se da supremacia do dólar. Os governos dos dois maiores países da UE – França e Alemanha – vêm discutindo a introdução de uma moeda comum européia. Com esse "grande lance" (Helmut Kohl), iniciou-se uma disputa entre mercado e Estado que manterá a Europa ocupada pelas próximas décadas.

A aventura do euro: a luta pela unificação monetária

Desde 11 de dezembro de 1991, a cidade holandesa de Maastricht entrou para os livros de História. Na noite daquela quarta-feira, os doze chefes de governo dos países-membros da Comunidade Européia na época colocaram suas assinaturas em um texto importante: o documento de constituição da União Européia e de criação de uma moeda comum para as nações participantes. Pouca coisa vai se alterar no mecanismo político e administrativo com a aliança européia de Estados. Em contrapartida, o acordo sobre a futura União Monetária Européia (UME) demonstra decisiva vontade de liderança, como raramente acontece nas democracias modernas.

Com início previsto para 1999, a unificação monetária tem duas etapas. Primeiro, a maioria dos países-membros vinculará suas respectivas moedas, mediante taxas inalteráveis de câmbio. Dois anos depois, as denominações nacionais do dinheiro devem desaparecer em favor da moeda comum, com o nome "euro". Com a data de referência de 1º de janeiro de 2002 – se o plano engrenar – todos os créditos, rendimentos, pagamentos e tributos serão calculados em euros, cujo valor corresponderá às taxas de conversão já pagas desde 1999 no mercado.

As conseqüências dessa medida merecem todo o destaque. No futuro, os euro-Estados deixarão para trás muitas das graves desvantagens da dispersão monetária hoje existente. Deixa de existir o acréscimo de juros para pequenos mercados, bem como as altas comissões cobradas pelos bancos pelas trocas. Todo o comércio entre países ficará livre do dispendioso risco de repentinas oscilações de câmbio. Será possível comparar imediatamente todos os preços num mercado comum.

De outro lado, os membros da UME estão aceitando um enorme risco político. Não mais disporão de bancos centrais independentes, mas cederão seu cetro de soberania ao futuro Banco Central Europeu. Isso interligará aqueles países de forma muito mais imediata do que agora. Nenhum membro da União Monetária poderá mais puxar o freio de emergência da desvalorização, quando suas exportações não conseguirem acompanhar o passo da economia. Não haverá alternativa, mas os países-membros precisarão sincronizar suas políticas financeiras, tributárias e sociais. Se o plano monetário efetivamente for concretizado, também a criação de uma real união política, que possa decidir rapidamente, mas de forma democrática, tornar-se-á uma questão de sobrevivência.

Apesar de seu significado tão abrangente, o projeto político da nova Europa, anos após a assinatura do Tratado de Maastricht, permanece em nível modesto. Seus arquitetos garantem que "do solo alemão nunca mais partirá outra guerra" (Helmut Kohl), prometem evitar que "a Europa recaia no desmembramento" (Douglas Hurd, ministro do Exterior da Grã-Bretanha). De outro lado, a UME é culpada de ser "ameaça para os empregos na Alemanha", como afirmou o candidato social-democrata, Dieter Spöri, em sua campanha eleitoral em março de 1996.

Em meio à onda de propaganda e desinformação que envolve os debates, algo bem claro foi dito em 18 de janeiro de 1996, em Frankfurt. A European Finance Foundation, agremiação lobista dos bancos, promoveu um encontro do ministro das Finanças da França, Jean Arthuis, com nomes de destaque no setor monetário. Inicialmente Arthuis apresentou algumas propostas técnicas, discutiu metas de conversão cambial e cenários de transição. Em discurso de improviso, esboçou a seguir a verdadeira meta da UME. Se o projeto for bem-sucedido, afirmou Arthuis, o "euro poderá tornar-se a moeda líder das reservas do mundo". Apoiada num mercado interno de 400 milhões de cidadãos, a Europa poderá competir com os EUA. Por meio do controle das taxas de conversão, ganharia "um instrumento da política comercial", mais importante que qualquer tipo de tarifa alfandegária.[49]

Os representantes das altas finanças presentes no auditório moveram-se inquietos em suas poltronas. Apesar da crise do dólar e do colapso do SME no setor alemão de finanças e economia, a intervenção estatal enunciada por Arthuis contrariava o livre jogo das forças de mercado. Era um sacrilégio. No entanto, é justamente esse o núcleo da luta pela unificação monetária: a restauração do poder do Estado perante os mercados financeiros. Na surdina, os políticos de Paris consideram a UME como o fim da "tirania do dólar".

Se esse dia chegar, os europeus terão pago um doloroso preço. Pois, para controlar o mercado, ele precisará primeiro ser acalmado. É justamente isso o que está por trás das cláusulas de Maastricht que foram ditadas, durante as negociações, pelos representantes dos bancos centrais. Como é sabido, somente poderão entrar no clube da UME aqueles países cuja dívida pública não exceder 60% do incremento anual do produto bruto (ou seja, do aumento do PIB como índice da riqueza nacional) e cujo déficit anual não passar de 3% desse mesmo PIB. Ademais, as moedas nacionais envolvidas devem ter mantido uma relação estável com o marco durante os três anos precedentes.

Os valores numéricos foram escolhidos arbitrariamente. Apenas correspondiam, por ocasião das negociações, à situação esperada para 1999 na Alemanha. Somente assim, julgavam os debatedores, os corretores de divisas poderiam ser convencidos de que, desde o início, o euro seria tão seguro quanto o marco, ficando livre de ataques especulativos.

O projeto parecia convincente em teoria, mas rapidamente foi ultrapassado pela realidade. Quatro anos após firmado o tratado, o plano tornou-se uma camisa-de-força que mais prejudica do que favorece. Primeiro, a França se viu obrigada a copiar, a partir de 1994, a política monetária alemã. Foi criado um banco central independente, cujo diretor, Jean-Claude Trichet, passou a executar severamente a política do franco forte. Durante quatro anos, tomadores de crédito e empresas francesas precisaram pagar até 3% a mais em juros do que os alemães, só para defender o câmbio de conversão de novas ondas predatórias, até que em meados de 1996 o nível dos juros de ambos os países se equiparou. Simultaneamente, todas as nações do condomínio europeu iniciaram a redução de seus déficits. Em épocas de rendimentos crescentes, isso seria bastante viável. Mas, com breves intervalos, a UE encontra-se em recessão desde 1993 e as receitas fiscais encolhem dramaticamente, sendo que em 1995 nem mesmo a Alemanha conseguiu cumprir as metas da UME.

Desde então, o rumo da política interna dos países contradiz toda a racionalidade econômica. Quando empresas e conglomerados, para reduzir custos, despedem milhões de pessoas, lançando-as no desemprego, o poder público é urgentemente requisitado como investidor e empregador. Com as medidas restritivas de Maastricht aprofundando ainda mais a crise, o projeto da UME ficou desacreditado na França. Pela primeira vez em décadas os sindicatos se mobilizaram, no segundo semestre de 1995, numa greve de meses contra os cortes nas áreas de previdência e aposentadoria. Impressionados pela torrente de protestos, até industriais como o dirigente da Peugeot, Jacques Calvet, ou o ex-presidente Valéry Giscard d'Estaing, em princípio favorável ao plano, exigiram uma alteração das cláusulas de Maastricht.

Também na Alemanha a resistência aumentou. Em concordância com a grande maioria de seu setor, Heiner Flassbeck, chefe de departamento do Instituto Alemão de

Pesquisa Econômica, alertou que o encolhimento radical das verbas públicas desestabilizaria toda a Europa, assim como o chanceler Heinrich Brüning, com seus cortes de despesas, teria levado a crise alemã de 1930, durante a República de Weimar, à real catástrofe.[50]

Por isso, em meados de 1996 tudo indicava que a União Monetária seria postergada para melhores dias, no mínimo por dois anos. Contudo, a liberdade de tomar tal decisão já nem mais é dada aos governantes da União Européia, tendo à frente o visionário das reformas, Helmut Kohl. Muitos, por motivos interesseiros, combatem há anos o plano da UME: a casta de banqueiros e financistas da Suíça, da City de Londres, de Wall Street. Michael Snow, chefe do departamento cambial em Nova York da poderosa União dos Bancos Suíços, não esconde sua contrariedade. "Isso nos tiraria o trabalho e as possibilidades de ganhos, naturalmente somos contra."

Sistematicamente, já em meados de 1995, as casas bancárias anglo-saxãs e suíças começaram a confundir os investidores. Descaradamente distribuíram material publicitário e declararam em entrevistas seu alerta diante da eventual perda de valor dos títulos em marcos alemães. Assim, impingiram a muitos clientes papéis em francos suíços, mesmo que com rendimentos próximos de zero. Danos maiores foram evitados somente pela ação de bancos alemães e franceses. Eles apoiaram o Plano Euro, certos de que com a moeda unificada desaparecerão muitas operações financeiras supérfluas, mantidas por numerosos pequenos bancos nos demais países da UE.

Nessa luta pelo poder, os adversários do euro nas mesas de negociação podem contar com aliados de peso. Em Londres, o governo e o distrito bancário da City formam uma frente única. Pelo tradicional culto de si mesmos, não querem participar, mas também não querem ser desligados.

Motivo suficiente para que ministros e funcionários britânicos torçam para o fracasso do projeto. Também pesa na atmosfera adversa o apoio que o chefe do Bundesbank, Tietmeyer, está dando aos inimigos do euro, por achar que o "santo Graal" de sua doutrina monetarista – bancos centrais independentes – possa ser ameaçado. A UME "economicamente não é imprescindível", assegurou ele ao mundo financeiro em março de 1996, por ocasião de um simpósio em Bonn.

Ante a vulnerabilidade da estrutura monetária, que constantemente corre o perigo de desviar-se para uma direção ou outra sob pressões especulativas, a política da UE fica paralisada: não avança nem regride. Qualquer mudança no Tratado de Maastricht "puniria sem piedade os mercados", avisa Hans-Jürgen Kobnik, membro do conselho diretor do Bundesbank.[51] "Parece que os grandes fundos já estão preparados na linha de partida, para poder tirar vantagem de qualquer deslocamento o quanto antes", comentou o *Frankfurter Allgemeine* em janeiro de 1996. Como isso aconteceria? "Seria muito fácil", julga Paul Hammet, perito em mercado de capitais em Londres, a serviço do Banque Parisbas: "se a moeda comum for postergada, então vale o Plano B: comprem marcos alemães".

Em suma, o que seria economicamente recomendável – o adiamento dos cortes em gastos sociais – é virado do avesso pela máquina eletrônica de fazer dinheiro. No caso, seria de esperar um câmbio de 1,35 marco por 1 dólar, avalia Hammet. Mais uma vez a Alemanha, sem dúvida a locomotiva da economia européia, seria punida com uma onda de desvalorização monetária que lhe custaria a perda de outro milhão de empregos.

Diante disso, não restou outra alternativa a Kohl e seu parceiro Chirac senão manter obstinadamente seu Plano Euro. Eles confirmaram a agenda já programada e, portanto, em princípios de 1998 será decidido quem passará a pertencer à União Monetária Européia a partir de 1999. As declarações nesse sentido se repetem quase que semanalmente em Bonn, Bruxelas e Paris, como se fossem assobios para espantar o lobo na selva escura.

Quanto mais se aproxima o prazo estabelecido, mais evidente fica que, exceto Luxemburgo, nenhum dos países da UE preencherá os requisitos de admissão. Se os planejadores do euro ainda assim quiserem fixar a partir de 1999 as taxas de câmbio na Europa, o drama do SME de 1992 se repetirá em grande estilo. Essa é a profecia de muitos banqueiros sérios e também da revista *The Economist*: "Se um número suficiente de pessoas, com dinheiro suficiente, achar que a união monetária fracassará, então elas terão razão e farão cumprir essa previsão por seus próprios atos".[52]

Tributar para administrar: a taxa Tobin

Visivelmente os governos da União Européia se arriscam a uma nova derrota no jogo de bilhar do mercado financeiro internacional – uma brincadeira irresponsável com coisas sérias. Se o projeto de unificação monetária fracassar, não só a economia européia perderá. Por tempo imprevisível a idéia de uma integração européia se tornaria inviável e o Velho Continente perderia o que suas nações mais precisam na era da globalização: capacidade de atuação conjunta.

Essa viagem a um beco sem saída é caracterizada pela assustadora ignorância – e daí a impotência – dos políticos quanto aos mercados financeiros. Mesmo sem querer voltar atrás e restabelecer um sistema mundial do tipo do acordo de Bretton Woods, a força destrutiva do exército eletrônico de corretores poderia ser dominada, desde que regida por leis sensatas.

Nesse sentido, o economista americano James Tobin, ganhador do Prêmio Nobel, já na década de 1970 desenvolveu um plano. O fluxo de capital sem controle, com suas oscilações abruptas e diferenças caóticas nos câmbios, só prejudica a economia real, argumentava Tobin. Ele recomendou "frear um pouco as engrenagens de nossos mercados monetários internacionais, excessivamente eficientes", e tributar todas as transferências de divisas com 1% de imposto.[53]

Número baixo, mas de efeito extraordinário. Para começar, os negócios com base nas diferenças de juros entre os diversos mercados e países só dariam lucros em casos esporádicos. Por exemplo, ao aplicar marcos alemães de juros baixos em títulos mais bem remunerados em dólares, o investidor de antemão precisaria descontar 2% do capital aplicado para pagar a taxa Tobin, uma vez que precisaria trocar de moeda duas vezes. Na conjuntura atual, o negócio só seria compensador se a diferença anualizada entre os juros alemães e americanos fosse de 8% – um cenário improvável.

A vantagem para a economia real é clara: de imediato os bancos centrais voltariam a monitorar o nível dos juros nos mercados nacionais, da forma como a situação econômica de seus países tornar preferível – independentemente de outros. Mesmo que a conjuntura nos EUA se torne adversa, eventualmente os europeus colhidos pela recessão poderiam emprestar seu dinheiro a juros até 8% mais baratos que o Fed.

É verdade que a denominada taxa Tobin não proporcionaria aos governos a liberdade de determinar as taxas de câmbio a seu bel-prazer. Isso também não faria sentido. Se os países crescerem em ritmos diferentes, também deverão ter a possibilidade de alterar as paridades de sua moeda. Mesmo assim, os negócios especulativos seriam drasticamente reduzidos e a política de câmbio ficaria mais colada à economia real. Os bancos centrais voltariam a assumir seu papel fundamental de estabilizar as cotações. As compras e vendas reguladoras que eles fazem, isentas de tributo, voltariam a ter peso, já que muito menos capital líquido estaria circulando no sistema.

Um imposto global sobre a troca de divisas, como o proposto por Tobin, também traria para o conjunto das nações um acréscimo de arrecadação estimado entre 150 e 720 bilhões de dólares, mesmo levando em conta a eventual redução de um terço no volume dos negócios.[54] Seria um belo alívio para os orçamentos públicos sobrecarregados. A evasão fiscal sistemática por parte da indústria financeira seria compensada pelo menos em parte. O professor de Economia Jörg Huffschmidt, de Bremen, escreveu que "essa seria uma taxa para Wall Street, e não para ruas comuns".[55]

Por tudo isso, não existe argumento sério contra a proposta de Tobin. Sua desvantagem decisiva é que os atingidos são naturalmente contra e – como nos demais tributos – aproveitam-se da rivalidade entre as nações. Hans-Helmut Kotz, economista-chefe do Instituto Central Alemão das Caixas de Poupança, acha que a taxa Tobin é correta em teoria, mas "Nova York e Londres sempre impedirão isso".[56] Isso porque, se apenas uma das grandes praças financeiras estiver isenta de tributos, os negócios cambiais se concentrarão naquela praça. E mesmo que os países do G-7 introduzissem conjuntamente a taxa Tobin, o setor monetário poderia perfeitamente transferir seus negócios para os paraísos fiscais das Ilhas Cayman e anular o efeito saneador. "Um fracasso anunciado", qualificou um economista do Deutsche Bank.[57] Mas um de seus colegas americanos levou a ameaça ao extremo: se o Estado se intrometer em nossos negócios, "instalaremos nossas sedes em navios, no meio do oceano".[58]

Até o momento, em toda a parte os governos se curvaram a essa lógica. Dois projetos de lei nesse sentido fracassaram no Congresso americano. Mesmo o Ministério da

Fazenda alemão, com seu furo de bilhões no orçamento, engole sem resistência a ameaça de evasão da parte dos especuladores cambiais. O secretário de Estado Jürgen Stark declarou que a proposta de Tobin "hoje não é mais aplicável", justificando a indolência fiscal perante os especuladores. Poderia funcionar tão-somente caso "fosse introduzida por todos os 190 Estados do mundo".[59] Para Huffchmidt, o plano de taxar os mercados cambiais deixa de ser aplicado não por impossibilidade técnica, mas por contrariar os interesses do setor bancário.

Talvez, mesmo com tal imposto, a indústria financeira selvagem não possa ser domada enquanto os Estados competirem entre si por ingressos de capitais. Ainda assim, alguns países, em particular a União Européia, não deveriam ficar impotentes. Ela poderia agir sozinha, assegurou Tobin em novo estudo datado de meados de 1995.[60] Só que a tributação precisaria avançar mais, alcançando até mesmo os empréstimos concedidos em moeda nacional aos institutos estrangeiros, inclusive às filiais de bancos nacionais no Exterior. Isso seria inevitável: quem desejasse especular em francos precisaria prover-se de francos primeiro. Mesmo que a ordem de compra vá para um banco em Nova York ou Cingapura, este teria de refinanciar-se em bancos franceses, que repassariam o acréscimo de imposto aos seus clientes.

O imposto atingiria a especulação indesejada em sua fonte: no ingresso de créditos financeiros. De fato, pela existência de uma tributação, a livre transferência de capitais seria em parte desestimulada, sem afetar grandemente o comércio e a economia real. Para investimentos estrangeiros no setor produtivo ou em intercâmbio de bens, o acréscimo seria praticamente insignificante, mas não para as transações voláteis do capital especulativo, que trabalha com margens mínimas e pode lucrar muito com diferenças de centésimos de pontos porcentuais.

Ironicamente, o Tratado de Maastricht prevê expressamente a reintrodução de controles de transferências de capital em casos de necessidade. No entanto, para banqueiros e adeptos do livre mercado, tal estratégia é tida como heresia. A grande imprensa, por meio de seus redatores econômicos, também tem apoiado os interesses do capital. Assim, o *Frankfurter Allgemeine* afirmou que a taxa Tobin levaria à "criação de um Estado controlador de abrangência mundial, bem no estilo totalitário descrito por George Orwell".[61]

De outro lado, está crescendo o número de críticos do mercado de capitais sem controle, mesmo entre as elites políticas. Até agora, quem mais avançou foi Jacques Delors, ex-presidente da Comissão Européia, o órgão executivo do condomínio de 15 países, que implementa as decisões do Conselho de Ministros da UE. Depois do colapso do SME em meados de 1993, ele exigiu no Parlamento Europeu, em Estrasburgo, "medidas para a limitação de movimentos especulativos de capitais. Por que não estabelecer algumas regras do jogo?"[62]

O violento protesto dos atingidos não se fez tardar: "Onde ficaríamos nós se o homem que introduziu o mercado interno agora pleiteia controles?", indignou-se Hilmar Kopper, do Deutsche Bank. Juntamente com outros banqueiros privados, ele acha que não se pode fazer da especulação um demônio. Bastaria uma política financeira correta.[63]

Até agora nenhum governo ousou enfrentar esses poderes. Eventuais reformadores chegaram a receber contra-ordens. Mesmo assim, os dias da anarquia financeira global parecem contados. Mais dia, menos dia, não restará outra opção do que aquela de submeter os mercados financeiros à fiscalização estatal. Até porque, com a dinâmica própria e caótica do mundo financeiro, esgotam-se as forças de seus protagonistas. Em seu espaço cibernético, com milhões de computadores ligados em rede, já se acumulam nuvens preocupantes.

Derivativos: o choque do imprevisível

Ninguém tinha previsto. Nem os corretores de investimentos nem os administradores de fundos estavam preparados. Em princípios de 1994, a economia americana não ia mal. As empresas investiam, o consumo aumentava e os americanos construíam mais casas que em qualquer outra época. Para enfrentar um possível aquecimento da conjuntura e o crescente pavor da inflação, a Comissão de Mercado do Fed, sob a presidência de Alan Greenspan, deu um cuidadoso sinal de alerta: aumentou o juro básico, baixo até então, em 0,25%.

O que foi imaginado como um leve toque no breque, para sinalizar que o banco central americano estava atento, tornou-se uma freada brusca para a economia mundial. De um dia para o outro começou uma debandada sem precedente em relação aos títulos públicos de Washington. Durante três longos meses as cotações caíram sem interrupção, os juros explodiram, não nos 0,25% como o Fed havia imaginado, mas oito vezes tanto: créditos a curto e médio prazo tornaram-se 2% mais caros. Prontamente a queda da taxa cambial e o aumento de juros repercutiram nos países europeus.

O *minicrash* (no jargão dos financistas) levou todo o continente à recessão. Os bancos centrais teriam se acostumado a dirigir o mercado monetário "como um velho Ford", comentou o perito financeiro de Nova York, Gregory Millman. Mas daquela vez o mercado reagiu como um carro de corrida e "os passageiros voaram pelo pára-brisa dianteiro".[64]

Foram especialmente atingidos todos aqueles que haviam segurado seus investimentos especulativos com *"treasuries"*, um tipo de empréstimo americano. Suas garantias depositadas já não cobriam mais as dívidas, os credores rescindiam os contratos. Como um entre milhares, o rico distrito californiano de Orange County, ao sul de Los Angeles, precisou requerer sua falência. Em seu caixa geralmente bem provido faltavam quase 3 bilhões de dólares.

Diante dos clientes atônitos, também a indústria financeira sangrava mundialmente. A perda de valor nos investimentos a longo prazo representou os maiores prejuízos anuais do pós-guerra. Cerca de 3 trilhões de dólares evaporaram de um dia para o outro.[65] O mais espantoso no caso: ninguém sabia explicar o que havia acontecido.

Na representação do Fed em Nova York, um grupo de economistas começou a investigar o paradeiro da dinheirama desaparecida. As diligências nos bancos e corretoras lhes trouxeram um dado surpreendente: a chave para o pânico no mercado de títulos públicos *(bonds)* estava na negociação de dívidas hipotecárias, lastreadas em contratos de financiamento de imóveis.[66]

Diferentemente do que ocorre na Alemanha, os titulares de hipotecas nos EUA podem quitar sua dívida imobiliária a qualquer momento, sempre que o mercado lhes oferecer juros menores que aqueles fixados em seus contratos. Contra tal risco, os fornecedores desse tipo de crédito garantem-se vendendo os respectivos títulos de dívida no mercado a termo, ou seja, por prazo determinado. Se os juros caírem e o proprietário do imóvel amortizar a dívida, as cotações em alta desses papéis compensam o lucro perdido, que as hipotecas quitadas já não proporcionam. Em anos seguidos de queda nos juros, as conversões de dívidas hipotecárias para o mercado de prazo fixo tornam-se um grande negócio.

Assim, quando o Fed sinalizou uma baixa geral de juros, o mercado estremeceu. Subitamente os administradores da enorme carteira americana de hipotecas tentaram vender em larga escala títulos públicos de cinco ou mais anos a termo. Com isso nem o Fed nem os bancos haviam contado. Até aquele momento pouco se sabia da relação entre juros de empréstimos e negócios com hipotecas. A onda de vendas, nesse segmento, rapidamente forçou as cotações para baixo. Em questão de horas, piscou nas telas dos demais participantes do mercado o temido aviso *stop loss*. Eles precisavam vender depressa para não perder ainda mais. Assim, um pequeno afluente do grande oceano de capitais, até ali quase ignorado, desencadeou uma maré avassaladora. A minicorreção do câmbio, feita pelo banco central americano, provocou um choque.

Como nunca antes, a crise dos títulos em 1994 demonstrou a vulnerabilidade do segmento financeiro a imprevisíveis reações em cadeia. Tal insegurança das modernas finanças de alta tecnologia vincula-se decisivamente ao mercado de câmbio. A liberação das transferências de capital na década de 1980 eliminou somente as fronteiras dos mercados nacionais. O mercado cambial, na década seguinte, já estava levando ao extremo essa falta de limites. "Derivativos", comemorou o chefe do Deutsche Bank, Hilmar Kopper, "tornam todos os mercados de capitais intercambiáveis. Tornam curtas as longas linhas de crédito e vice-versa. Fazem de nossos antigos sonhos uma realidade".[67]

Sonhos ou pesadelos? Atualmente, como num sistema de vasos comunicantes, tudo está interligado com tudo. Em compensação, a cada dia torna-se mais difícil avaliar exatamente quais as conexões. As experiências de ontem, amanhã ou depois já podem estar ultrapassadas. Os mercadores de dinheiro não conseguem mais calcular os valores de seus fechamentos. Para poderem negociar seus "produtos estruturados" (como dizem em jargão), os malabaristas financeiros necessitam de programas de apuração de valores e riscos, nos quais precisam confiar cegamente. A qualidade desses programas é que decide lucros e perdas da ordem de bilhões. O gerente de derivativos de um banco privado alemão informa que mantém em sua carteira alguns milhares desses complexos contratos com vencimentos futuros. Com orgulho mostra um programa de computador que a qualquer momento apresenta o valor total dos contratos, incluindo na conta os novos dados de dezenas de mercados. "Olhe", e seu dedo indicador aponta uma linha no monitor, "assim vejo se no momento estamos ganhando ou não. Cada dia em que os juros ficam parados perdemos 49.000 marcos. Um centésimo por cento de queda de juros nos proporciona 70.000."

Continua válida a premissa: tudo o que é teoricamente vendável encontra comprador no mercado. Mas há exceções. Quanto mais complexas as conexões entre os mercados, tanto mais fatores determinam o sobe-e-desce e, por conseguinte, maior é o risco de um comportamento caótico das cotações. Da mesma maneira que as hipotecas imobiliárias americanas causaram uma queda no mercado mundial de títulos, amanhã outras vinculações ainda desconhecidas poderão aparecer.

A inconstância dos mercados de derivativos, assim, já foi fatal para muitos malabaristas financeiros e causou a inúmeras empresas idôneas prejuízos de milhões. A lista das vítimas vai da Metallgesellschaft de Frankfurt, que somente foi salva da falência com subvenções bilionárias, à multinacional Procter & Gamble, do grande banco japonês Daiwa, e às companhias de seguro alemãs Gothaer, Colonia e Hannoversche Rünckversicherungs.

O maior abalo até agora foi causado pelo inglês Nick Leeson, na época com 27 anos de idade. Em fevereiro de 1995, sua especulação equivocada com opções na Bolsa de Cingapura deu ao Barings Bank de Londres um prejuízo de 1 bilhão de dólares e levou o mais antigo instituto bancário britânico à falência. De forma espetaculosa, tornou-se público o que algumas autoridades de fiscalização do sistema bancário já sabiam há anos: o desenvolvimento explosivo dos negócios com derivativos não só aumentou os riscos financeiros mas também desarticulou o esquema de garantias do setor, montado durante décadas.

Superacidente no ciberespaço

Para a fiscalização bancária, na verdade, as perdas de uma ou outra instituição financeira podem não ter conseqüências. A situação torna-se perigosa quando grandes bancos e companhias de investimento ficam insolventes, pois aí está em jogo todo o sistema. A falência de uma só instituição poderá arrastar outros e causar um efeito dominó em escala mundial. "O risco depois passa às bolsas, de lá ao mercado de câmbio e ao mundo real", preocupou-se em inícios de 1994 o presidente da Associação das Caixas Econômicas da Alemanha, Horst Köhler, alertando para a ruína global. "Esse máximo acidente previsível pode perfeitamente ocorrer."[68]

Ao referir-se a uma expressão técnica da engenharia nuclear, "máximo acidente previsível", Köhler está fazendo a comparação certa: os assim chamados riscos sistêmicos nos mercados financeiros são muito semelhantes àqueles das usinas de energia atômica. A probabilidade de chegar-se a uma emergência é remota, mas o alcance dos danos potenciais é ilimitado. Em vista disso, as autoridades fiscalizadoras do setor bancário há anos tentam impor duras exigências. Desde 1992, de Tóquio até Frankfurt, vale a regra básica: todo banco precisa estar provido de capital próprio no montante de, no mínimo, 8% de todos os créditos pendentes. Se um grande volume de crédito ficar duvidoso, esse capital precisa estar à disposição para a cobertura da eventual perda. No entanto, o mercado de derivativos leva essa necessidade de precaução ao absurdo. Muitas das contas em aberto nem aparecem nos balanços e, assim, fica a critério das instituições financeiras avaliar seus riscos. Desde que escândalos e acidentes se repetem, muitos financistas vivem acendendo a luz amarela. Estaríamos "na penúltima hora", alertou por exemplo Arthur Levitt, diretor da SEC, Securities and Exchange Commission (a Comissão de Valores Mobiliários americana), pouco antes da quebra do Barings Bank.[69] Outro executivo financeiro, Wilhelm Nölling, que até 1992, como presidente do Banco Central (estadual) de Hamburgo, também integrava o conselho diretor do Bundesbank, exigiu que a política internacional "protegesse o mundo financeiro contra si próprio".[70]

Também o banqueiro de Nova York e candidato ao cargo de vice-presidente do Fed, Felix Rohatyn, reconheceu o "potencial letal que se esconde na combinação de novos instrumentos financeiros e técnicas de comércio com tecnologia de ponta, que poderão contribuir para provocar uma destruidora reação em cadeia. Hoje, o mercado financeiro internacional é um perigo maior para a estabilidade do que as armas atômicas".[71]

O caso Barings foi considerado café-pequeno pelo vice-presidente da Superintendência da Moeda e do Crédito da Alemanha, Jöchen Sanio. A situação se tornaria problemática se um dos jogadores globais das finanças quebrasse. Firmas como Goldmann Sachs, Merrill Lynch e Citibank existem poucas, mas é nelas que a maior parte dos negócios com derivativos e mercados futuros está concentrada. Se um desses importantes entroncamentos falhar, "toda a rede repentinamente poderá ser submetida a um grande teste de resistência". Sanio propôs uma "central suprema", ligada em rede, onde obrigatoriamente os grandes negócios com derivativos fossem registrados, como já acontece em nível nacional com relação a créditos mais vultosos. Somente assim poderia ser reconhecido, em tempo hábil, em que ponto do mercado estariam se acumulando riscos excessivos. "A obrigação de agir é incontestável", afirma esse executivo.[72]

Até mesmo a ágil raposa George Soros recomenda cuidados. Em janeiro de 1995, ele declarou que o sistema financeiro não está a salvo de uma supercrise. Falou isso diante de 3.000 ouvintes do mais alto escalão administrativo e político, por ocasião do Fórum da Economia Mundial em Davos, em 1996. Em caso de emergência, o colapso poderá acontecer.[73]

É estranho, porém, que todas essas advertências tenham dado em nada ou quase nada. A idéia da "central suprema" sumiu do debate tanto quanto a demanda por leis e controles mais severos. Uma diretriz informal, adotada em dezembro de 1995 na Basiléia, por autoridades fiscalizadoras das grandes praças financeiras, deixa ao critério dos bancos calcular sua própria taxa de risco operacional. Recomendou-se que fizessem o favor de multiplicar seu resultado líquido por três e destinassem a soma assim apurada a reserva de capital.[74]

A recomendação, que pode tornar-se lei em breve, acalmou os ânimos por enquanto, mas está longe de ser uma medida eficiente de segurança. Foi o que admitiu indiretamente Edgar Meister, a quem está subordinada a fiscalização de mercado do banco central alemão, o Bundesbank. Em um simpósio realizado em janeiro de 1996, seis semanas após a recomendação da Basiléia ter sido expedida, ele apontou a dezenas de especialistas em riscos financeiros as deficiências dos cálculos praticados no setor. Muitos modelos continham "exceções simplificadas", não incluíam "extremas oscilações das cotações", projetavam de forma indevida "do passado para o futuro" e, por fim, "praticamente não levavam em consideração a falta de liquidez, como aconteceu nos casos da Metallgesellschaft e do Barings".[75]

Em outras palavras, o gerenciamento do risco no âmbito da própria entidade financeira fracassa justamente onde ele é mais necessário: nos movimentos imprevisíveis do mercado. Isso também foi confirmado por Thomas Fischer, que dirigiu a carteira de derivativos do Deutsche Bank até meados de 1995. "A situação torna-se grave quando ninguém mais tem noção do que está acontecendo", declarou o experiente negociador. "Aí todos querem vender e poucos compram – o mercado fica insolvente. Em tais situações, não há modelo de cálculo que funcione. Em três segundos as corretoras de valores estão no seu limite de perdas."[76]

O risco da ruína ainda é agravado por outro ponto vulnerável do sistema, comumente ocultado: a arquitetura da informatização dos mercados pode ser tudo, menos perfeita. Não é com os fechamentos rápidos em mesa ou no pregão da bolsa que os negócios estão feitos e concluídos. Passar contratos, ordenar pagamentos e transferir efetivamente a propriedade dos títulos, tudo isso é providenciado em seguida pelos exércitos de auxiliares nos assim chamados *back offices*, os escritórios de apoio. Ao contrário dos operadores, eles trabalham devagar – devagar demais para um setor que em poucas horas pode levar o mundo inteiro à falência.

O instrumento mais importante é a Society for Worldwide Interbank Financial Telecommunication, ou Swift. Essa organização opera a mais avançada rede de comunicações particular do mundo, à qual mais de 5.000 instituições estão ligadas. Graças a dezenas de terminais regionais e dois bancos de dados em lugares secretos perto de Amsterdam e Washington, a Swift organiza a transmissão de mais de 500 milhões de ordens anualmente, em redor do planeta. Em códigos que correspondem a padrões militares de exigência, os bancos intercambiam para si e seus clientes os acordos feitos, que valem como minutas. Logo que as mensagens da Swift estiverem duplamente confirmadas, seguem os trâmites propriamente ditos, isto é, recibos de débito e crédito nas respectivas contas.

O fluxo de dados continua através das respectivas redes nacionais de giro; na Alemanha, por exemplo, pelo sistema de normas dos bancos centrais que existem em cada unidade (Estado) da Federação. Créditos em conta corrente, feitos em marcos, nunca deixam efetivamente a República Federal da Alemanha, mas apenas são transferidos às contas de outros titulares, nos bancos devidamente habilitados. Quem quiser efetuar uma transação em marcos sempre precisa de um banco ou filial na Alemanha. Já por causa dos fusos horários isso poderá levar dois ou três dias, mesmo numa simples operação cambial.

Em casos de crise, os diretores de bancos saberão tarde demais se efetivamente poderão dispor das somas negociadas. Mais complicado ainda é o processamento no comércio internacional de títulos. É o negócio da Euroclear, uma organização ímpar com sede em Bruxelas. Sem letreiro, atrás de uma fachada anônima de granito e vidro, esconde-se um dos pontos mais nevrálgicos do sistema financeiro mundial. Somente dez dos 950 colaboradores podem entrar na central de processamento altamente protegida, que pode dispor de geradores próprios e tanques de água para refrigeração, se necessário. Em outro local, mantido em segredo, outro sistema de reserva é operado paralelamente, podendo assumir imediatamente todas as funções do banco de dados principal, se este vier a falhar. Diariamente uma rede particular de telecomunicações instalada pela General Electric transmite ordens para 43.000 transações ao computador, que as recebe de dia para processá-las durante a noite.

O curioso nisso tudo é que nunca uma só ação ou certificado de dívida chega a Bruxelas. A Euroclear criou um sistema dos sistemas, que intervém entre as organizações nacionais de processamento. Na Alemanha, por exemplo, a maioria dos papéis fica guardada na Associação de Caixas Econômicas, sediada em Düsseldorf. Em um só negócio, podem entrar dez endereços diferentes, além dos parceiros propriamente ditos: corretoras, centrais nacionais de depósito e bancos em cujas contas devem ser lançados os respectivos pagamentos. Assim, o processo todo leva três dias, apesar da constante otimização e integração dos equipamentos eletrônicos.[77]

Essa demora poderá ser fatal para todo o mundo financeiro em caso de emergência, pois, enquanto os parceiros continuam suas negociações à base dos rendimentos esperados, em outra parte o fluxo de dados já pode ter chegado à paralisação. Gerald Corrigan, estrategista para investimentos internacionais na Goldman Sachs e ex-diretor do Fed em Nova York, declara: "Se ocorrer o temido bloqueio, os participantes do mercado chegarão à conclusão de que o mais seguro será não fazer nada, reter pagamentos, cobrar as garantias depositadas pelos parceiros de negócio e não mais liberar títulos já vendidos". Acontece que os créditos que poderiam ser bloqueados dessa forma são demasiadamente grandes num curto período de tempo. O volume de trocas e os riscos decorrentes, segundo Corrigan, "crescem muito mais depressa do que a capacidade dos bancos de arcar com os mesmos".[78]

Nessa perspectiva, um superacidente no ciberespaço das finanças mundiais é muito mais provável do que acreditam seus protagonistas e usuários. Embora os gerenciadores de riscos tenham tratado de adotar mecanismos de segurança, grande parte dos negócios é realizada somente entre parceiros de credibilidade já comprovada. Centrais de compensação como a Euroclear mantêm reservas técnicas para atender a uma eventual falta de liquidez. Contudo, nem com tecnologia nem por controle direto pode-se evitar o que todos mais receiam: falha humana. Individualmente, isso é de pouca importância nas mesas das corretoras financeiras e no pregão das bolsas. As perdas de uns são os ganhos de outros. Na caça global ao lucro, porém, um erro é contagioso. Quando negociadores de renome no setor, a serviço de grandes bancos e fundos de investimento, assumem riscos consideráveis, rapidamente se manifesta o gregarismo. Não só em um, mas em milhares a ganância vence a razão, e os estrategistas, normalmente tão frios em seus cálculos, vêem cair por terra todas as normas de segurança.

Era justamente isso o que estava por trás da "primeira grande crise deste novo mundo de mercados globalizados", com a qual o diretor do FMI, Camdessus, e o governo dos EUA lutaram em janeiro de 1995. Quando o governo mexicano primeiro desvalorizou o peso e depois ficou insolvente, muitos administradores americanos de capitais alegaram que teriam sido ludibriados a respeito da extensão do déficit mexicano em dólares. O México teria mantido, por tempo demasiado, sigilo sobre os dados verdadeiros. Somente por essas circunstâncias é que teriam injetado seus bilhões no promissor país em desenvolvimento.

Na melhor das hipóteses, tais afirmações comprovam uma ilusão coletiva ou simplesmente uma mentira. A Moody's e outras agências de *rating* dispunham de todos os dados e já por todo o ano de 1994 haviam classificado os títulos públicos mexicanos como sendo de alto risco. Mas, nesse caso, hábeis executivos financeiros não quiseram acreditar na vigilância interna de seu próprio ramo de negócios. "Caímos na volúpia dos grandes ganhos", confessou um dos financistas envolvidos. Já para os "tesobonos" – títulos públicos denominados em dólares, livres da ameaça de desvalorização

– o Ministério da Fazenda mexicano ofereceu, muito antes de estourar a crise, taxas de juros de dois dígitos e assim captou 14 bilhões de dólares de investidores americanos.

De repente desapareceu a ira contra a fúria regulamentadora do Estado e déficits orçamentários que levam à inflação, normalmente usada como válvula de escape. Em vez disso, os porta-vozes de todos os mercados relatavam aos membros do Congresso americano e em seus contatos com o diretor do FMI as terríveis conseqüências de um efeito dominó de alcance mundial e exigiram aquele apoio de bilhões que Camdessus e o secretário do Tesouro Rubin acabaram arrebanhando em memorável ação de socorro, altas horas da noite.

A crise do peso mexicano revelou não só as fraquezas dos Estados diante da especulação descontrolada mas também a impotência dos próprios instigadores do mercado diante de suas fraquezas. A mentalidade anarquista, antiestatizante, dos altos dirigentes financeiros sofre uma guinada de 180 graus quando se trata de reparar os desastres por eles causados.

Os mercados querem governar, mas somente como ditadura com responsabilidade limitada. Para crises, continua a competência da comunidade internacional dos Estados. Mas a quantos Méxicos essa comunidade ainda poderá sobreviver?

Já foi montado outro cenário de quebra. Para sanear seus balanços, o Bank of Japan desde princípios de 1995 inunda o mundo com ienes baratos, quase sem juros, e proporciona aos investidores astutos uma bonança extraordinária. Fundos e bancos do mundo inteiro tomaram empréstimos em ienes, converteram em dólares e cobraram margens de juros de até 6%. Assim, de fontes japonesas, jorraram 300 bilhões de dólares para compras de títulos públicos americanos.

Aos gordos lucros seguiu-se o temor de um desastre final. E como essa ciranda financeira poderia ser desmontada? O que aconteceria se a conjuntura japonesa se aquecesse e o Banco Central aumentasse novamente os juros? Até agosto de 1996, os números da safra agrícola continuaram bons, as taxas japonesas mantiveram-se baixas. Mas, em todo o mundo, analistas e diretores de bancos centrais preocupam-se quanto à eventualidade de um novo terremoto nos mercados de títulos, tal como ocorreu em princípios de 1994, desta feita com o epicentro em Tóquio e não em Washington.[79]

Também a situação nas bolsas brasileiras causa inquietação nos mercados. O economista americano Rudiger Dornbusch alertou em junho de 1996: o Brasil estaria sob a mesma sina do México. O governo mantém para o Real um câmbio defasado em relação ao dólar e adota juros excessivos para atrair capital especulativo para seu mercado. "O Brasil está na contramão, esperando que nunca apareça tráfego em sentido contrário", ironizou Dornbusch.[80]

Assim, ano a ano, aumenta a probabilidade de que a máquina financeira enlouquecida provoque ondas de choque no mundo inteiro. As crises não poderão ser dominadas apenas pela fé no poder regulador do mercado. Acresce que, no caso, a interferência dos governos também está ficando impraticável, pois a Internacional das altas finanças vive minando a capacidade de atuação e controle dos Estados nacionais – seu próprio terreno de salvação em caso de emergência.

Isso não ocorre só com o setor financeiro. O mesmo galho está sendo serrado por um novo grupo de predadores mundiais nesta era da globalização: os dirigentes de grupos empresariais transnacionais, de todos os segmentos. A partir do momento de transição, em 1989, esses altos executivos iniciaram sua marcha triunfal, que está mudando o mundo com maior rapidez e de forma mais radical do que qualquer império ou movimento político em outras épocas.

Mas também essa vitória tem gosto amargo e a sensação de triunfo não permanecerá por muito tempo.

4

A LEI DA SELVA

A onda de desemprego e as novas multinacionais

> *"Basta abolir as taxas alfandegárias e apoiar o livre comércio, que também nossos trabalhadores, em todos os setores da economia, serão degradados a servos e miseráveis."*
> ABRAHAM LINCOLN, 16º presidente dos Estados Unidos da América (1860 a 1865)

Estamos em Dearborn, Estado de Michigan, EUA. À luz incômoda de suas telas de computador, trabalham os mais competentes engenheiros do grupo Ford, segundo maior fabricante de automóveis do mundo. Bem à vontade, eles demonstram a simbiose entre o ser humano e a máquina. Um projetista de carrocerias passa a caneta eletrônica sobre a prancha de desenho magnetizada, em sua mesa. Uma pressão aqui, uma linha ali, e o esboço do novo modelo Ford ganha forma na tela, para talvez em breve causar sensação entre os visitantes do Salão do Automóvel.

Um som metálico vem do pequeno alto-falante ao lado do monitor: "Estou gostando disso", comenta a voz anônima, "mas que tal fazermos assim?" Como que por mãos de fantasma, o carro tem seu esboço modificado: um pouco mais arredondado em cima, mais aerodinâmico nas laterais.

O fantasma que desenha junto está em Colônia, Alemanha, na sede européia da Ford. Simultaneamente ou em turnos sucessivos, os profissionais de lá trabalham com seus colegas de Dearborn nos mesmos projetos. Juntam concepções européias, americanas, asiáticas. Computadores da Silicon Graphics facilitam a tarefa e cinco laboratórios de desenvolvimento de produto, distribuídos pelos continentes, compõem uma espécie de estúdio global para projetar automóveis. Cada simulação de resistência a colisões (o *virtual crash*), cada cálculo aerodinâmico para qualquer modelo, irá passar por uma série de testes conjuntos.

O design por rede de vídeo e computador, através de todos os oceanos e fusos horários, é parte da reorganização mais radical até agora efetuada pelo grupo Ford. Desde princípios de 1995, as subsidiárias regionais deixaram de desenvolver seus próprios modelos. Nada de construir em um lugar, revisar em outro e ajustar num terceiro. Em vez disso, o presidente da Ford, Alex Trottman, ordenou a fusão de todas as filiais em duas grandes unidades, que atenderão o mercado na Europa e nos EUA, bem como na Ásia e na América Latina. O que até há pouco parecia lerdo e complicado – a aplicação da mais moderna tecnologia informatizada – agora abre as portas à estrutura globalmente integrada das empresas.

Desenvolvimento de produtos, compras, comercialização – a Ford otimiza tudo on line em padrões mundiais e evita qualquer trabalho em duplicata. O resultado são os "carros mundiais", com os quais a Ford se ajusta à máxima eficiência possível. A reestruturação economiza despesas da ordem de bilhões e, provavelmente, tira empregos de várias centenas de gerentes, engenheiros e vendedores altamente qualificados e bem remunerados.

Para o lançamento do modelo Mondeo, os construtores da Ford necessitaram apenas dois meses e vinte teleconferências até concluir o projeto definitivamente. Já para o modelo Taurus, bastaram quinze dias de trabalho e três reuniões de controle para a diretoria dar luz verde ao início de produção – um salto de mais de 100% em eficiência.[1]

A "Revolução Ford" *(The Economist)* não ocorre por pressão de uma crise financeira. Em 1994, o grupo teve lucro de mais de 6 bilhões de dólares. Trottman e seus colegas de diretoria apenas viabilizaram aquilo que a mais moderna tecnologia global lhes permite. Todos os grandes industriais os seguirão, e não só na fabricação de automóveis.

Setor por setor, profissão por profissão, o mundo do trabalho passa por um terremoto que não poupa quase ninguém. Em vão os políticos e economistas procuram vagas de substituição para os "empregos de macacão", que estão desaparecendo nos estaleiros da Vulkan, nas produções de aviões da Dasa ou nas linhas de montagem da Volkswagen. O temor de perder o emprego igualmente avança pelos escritórios comerciais e outros, abrangendo setores outrora seguros da economia. Cargos tidos como vitalícios passam a temporários. Quem ainda ontem tinha uma profissão de futuro poderá sentir subitamente que seus conhecimentos ficaram para trás, suas aptidões perderam o valor.

É assim que quase um milhão de funcionários de bancos e seguradoras enfrentam tempos difíceis. Desde que as instituições financeiras passaram a atuar em escala mundial, a competição sem limites reserva aos bancários um destino tão duro como aquele enfrentado pelos trabalhadores do setor têxtil.

Tudo começou com os caixas automáticos e as máquinas impressoras de saldos e extratos. Agora, bancos americanos e japoneses, bem como seguradoras e fundos de investimento, estão forçando sua entrada no mercado europeu, especialmente o alemão, com vistas aos poupadores e tomadores de crédito. A American Express, por exemplo, oferece desde 1995 contas correntes remuneradas com juros maiores que os da caderneta de poupança. Vinte e quatro horas por dia o cliente pode dar ordens de todo tipo por telefone ou microcomputador, fazer saques, transferir aplicações e até solicitar que dinheiro vivo lhe seja entregue em casa. Também a

Fidelity Investments, a maior companhia mundial de investimentos, sediada em Boston, vende seus títulos por telefone, de sua filial em Luxemburgo para toda a União Européia. Tal estratégia de mercado causa uma tremenda reviravolta nas estruturas tradicionais dos negócios bancários. Densas redes de filiais, que facilitavam o acesso dos clientes, já se tornaram um luxo dispendioso e uma desvantagem na competição. Com subsidiárias independentes, do tipo "banco direto", muitas instituições bancárias estão mudando para o atendimento telefônico ou informatizado. A nova estrutura nem acabou de ser introduzida, e já está havendo uma radical diluição das filiais.

O bancário alemão, com diploma de Abitur [mais que o 2º grau no Brasil], além de treinamento profissional dispendioso, será necessário em número cada vez menor. Do perfil tradicional do funcionário cortês e bem remunerado da agência próxima de casa, pouco restará. Por exemplo, no VB-Dialog, que é um serviço de banco direto do Bayerischen Vereinsbank, já não vigora o acordo coletivo de trabalho com o sindicato. Em vez dos 23 a 30 marcos alemães de praxe, seus colaboradores recebem 16 marcos por hora, pouco mais do que se paga em serviços de limpeza. Esse importante banco de Munique reduziu não só o abono de férias como também o décimo terceiro salário, economizou com empregados novos, e todos precisam estar à disposição 24 horas por dia, mesmo nos fins de semana.

Não escapam do impasse os peritos altamente qualificados, que atendem clientes e empresas bem situados, nem os malabaristas do mercado financeiro mundial eletronicamente organizado. Algumas das maiores instituições financeiras da Alemanha associaram-se a bancos de investimentos em Londres, concentrando seus negócios em aplicadores de destaque. Na Kleinwort Benson (Dresdner) ou Morgan Grenfell (Deutsche), os candidatos alemães a empregos têm poucas chances, mesmo se provenientes da matriz. Seus empregadores dão preferência a funcionários anglo-saxões.

Os executivos financeiros americanos em Washington e Nova York zombam do sistema bancário europeu, que em sua opinião é obsoleto e ineficiente. "A administração do dinheiro graúdo na Suíça", declarou um alto funcionário de Wall Street, "cresceu em outro mundo. Todo esse pessoal vai perder terreno quando os nossos investidores receberem 30% de rendimentos anuais e os bancos suíços oferecerem de 2 a 3%."

Diversos financistas americanos estão convencidos de que dentro em breve atrairão aos seus fundos de investimentos quantias bilionárias de poupadores alemães, suíços e austríacos, até agora muito cautelosos. "Primeiro vamos abrir uma filial no centro de Zurique, que se destaque pela extravagância. Os clientes suíços torcerão o nariz e desconfiarão de nós. Mas se um vizinho mais ousado, que aplicou seu dinheiro conosco, depois de poucos anos aparecer de Porsche, comprado com os rendimentos obtidos por nosso intermédio, isso mudará imediatamente", esclareceu um estrategista bem informado.

As conseqüências serão duras. "Os bancos são a indústria siderúrgica da década de 1990", vaticinou Ulrich Cartellieri, membro da diretoria do Deutsche Bank.[2] Não é exagero. Em um estudo da firma de consultoria Coopers & Lybrand, sobre os planos dos 50 maiores bancos no mundo, prevê-se que metade do pessoal contratado perderá seu emprego, num prazo de dez anos. Aplicado ao setor financeiro alemão, isso representa a perda de meio milhão de empregos bem remunerados.[3]

Três indianos por um suíço

O que está começando nos bancos e seguradoras já alcançou em cheio um setor reputado como de futuro: a indústria de software. Enquanto nas universidades alemãs, em fins de 1996, ainda 30.000 jovens estudavam informática, já é previsível que grande parte desse contingente de especialistas em computação terá poucas chances de um emprego seguro. Em poucos setores a defasagem de conhecimentos é tão rápida, como sabem muito bem os talentosos programadores do Vale do Silício, na Califórnia.

Nestes últimos anos, empresas como Hewlett-Packard, Motorola e IBM passaram a empregar especialistas da Índia, a ordenados baixos. Houve época em que fretavam aviões para lhes trazer a mão-de-obra barata. Era o *brain shopping*, compra de cérebros, como chamavam seu plano para economizar. Os peritos locais em sofware inicialmente se opuseram à concorrência barata e o governo os apoiava, negando ou dificultando os vistos de permanência.

Mas uma saída foi encontrada. Muitas firmas americanas simplesmente deslocaram partes importantes de seus projetos de informática diretamente para a Índia. O governo de Nova Délhi lhes ofereceu quase gratuitamente a infra-estrutura necessária: desde distritos industriais urbanizados e amplos laboratórios com ar-condicionado até conexão por satélite, em dez regiões diferentes. Em poucos anos, a Cidade Eletrônica que se desenvolveu na metrópole Bangalore, situada no centro do altiplano indiano, adquiriu fama mundial. Agora, a Siemens, Compaq, Texas Instruments, Toshiba, Microsoft e Lotus mantêm filiais ou terceirizam trabalhos de desenvolvimento de produtos, encomendando-os às subempresas indianas locais.

A indústria de software na Índia atualmente já está empregando 120.000 graduados pelas universidades de Madras, Nova Délhi e Bombaim. Eles proporcionaram às suas empresas, no ano de 1995, mais de 1,2 bilhão de dólares em faturamento, cerca de dois terços da exportação total do setor de serviços.[4] No entanto, como a multiplicação do trânsito de automóveis em Bangalore tornou insuportável a poluição do ar, e também porque a drástica miséria das massas podia "ferir a sensibilidade" mundial, a cidade já está regredindo. Os mágicos do software estão se mudando para Pune.

Dez anos depois do início do simples envio de pessoal indiano para a Califórnia, nada mais é como dantes nos locais de origem do setor, seja nos EUA, na Europa Ocidental ou no Japão. Na Alemanha, somente os três gigantes da computação IBM, Digital Equipment e Siemens-Nixdorf cortaram, desde 1991, mais de 10.000 empregos, não exclusivamente por terem montado filiais em Bangalore.

Empresas que precisam processar grande volume de dados aproveitam-se das ofertas do outro lado do planeta. Swissair, British Airways e Lufthansa confiaram uma fatia de sua contabilidade às subempresas indianas. O Deutsche Bank encarregou sua sucursal em Bangalore da manutenção e ampliação dos sistemas de processamento de dados das filiais no Exterior. Também foram indianos que desenvolveram o plano logístico para as docas de contêineres em Bremerhaven, bem como os programas de controle para a Intercope de Hamburgo, que projeta redes de telecomunicação para empresas.

O motivo da expansão para a Índia é sempre o mesmo: os colaboradores de lá têm formação acadêmica em universidades de língua inglesa, possuem ótima qualificação e, mesmo assim, custam uma fração de seus colegas no Norte. Hannes Krummer, porta-voz da Swissair, resumiu a fórmula empírica dos navegantes eletrônicos indianos: "Pelo preço de um suíço podemos empregar três indianos". O simples fato de mudar o local de faturamento economizou 120 empregos e custos de 8 milhões de francos por ano.[5]

É apenas o começo. Desde 1990, outro milhão de profissionais da informática força sua entrada no mercado – da Rússia e da Europa Oriental. Uma firma em Minsk, em Belarus, já está executando serviços de manutenção para a IBM/Alemanha, via satélite, com intensivo emprego de mão-de-obra. A Software AG alemã manda executar as programações em Riga e a sucursal da Daimler-Benz, a firma Debis, aloca trabalhos de programação em São Petersburgo. "Lá as condições ainda são mais vantajosas do que na Índia," disse o chefe da Debis, Karl-Heinz Achinger.

Parece bom para as empresas? Pois poderá ficar melhor ainda. Um conhecedor do ramo como Karl Schmitz, de uma firma alemã de consultoria técnica e desenvolvimento de sistemas, acredita que os serviços baratos no setor de processamento de dados são um "suspiro passageiro". Módulos prontos de software e novas linguagens de programação em breve tornarão desnecessário quase todo o trabalho. No futuro, um programador poderá executar o que hoje estão fazendo cem. É amarga a previsão para profissionais que até agora se incluíam entre a elite do mercado de trabalho.[6] Se Schmitz tiver razão, restarão apenas 2.000 – por extenso, dois mil! – empregos na indústria alemã de software, dos atuais 200.000 empregos existentes.

Pelo menos os peritos em computação ainda têm a esperança de um crescimento da demanda em seu setor. Na evolução da telefonia, por exemplo, as vias expressas de dados (infovías) fomentarão a prestação de serviços de multimídia. Ainda muito trabalho será necessário para redigir os programas de uso. Em 1995 as empresas alemãs de software até aumentaram seus quadros de pessoal. Simultaneamente, porém, com a próxima conjuntura on line, inúmeros prestadores de serviços desaparecerão no ciberespaço. Arquivistas e bibliotecários, pessoal treinado de agências de viagens, vendedores de varejo, colaboradores de jornais regionais e agenciadores de anúncios, todos esses se tornarão desnecessários, na medida em que a maioria das residências dispuser de computador e telefone acoplado.

O sacrifício de milhões em prol do mercado global

Remanejamentos, simplificações, cortes e demissões – a economia de alta produção e alta tecnologia consome trabalho da sociedade do bem-estar social e dispensa seus consumidores. Anuncia-se um terremoto econômico e social de proporções até agora não conhecidas.

Pouco importa se é na produção de automóveis ou computadores, na química ou eletrônica, nas telecomunicações ou serviços postais, nos bancos ou comércio varejista. Onde quer que os bens ou serviços possam ser negociados livremente, por cima das fronteiras nacionais, a mão-de-obra está sendo sugada por um turbilhão vertiginoso, feito de desvalorização e racionalização.

Na indústria alemã, somente em três anos, de 1991 até 1994, foram perdidos mais de 1 milhão de empregos.[7] E, comparativamente aos padrões internacionais, a Alemanha ainda está bem colocada. Nos outros países da Organização para Cooperação e Desenvolvimento Econômico (OCDE), entidade que congrega as 23 nações mais ricas e industrializadas, além de cinco vizinhos mais pobres, o segmento de empregos qualificados e bem pagos encolheu ainda mais rapidamente.[8] Em dados de 1996, são mais de 40 milhões de pessoas nos países da OCDE à procura de trabalho.

Mesmo a profissão incumbida de relatar a decadência, e para a qual notícias boas são as más notícias *("bad news are good news")*, está sentindo a mudança dos tempos: jornalistas e documentaristas, pesquisadores e editores já sofrem as dores do "entretetanimento". Um número cada vez menor de pessoas está produzindo cada vez mais depressa e em maior quantidade e a nova geração da mídia é explorada. Emprego fixo, com carteira assinada e uma verba apreciável para despesas – como era praxe na grande imprensa e nas televisões estatais –, nem sonhar. Os melhores postos ficam com os colaboradores mais antigos na casa e uns poucos astros da notícia ou da entrevista.

Na Alemanha de hoje, principiantes no jornalismo precisam contentar-se com contratos coletivos de trabalho e remuneração modesta, por desempenho. Até mesmo editoras de livros e idôneas produtoras de vídeos e filmes procuram serviço barato. Editoras de bom movimento hesitam nas novas contratações, na dúvida sobre o que ainda poderá ocorrer no setor, já tão prejudicado com as altas do preço do papel e a diminuição de interesse pela leitura de texto impresso.

Monumentais quedas também são iminentes em setores que até há pouco prometiam empregos vitalícios, independentemente das altas e baixas da conjuntura mundial. Vislumbram-se reduções de pessoal não só nos bancos e seguradoras, já em curso, mas igualmente nas companhias aéreas, no setor de telecomunicações e no funcionalismo público. As demissões em massa estão transformando a Alemanha e toda a União Européia em caça gorda para os famintos lobos da concorrência global.

Ainda não é possível enxergar o fim do processo. Ao contrário, analisando os levantamentos efetuados pelo Banco Mundial, pela OCDE e pelo McKinsey Global Institute, o grupo de pesquisa empresarial que é líder no mercado mundial de consultoria, chegamos à conclusão de que nos próximos anos mais 15 milhões de operários e empregados poderão perder seus empregos de tempo integral. É o dobro do número daqueles que em meados de 1996 já estavam computados como desempregados.

Em território alemão, mais de quatro milhões de empregos encontram-se sob sério risco. A taxa de 9,7% de desemprego em 1996 poderá mais do que duplicar, chegando a 21%. Na Áustria, poderá subir dos atuais 7,3% para 18%. Eventualmente não se chegará a tanto, pois muitos dos empregos perdidos serão substituídos por atividades autônomas, ou trabalho em meio período, ou serviços temporários por empreitada e outros, bem menos remunerados. Conclusão: a sociedade 20 por 80 está cada vez mais perto. Todos sentem as conseqüências da mudança, ainda que seu próprio emprego pareça seguro. A incerteza e as apreensões quanto ao futuro se alastram, o tecido social se rompe. E, no entanto, a maioria dos responsáveis rejeita a responsabilidade. Governos e diretorias de multinacionais fingem-se perplexos e consideram-se inocentes. A onda de desemprego seria conseqüência da inevitável "mudança de estrutura", declaram eles aos seus eleitores ou empregados demitidos. Com constantes aumentos de custos, a produção em massa na Europa Ocidental não teria mais futuro, afirma por exemplo Martin Bangemann, conselheiro econômico da União Européia. "Se já não podemos acompanhar os baixos custos de concorrentes como China e Vietnã, menos ainda poderemos oferecer empregos vantajosos."[9] Para o *Wall Street Journal*, "no mercado global, nenhum emprego permanecerá seguro".[10]

Os aproveitadores da economia sem fronteiras gostam de comparar a crise com fenômenos típicos da natureza. "A concorrência na aldeia global é como uma ressaca, ninguém poderá escapar", prenunciou em 1993 o gestor da Daimler-Benz na época, Edzard Reuter.[11] Três anos e 1 milhão de empregos perdidos depois, Heinrich von Pierer, chefe do grupo Siemens, repete o mote usando imagens semelhantes: "O vento da concorrência tornou-se tempestade e o verdadeiro furacão ainda está por vir".[12]

Ora, a integração econômica através de todas as fronteiras de forma alguma obedece a uma lei natural ou a um desenvolvimento linear, sem saída nem alternativa. Ao contrário, é o resultado de uma política governamental, conscientemente praticada por décadas e na qual perseveram os países industrializados ocidentais.

O GRANDE CORTE

Setores e números da redução possível de empregos na Europa

Bancos

Mão-de-obra excedente, no país e no Exterior, em grupos financeiros alemães e austríacos; comparado à produtividade do Citicorp americano, no exercício de 1995 (resultado operacional por empregado = US$ 68.769,00).

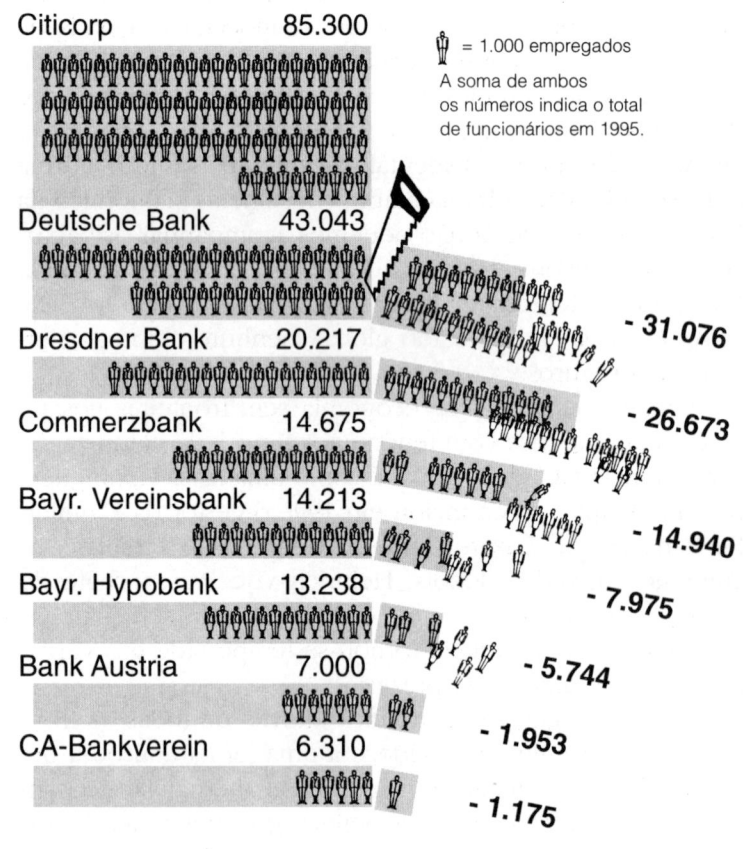

Banco	Funcionários	Corte
Citicorp	85.300	
Deutsche Bank	43.043	- 31.076
Dresdner Bank	20.217	- 26.673
Commerzbank	14.675	- 14.940
Bayr. Vereinsbank	14.213	- 7.975
Bayr. Hypobank	13.238	- 5.744
Bank Austria	7.000	- 1.953
CA-Bankverein	6.310	- 1.175

= 1.000 empregados

A soma de ambos os números indica o total de funcionários em 1995.

Roteiro de leitura: Se o Deutsche Bank trabalhar com a mesma eficiência do Citicorp, serão necessários 31.076 menos empregados do que no ano de 1995, na maior iinstituição financeira alemã, com manutenção dos mesmos lucros.

Telecomunicações

Empregados excedentes nas empresas de telecomunicações européias; comparado à produtividade da companhia americana Pacific Telesis no ano de 1994 (ligação de 296 linhas telefônicas por empregado).

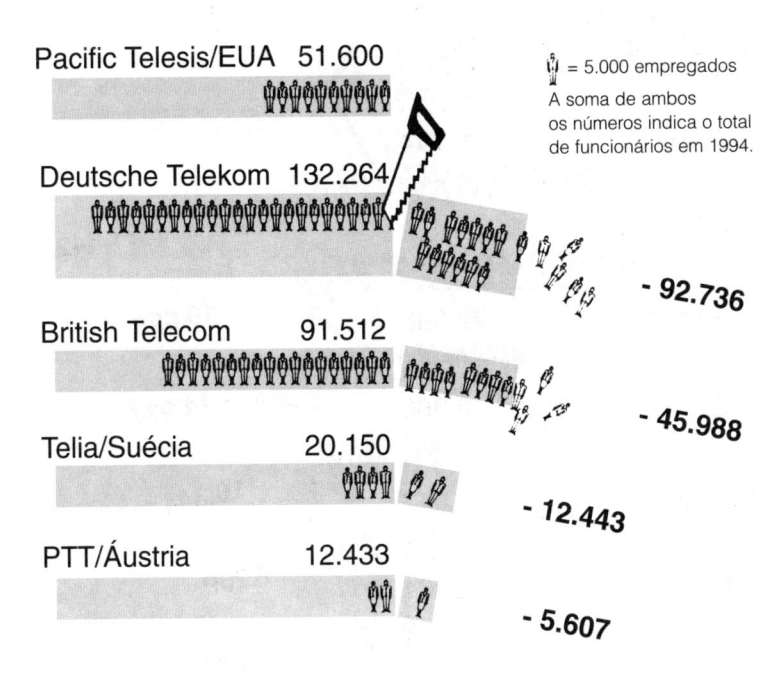

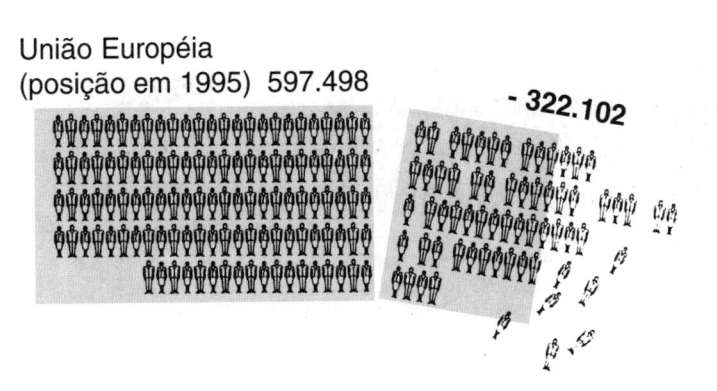

Pacific Telesis/EUA   51.600

= 5.000 empregados
A soma de ambos os números indica o total de funcionários em 1994.

Deutsche Telekom   132.264

- 92.736

British Telecom   91.512

- 45.988

Telia/Suécia   20.150

- 12.443

PTT/Áustria   12.433

- 5.607

União Européia
(posição em 1995)   597.498

- 322.102

Companhias aéreas

Empregados excedentes nas companhias de aviação européias; comparado à produtividade na empresa aérea americana United Airlines no ano de 1995 (2,2 milhões de passageiros/quilômetro por empregado)

United Airlines	81.160	
Lufthansa	35.744	- 21.842
British Airways	42.432	- 10.628
Air France	22.386	- 14.937
SAS	8.366	- 10.344
Swissair	9.017	- 7.209
Austrian Airlines	2.221	- 1.641

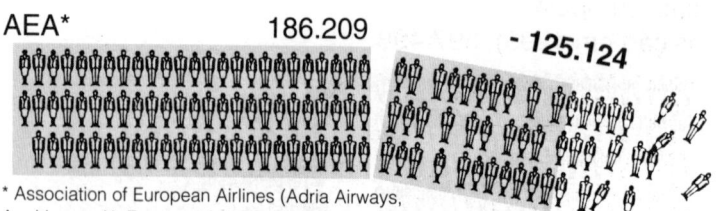

♟ = 2.500 empregados

A soma de ambos os números indica o total de funcionários em 1995

AEA*   186.209   - 125.124

* Association of European Airlines (Adria Airways, Aer Lingus, Air France, Air Malta, Alitalia, Austrian Airlines, Balkan, British Airways, British Midland, CSA, Cyprus Airways, Finnair, Iberia, Icelandair, JAT, KLM, Lufthansa, Luxair, Malev, Olympic Airways, Sabena, SAS, Swissair, TAP Air Portugal, Turkish Airlines)

Companhias de seguros

Empregados excedentes no setor europeu de seguros; comparado à produtividade dos negócios de seguradoras francesas no ano de 1994 (rendimentos de prêmios por empregado = US$ 902.504,00).

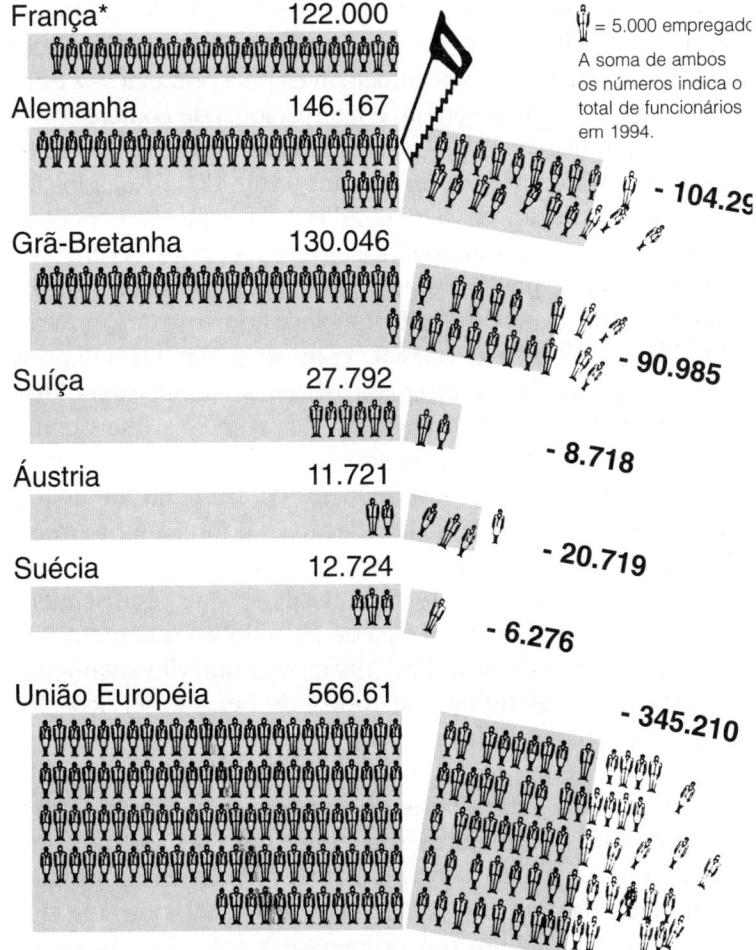

França* 122.000

Alemanha 146.167

= 5.000 empregado
A soma de ambos os números indica o total de funcionários em 1994.

- 104.29

Grã-Bretanha 130.046

Suíça 27.792

- 90.985

Áustria 11.721

- 8.718

Suécia 12.724

- 20.719

- 6.276

União Européia 566.61

- 345.210

* Na França o sistema bancário e segurador em muitos casos já está reunido em empresas chamadas de financiamento geral, que necessitam de muito menos mão-de-obra para a comercialização dos contratos de seguro e a administração de investimentos com base nos prêmios pagos. Em outros países europeus aguarda-se integração semelhante.

De Keynes a Hayek: a luta pela liberdade do capital

A trajetória que levou ao curto-circuito global da economia começou quando a Europa teve de superar as conseqüências da Segunda Guerra Mundial. Em 1948, os EUA e a Europa Ocidental celebraram o Acordo Geral de Tarifas e Comércio (Gatt), pelo qual os países participantes pela primeira vez estabeleceram um regime comum e internacional de comércio. Até agora já foram realizadas oito rodadas de negociações, algumas das quais com duração de anos, e um dos resultados foi a contínua redução das tarifas aduaneiras, que hoje praticamente perderam sua importância, entre os países desenvolvidos. Aliás, desde princípios de 1994, quando foi criada a sucessora do Gatt, a World Trade Organization, ou Organização Mundial do Comércio (OMC), com sede em Genebra, os governos já não mais regateiam barreiras alfandegárias, mas discutem a redução de outras barreiras comerciais, tais como os monopólios estatais ou as normas técnicas.

São relevantes as conseqüências da crescente liberdade de comércio. Desde há quatro décadas, o intercâmbio mundial de bens e de serviços cresce com maior rapidez do que a produção. A partir de 1985, constata-se que o crescimento do volume de comércio excede pelo dobro o aumento da capacidade econômica. Em 1995, segundo levantamento estatístico, já um quinto de todos os bens e serviços foi negociado cruzando fronteiras.[13]

Durante muito tempo os cidadãos dos países industrializados podiam estar certos de que esse intercâmbio crescente também aumentava seu bem-estar. No entanto, em fins da década de 1970 ocorreu uma reviravolta na política econômica da Europa Ocidental e dos EUA, que atirou a economia mundial em nova dimensão.

Até então, a maioria dos países industrializados havia seguido os princípios estabelecidos pelo economista inglês

John Maynard Keynes, como resposta à catástrofe econômica do período do entreguerras. Keynes alçara o Estado a investidor financeiro central das economias nacionais, que intervém com correções através dos orçamentos governamentais, sempre que o processo de mercado leva a subemprego ou deflação. Com maiores investimentos, os próprios governos produzem aumento de demanda, evitando assim as crises de crescimento. Depois, numa conjuntura aquecida, precisam compensar o endividamento público com aumentos de receitas tributárias, para prevenir excesso de consumo e inflação. Muitos Estados subsidiavam novas indústrias, das quais se esperavam rápido crescimento e demanda de mão-de-obra.

Foi com as duas crises do petróleo, em 1973 e 1979, que esse esquema começou a balançar. Em muitos casos os governos já não mais conseguiam controlar o déficit público e a inflação. As taxas de câmbio estáveis para as moedas fortes já não mais podiam ser mantidas.

Assim, os conservadores, após suas vitórias eleitorais de 1979 na Grã-Bretanha e de 1980 nos EUA, levantaram dogmas de política econômica totalmente diferentes, como lema de sua política: o chamado neoliberalismo, dentro da concepção de economistas como o conselheiro de Reagan, Milton Friedman, e do mentor do governo Thatcher, Friedrich August von Hayek. A variante de política monetária dessa doutrina também foi designada como monetarismo.

A grande mudança era que o Estado devia limitar-se ao papel de preservador da ordem política e econômica. Quanto mais livres as empresas privadas em seus investimentos e atividades, tanto maior o crescimento e a prosperidade para todos, prometiam aqueles teóricos.

Desses preceitos, os governos ocidentais, de maioria liberal, desenvolveram na década de 1980 uma forma de luta pela liberdade do capital. Em larga margem aboliram controles e possibilidades de intervenção do Estado. Além disso, impeliram países parceiros, não tão convencidos, a seguir o mesmo rumo, até com sanções comerciais e outros meios de pressão.

Desregulamentação, liberalização e privatização: estes conceitos tornaram-se os instrumentos estratégicos da política econômica européia e americana, um programa neoliberal alçado à condição de ideologia de Estado. Os radicais do mercado, nos governos de Washington e Londres, mitificaram a lei da oferta e da procura como o melhor de todos os princípios reguladores. Assim, a ampliação do comércio livre tornou-se fim em si mesmo, sem questionamento. A liberação total do fluxo internacional de divisas e capitais representou a intervenção mais radical na estrutura econômica das democracias ocidentais e conseguiu impor-se quase sem resistência.

Não demorou a ficar evidente quem no futuro arcaria com o risco do livre mercado. Particularmente nos setores de demanda intensiva de trabalho, que ainda empregavam muita mão-de-obra pouco qualificada, as empresas de todos os tamanhos foram confrontadas com a concorrência de países de baixos salários. Na Europa Ocidental e nos EUA, a fabricação de móveis, tecidos, calçados, relógios ou brinquedos só era compensadora se grande parte da produção pudesse ser automatizada ou então deslocada para o Exterior. Simultaneamente, pela primeira vez um novo país industrializado invadiu a falange dos velhos líderes do mercado mundial: o Japão, com seus preços baixos, colocou o restante da indústria sob pressão.

Inicialmente o Ocidente reagiu, impondo tarifas protecionistas e forçando acordos para restrições nas importações, pretensamente voluntárias. Não obstante, os incentivadores do livre comércio mantinham sua predominância política e ideológica – lamentavam que tal protecionismo impediria o avanço tecnológico – e conseguiram que a maioria das medidas defensivas tivesse validade apenas transitória. O lema foi abandonar a produção em massa, com intensivo emprego de mão-de-obra, e voltar-se para a produção em setores high tech e para o segmento de serviços, achando que tal evolução devia recuperar as perdas sofridas pela concorrência internacional e pela automação. Tal esperança nunca se cumpriu. Não obstante o contínuo crescimento, em todos os países da OCDE, exceto no Japão, números sempre maiores de pessoas já não encontravam trabalho bem remunerado.

Prosperidade via livre comércio: a promessa não cumprida

Se tudo tivesse corrido de acordo com as teorias econômicas, nunca deveria ter-se criado tal situação no mercado de trabalho. Até hoje os apologistas do mercado livre ensinam que o intercâmbio irrestrito de bens através das fronteiras aumenta a prosperidade das nações, em proveito de todos os participantes. A título de justificativa, os professores e políticos reportam-se à doutrina da "vantagem comparativa de custos", que o economista inglês David Ricardo elaborou no século 19. Na época, Ricardo tentava explicar o motivo pelo qual o intercâmbio intenso pode favorecer os países menos produtivos. Como exemplo, citou o comércio de vinhos e tecidos entre Inglaterra e Portugal, principais mercadorias de troca desses países. Só que os ingleses precisavam dispender mais trabalho, isto é, eram menos produtivos, e portanto seus produtos deviam ser considerados caros demais para a exportação. Mesmo assim, podia ser lucrativo para Portugal vender vinhos para a Inglaterra e, com os ganhos, comprar tecidos ingleses.

De outro lado, a Inglaterra tinha vantagem na venda de tecidos a Portugal e na importação de vinhos portugueses, devido à relação de preços de ambos os bens dentro de suas respectivas fronteiras. Segundo o exemplo apresentado por Ricardo, na Inglaterra uma hora de trabalho na indústria têxtil correspondia a um índice de 1,2 na labuta do produtor de vinhos. Inversamente, em Portugal a relação era de 1 para 0,8 – assim, o vinho valia menos para o parceiro ibérico do que para o inglês. Resultava, para ambas as partes, uma vantagem comparativa de custos. Compensava para Portugal investir mais mão-de-obra na produção de vinhos e não fabricar têxteis, enquanto a Inglaterra se especializava nesse outro setor. Por meio do comércio recíproco, ambos os países podiam consumir mais vinho e mais tecidos, sem precisar trabalhar mais.

A teoria de Ricardo é tão simples quanto genial. Explica por que o comércio entre as nações floresce desde tempos imemoriais com produtos que podiam ser manufaturados por ambas as partes. No entanto, no mundo atual tudo isso já nada mais significa. A brilhante teoria de Ricardo baseia-se numa suposição que deixou de existir há tempos: vantagens comparativas de custos somente aceleram o comércio enquanto capital e empresas privadas não tiverem mobilidade e ficarem dentro do país. Para Ricardo isso ainda era óbvio. "A experiência demonstra", escrevia ele, "que a insegurança e a aversão de toda pessoa por deixar o país onde nasceu e confiar-se a outro governo barram a migração de capital."[14]

Hoje, essa premissa está totalmente ultrapassada. Nada atualmente é mais móvel do que o capital. Investimentos internacionais agora dirigem os fluxos comerciais. Transferências de bilhões à velocidade da luz determinam as taxas de câmbio, bem como o poder internacional de compra de um país e de sua moeda. Diferenças relativas de custos deixaram de ser a força motriz dos negócios. O que conta agora é a vantagem absoluta em todos os mercados e países, simultaneamente.

Sempre que empresas multinacionais mandam produzir onde a mão-de-obra seja mais barata ou onde os encargos sociais e os custos de proteção ambiental sejam nulos ou insignificantes, elas reduzem o nível absoluto de seus custos. Podem rebaixar o preço das mercadorias e também o preço do trabalho.

A diferença deixa de ser uma questão acadêmica, pois a busca desenfreada pela vantagem absoluta, no lugar da vantagem relativa, alterou fundamentalmente os mecanismos do desenvolvimento da economia mundial.

Quanto melhor a disponibilidade ilimitada de produção e capital, tanto mais poderosas e ingovernáveis se tornam as organizações gigantes que hoje intimidam tanto os governos como seus eleitores: os grupos transnacionais ou as corporações multinacionais. A Conferência das Nações Unidas para o Comércio e Desenvolvimento (Unctad) já avalia em aproximadamente 40.000 as empresas que mantêm fábricas em mais de três países. As cem maiores já contabilizam para si receitas anuais de quase 1,4 trilhão de dólares. Presentemente, as multinacionais já dominam dois terços do comércio mundial, sendo que quase a metade desse intercâmbio ocorre dentro da própria rede da corporação.[15]

Esses conglomerados encontram-se bem no centro da globalização e continuamente avançam. A logística moderna e os baixos custos de transporte lhes permitem unificar etapas da produção por todos os continentes e concentrá-las. Corporações bem organizadas, como a fabricante de maquinaria e instalações Asea Brown Boveri (ABB), com mil subsidiárias em quarenta países, podem transferir em questão de dias, se necessário, a fabricação de um produto ou de uma peça de um país a outro.

Já não são mais os países ou suas empresas nacionais que no comércio mundial oferecem as mercadorias, para depois negociar ou discutir a distribuição do lucro apurado dentro dos limites do país. Em vez disso, os proletários de todos os países encontram-se em competição pelo trabalho que ainda possam assumir na produção internacionalmente organizada.

Esse processo rompe as regras das economias nacionais outrora existentes: de um lado, acelerou até o absurdo a sucessão de inovações técnicas e a racionalização. A produtividade cresce com maior rapidez do que a economia pode absorver. A conseqüência é o assim chamado *jobless growth*, isto é, um crescimento que já não gera empregos.

Também se altera completamente a relação de forças entre capital e trabalho. O internacionalismo, outrora uma arma da propaganda dos movimentos trabalhistas contra governos e capitalistas belicistas, agora está trabalhando para a outra parte. Os trabalhadores, praticamente todos organizados em nível nacional, estão sendo confrontados com grupos internacionais, que vencem qualquer reivindicação com o trunfo do deslocamento das atividades além-fronteiras. Para investidores capitalistas e dirigentes dos grandes grupos empresariais, a promessa da prosperidade via livre comércio talvez ainda valha. Para empregados e trabalhadores, sobretudo para o número crescente de desempregados, parece não haver solução. O pretenso progresso vira seu oposto.

No início da década de 1990, essa tendência já se tornara evidente. Em vez de freá-la, os governos a aceleraram – países da Europa Ocidental resolveram criar o mercado comum. Sob o título "Europa-92", o programa começou removendo, de Lisboa a Copenhague, quase todos os obstáculos para o movimento de capitais – e também de mercadorias e serviços – por cima das fronteiras. Estados Unidos, Canadá e México, por sua vez, reagiram com a criação do Nafta, pelo qual tratou-se de integrar até mesmo uma nação de 100 milhões de habitantes ao sul do Rio Grande, um país ainda em desenvolvimento. Simultaneamente, todos em conjunto acionaram a última rodada de redução de tarifas aduaneiras. Em dezembro de 1993 tornaram-se negociáveis mundialmente muitas prestações de serviços.

Tudo isso devia apresentar uma verdadeira cornucópia de prosperidade para todos os países participantes. Seis milhões de novos empregos, 2% menos em déficit orçamentário, 4,5% mais em crescimento adicional da economia – era o que prometia o assim chamado Relatório Cecchini, um estudo de mais de mil páginas com o qual a Comissão da Comunidade Européia justificou, em 1988, o projeto do mercado comum em Bruxelas.[16]

Profecias similares acompanharam a criação do Nafta e da OMC. Na realidade ocorreu justamente o contrário: o mercado interno tornou-se o verdadeiro "chicote da concorrência" *(Die Zeit)* para a indústria européia, provocando uma febre de racionalização administrativa por todo o continente. Cresceram as cifras de desempregados, bem como os déficits orçamentários. O desenvolvimento sofreu contenções.

Na Áustria, que aderiu somente em 1995, os empregados só agora estão sentindo os efeitos. Por exemplo, quando um gigante alemão do varejo, a Rewe, adquiriu em 1996 a rede austríaca de lojas Billa, quase metade do mercado nacional de produtos alimentícios passou ao controle de um grupo atuante em toda a Europa. Desde então, ao menos um terço dos quase 30.000 trabalhadores em indústrias austríacas de produtos agrícolas e alimentícios receia perder seus empregos. Esses produtos dificilmente são competitivos no mercado da União Européia, mas os compradores da Rewe pagarão aos produtores na Áustria não mais que os preços mínimos europeus, ou então comprarão, como de praxe, nos seus fornecedores tradicionais dos outros países aliados, mercadorias melhores em condições mais vantajosas.

Experiências semelhantes foram colhidas pelos americanos com sua zona de livre comércio, o Nafta. Até hoje os trabalhadores estão à espera das bênçãos prometidas. Mesmo assim, os governos dos Estados signatários da OMC querem continuar forçando sua integração transnacional. Ao longo de 1996, outros três acordos de livre comércio estavam em preparo: na China, que deve aderir ao acordo comercial mundial, devem cair os monopólios nacionais das telecomunicações, e os países da OMC devem diminuir as exigências burocráticas para investimentos de empresas estrangeiras, para que os grupos multinacionais possam agir ainda mais livremente. O secretário-geral da OMC, Renato Rugiero, está planejando a abolição definitiva de todas as tarifas alfandegárias – em nível mundial.

Até o ano de 2020, como convocam os governos participantes, deverão ser rescindidos todos os acordos regionais e o planeta inteiro se converterá em zona franca – um objetivo que, segundo todas as experiências havidas até agora, fará avolumar-se ainda mais a onda de desemprego.[17] Ainda assim, a maioria das políticas econômicas, de Washington a Bruxelas e Bonn, continua atrelada a essa idéia.

Parece que a armadilha da globalização fechou-se definitivamente e os governos dos países mais ricos e poderosos do mundo tornaram-se prisioneiros de uma política que já não permite uma mudança de rumo. Em parte alguma a população sofrerá mais com isso do que no próprio berço da contra-revolução capitalista: os Estados Unidos da América.

Um trator por cima dos sindicatos

Nada pior poderia ter acontecido. Com o semblante petrificado, Jack Hayes está em sua cozinha apertada, lutando para acalmar-se. Há 29 anos ele é torneiro e ajustador de máquinas na Caterpillar, a maior fabricante mundial de tratores, máquinas de terraplenagem e similares. Na matriz e central do grupo, em Peoria, Estado de Illinois, Hayes viveu todo o sobe-e-desce da história da sua "Cat", inclusive os difíceis anos da década de 1980, quando a empresa quase faliu.

Inúmeras horas esse trabalhador dedicou voluntariamente e sem pagamento à reformulação dos processos de produção, à instalação das novas máquinas de comando computadorizado e à formação de "equipes de qualidade" nas linhas de montagem, dentro do esforço que trouxe a empresa de volta à vanguarda mundial. Depois, em 1991, Hayes lembra que a firma novamente alcançou faturamentos recordes e enormes lucros, quando a diretoria declarou guerra ao pessoal. Os salários deviam sofrer redução de 20%, o expediente ser aumentado em duas horas. Não foram abertas chances de negociação.

Para Hayes e a maioria de seus colegas de longos anos de bons serviços prestados, a situação era inaceitável. Com seu sindicato, o United Auto Workers (UAW), mobilizaram todas as filiais americanas da empresa para uma greve. Isso parecia apenas legítimo direito. Afinal, o direito e o senso ético estavam do seu lado: por que o pessoal não tinha alguma participação nos lucros crescentes?

Quatro anos depois, Hayes ainda não conhece a resposta. Repetidas vezes – a última durante dezoito meses – os trabalhadores organizados da "Cat" entraram em greve, dentro ou fora dos galpões das fábricas. O que havia começado como greve normal contra uma administração insensível tornou-se a mais demorada e dura luta trabalhista do pós-guerra americano e custou ao sindicato seguramente 300 milhões de dólares em remunerações cessantes de seus associados.[18]

Tudo em vão. No dia 3 de dezembro de 1995 Hayes e seus companheiros de lutas são informados pelo secretário do UAW, Richard Arwood: "As únicas pessoas prejudicadas pela greve são nossos membros fiéis". Não fora possível atingir a Caterpillar, os grevistas deviam voltar ao trabalho. Dias depois Hayes já tinha vencido alguns turnos de trabalho, sob as novas condições. Mas ele não entende como isso pôde acontecer. "Nunca", dizia perplexo, "nunca teria acreditado que a firma pudesse nos tratar de maneira tão rude."

A firma, isto é, Donald Fites, o homem que assumiu em 1991 a presidência da Caterpillar, recebendo homenagens da comunidade dos negócios, demonstrou como liquidar definitivamente o poder dos sindicatos. O que na maioria dos países industrializados ainda parece inimaginável o Trator – como foi apelidado – dos conglomerados americanos conseguiu provar: greves, mesmo que durem anos e sejam acompanhadas de campanhas e passeatas por todo o país, já não podem mais forçar aumentos de remuneração. Podem até propiciar a oportunidade para um acerto de custos salariais e aumentar a margem de lucro da empresa, desde que sua direção saiba agir com a necessária firmeza.

Até o início da década de 1980 isso era inimaginável. A Caterpillar tinha o porte clássico da empresa americana, abrangendo uma longa cadeia de produção própria, da usinagem de parafusos à montagem final. No Exterior, as filiais seguiam o mesmo modelo. A partir de 1981 a concorrente japonesa Komatsu começou a conquistar o mercado americano com preços típicos de *dumping*. O iene, subcotado em relação ao dólar, favorecia a ofensiva de exportação. A

Caterpillar afundou no vermelho e a direção reestruturou a produção, passando a terceirizar uma parte dela. Peças e componentes vinham mais baratos desses fornecedores menores, muitos dos quais jovens empresários especificamente constituídos para essa finalidade e estabelecidos em regiões interioranas do sul dos EUA onde os sindicatos praticamente não tinham como se organizar.

Simultaneamente, a cúpula da "Cat" integrou as fábricas do Exterior nos processos de produção e investiu nas suas empresas americanas 1,8 bilhão de dólares em automação. Os sindicatos apoiaram, pois havia expectativa de lucro. O UAW assinou acordos especiais de cooperação para aumento da produtividade, e sem resistência aceitou o fechamento de numerosas fábricas. O pessoal da Caterpillar nos EUA foi enxugado de 100.000 em 1979 para 65.000 oito anos depois, e apenas um quarto desse total era sindicalizado. Não obstante, a participação da empresa no mercado cresceu e os lucros aumentaram.

Agora chegava a hora de Fites: alguém de sua equipe notificara que no Japão e no México os salários eram inferiores aos da cidade de Peoria. Assim, novas contratações somente seriam feitas abaixo do piso sindical. Aumentos reais de salários, nunca mais. Quando o UAW conclamou à greve, Fites ameaçou substituir todos os grevistas por novos contratados, mais baratos. Também nos EUA a lei trabalhista proíbe a rescisão durante greves, mas não a contratação de fura-greves. Por ironia, muitos deles treinados durante a fase de recessão e importações baratas do Exterior, perfeitamente dispostos a trabalhar por menos salário. Até a automação das fábricas facilitava o trabalho dos novatos. A ameaça do Trator era para ser levada a sério.

Nessas circunstâncias, o United Auto Workers decretou uma operação-tartaruga. Fites, sem rodeios, demitiu os funcionários que fossem sindicalizados. Contornando a lei, que segundo os trabalhadores novamente em greve havia sido violentada, Fites ousou sua ação mais temerária: ele enviou colaboradores do escritório, engenheiros, todo o gerenciamento médio e baixo e especialmente os quase 5.000 trabalhadores temporários do conglomerado às oficinas de montagem. Simultaneamente encomendou o máximo possível nas sucursais estrangeiras – com êxito. Enquanto os vigias, meses a fio, montavam guarda diante dos portões das fábricas, o conglomerado conseguiu a façanha de aumentar a produção e as vendas. Quando os grevistas finalmente capitularam, Fites lhes impôs suas condições de trabalho, que pareciam uma volta ao passado. Desde então, em caso de necessidade, o expediente na Caterpillar é de doze horas por dia, inclusive nos fins de semana, sem adicional. Triunfante, Fites declarou que assim outros 2.000 empregos poderiam ser poupados.[19]

Modelo americano: o retorno dos diaristas

Se a guerra de Fites contra seus operários foi espetacular, os resultados não o são. O que a Caterpillar extorquiu a braço-de-ferro, também outras empresas americanas conseguiram, usando métodos mais sutis. Depois que concorrentes japoneses, mas também europeus, invadiram o mercado americano com bens de consumo, como automóveis e eletrônica de lazer de melhor qualidade, nada mais permaneceu como antes na economia dos EUA. Para aumentar a produtividade e comprimir os custos, os conglomerados passaram a adotar uma só estratégia: racionalização e redução da folha de pagamentos.

"Downsizing" (diminuição de tamanho), *"outsourcing"* (alocação de fornecedores externos ou terceirização) e *"re-engineering"* (reengenharia ou reestruturação interna) são

os métodos com os quais quase todos os empregados americanos se viram confrontados. O resultado parece justificar o sacrifício. Dez anos depois das grandes mudanças, os EUA teriam agora "a economia mais produtiva do mundo", conforme a revista *Business Week* em fins de 1995.[20]

O governo também exulta. A economia americana está tão bem "como há trinta anos não acontecia", repetia insistentemente o presidente Clinton em 1996, durante sua campanha eleitoral para a reeleição à Casa Branca. As estatísticas estavam a seu favor: teriam surgido mais empregos do que foram perdidos – só durante seu mandato que estava terminando, quase 10 milhões de postos de trabalho, ou seja, 210.000 por mês. A taxa de desemprego de 5,3% era inferior à dos demais países da OCDE.[21]

Efetivamente, os EUA retomaram a dianteira. Mas seus cidadãos precisam pagar amargamente por isso: o país mais produtivo e rico do mundo converteu-se no país dos salários mais baixos da economia mundial. As vantagens de abrir empresas na América não são mais encontradas em seu grande mercado interno ou nos cientistas brilhantes, mas sim na mão-de-obra barata. Mais da metade da população foi afetada pela perda salarial, novo modelo americano para enfrentar a concorrência. Em 1995, 80% de todos os empregados e operários masculinos do país estavam ganhando, por hora de trabalho, 11% menos (em termos reais) do que em 1973. Para a maioria, portanto, há duas décadas o padrão de vida efetivo está decaindo.[22]

Outrora, John Kennedy, presidente nos dourados anos 60, sob a expectativa de crescente prosperidade das massas, podia aplicar a fórmula simples: "Se a maré subir, todos os barcos na água também subirão". No entanto, a onda de liberalização e desregulamentação da era Reagan produziu uma forma de economia para a qual essa metáfora já não é válida. É verdade que, também entre 1973 e 1994, a renda per capita dos americanos cresceu um terço. Mas ao mesmo tempo os salários brutos para todos os empregados sem funções de liderança, ou seja, para 75% da população trabalhadora, caíram 19%, ficando reduzidos a 258 dólares por semana.[23] Trata-se, naturalmente, de simples média estatística. Para o terço inferior da pirâmide remunerada a perda salarial foi bem mais drástica: são milhões de pessoas recebendo 25% menos do que há vinte anos.

Ainda assim, a sociedade americana não está mais pobre do que antes. Nunca os cidadãos de lá dispuseram de mais patrimônio e rendas do que hoje. Um detalhe: todo o ganho no PIB reverte em favor de um quinto da população, ou seja, 20 milhões de lares – e mesmo nesse grupo o lucro é distribuído com extrema desigualdade. O estrato mais rico dobrou suas rendas desde 1980 e os "dez mil mais abastados", cerca de meio milhão de super-ricos, possuem um terço de todo o patrimônio particular nos EUA.

A total mudança na economia americana trouxe grandes vantagens aos altos executivos das empresas: seus já altos ganhos subiram 66% em média desde 1979. Já em 1980 auferiam algo como quarenta vezes mais do que o piso salarial em suas firmas. Hoje a relação é de 1 para 120 e inclui remunerações como a de Anthony O'Reilly, principal executivo dos produtos alimentícios Heinz, que está embolsando mais de 80 milhões de dólares ao ano, ou seja, quase 40.000 dólares por hora.

Sem dúvida, as altas remunerações das lideranças administrativas são para premiar a redução de custos nas empresas. O caminho mais simples foi seguido pela indústria de baixa tecnologia para vestuário, calçados, brinquedos e aparelhos elétricos. A maioria dessa produção desapareceu numa "terra de ninguém". Os fabricantes tornaram-se importadores, que compram na Ásia ou lá eventualmente montaram suas próprias fábricas. Líderes de mercado como a Nike (calçados esportivos) ou a Martel (brinquedos, boneca Barbie) já nem produzem por sua conta. Terceirizam a produção, habilitando fornecedores, da Indonésia à Polônia, ou mesmo no México e Estados Unidos, dependendo de onde encontrem os menores custos.

Logo atrás da fronteira, no México, empresas americanas empregam quase 1 milhão de criaturas por salários de fome – 5 dólares por dia – nas chamadas *maquilladoras*, meras linhas de montagem de peças importadas e reexportadoras de produtos acabados. Desconhecem-se por lá benefícios sociais como assistência médica ou institutos de previdência. Primeiro foram atingidos os operários de macacão – os *blue collar* – pouco qualificados. E durante a década de 1980 não havia dirigente sindical que não fosse avisado, na mesa de negociações, que os empregos migrariam para o México, caso exigisse demais.

Aliás, a "América S.A." queria distância dos sindicatos. Em todos os setores, os dirigentes das grandes corporações desenvolveram táticas para evitar a pressão dos interesses de seus colaboradores. O sinal de partida foi dado pelo próprio presidente Reagan, que em 1980 mandou despedir sem delongas todos os sindicalizados do serviço estatal de controle de vôos e segurança aérea. Em seguida, o Executivo e o Congresso afrouxaram repetidas vezes os direitos trabalhistas, a ponto de Lester Thurow, economista do Massachusetts Institute of Technology (MIT), escrever brilhantemente que "os capitalistas americanos declararam a guerra de classes contra seus operários – e ganharam".[24]

O desmembramento de setores parciais da administração e da produção – alguns deles terceirizados – tornou-se o instrumento mais importante da direção empresarial. Muitos dos demitidos nas áreas de contabilidade, manutenção geral ou de computadores, limpeza e transporte foram recontratados em novas subempresas de prestação de serviços, com vencimentos muito inferiores, sem direito à assistência médica ou à previdência e geralmente sob compromisso de não se filiarem a sindicatos nem atuarem no local de trabalho nesse sentido.

Outro modelo apreciado é a transformação de empregados em autônomos. Milhões de ex-funcionários – como digitadores, redatores, pesquisadores de mercado e profissionais de assistência técnica ao cliente – executam as mesmas tarefas de antes, só que sem garantias de continuidade e sendo remunerados, por contrato, conforme a demanda. Sobre eles é que recai todo o risco de mercado. Com essa independência fictícia, também cresceu enormemente o número de temporários ou a locação de mão-de-obra de terceiros.

Paralelamente à denominada produção *just-in-time*, feita só sob encomenda e sem dispendiosos estoques, os empresários também inventaram o empregado *just-in-time*, o diarista de antigamente, chamado apenas quando há serviço a fazer. Bem contra sua vontade, 5 milhões de cidadãos americanos trabalham sob essas condições inseguras, alguns em duas ou três empresas ao mesmo tempo. Há oferta à vontade, tanto para serviços internos como externos, e os dirigentes empresariais agora dispõem de um exército de reservistas que pode ser convocado segundo as condições do mercado. Hoje, o maior empregador dos Estados Unidos já não se chama General Motors, AT&T ou IBM. É a empresa Manpower, fornecedora de mão-de-obra temporária.

A mudança abrangeu praticamente todo o universo do trabalho. A maioria dos 43 milhões de americanos que perderam seu emprego entre 1979 e 1995 logo encontrou outro.[25] Mas em dois terços dos casos precisaram aceitar salários e condições piores. As megaempresas encolheram e o trabalho passou a ser distribuído em unidades separadas, tanto na localização como juridicamente. Com a dispersão, quebrou-se também — como na Caterpillar — a base organizacional dos sindicatos. Se em 1980 ainda mais de 20% de todos os empregados e operários americanos eram sindicalizados, hoje não devem passar de 10%, ou seja, a metade. Só o United Auto Workers perdeu mais de meio milhão de associados.

Livres de qualquer oposição e do controle governamental, passo a passo um novo princípio começou a dominar a economia dos EUA e espalhar-se pela sociedade inteira: *"The winner takes all"* — o ganhador recebe tudo — como a dupla de economistas Phillip Cook e Robert Frank qualificou o esquema pelo qual hoje a maioria das empresas é organizada.[26]

Um acordo social, durante muito tempo respeitado como tácito, foi rescindido sem aviso prévio. Em tempos passados, quando a IBM, a General Motors ou qualquer outra empresa ia bem, isso revertia em benefícios ao seu pessoal. Isso já não acontece mais.

Ainda no início da década de 1980, a maioria dos grandes conglomerados americanos, além de pagar os melhores salários em sua faixa de mercado, partilhava 70% de seu lucro líquido com seus empregados.[27] Simultaneamente, era praxe que os setores mais rentáveis subvencionassem os menos rentáveis. Não se exigia que todo e qualquer setor produtivo rendesse o máximo lucro, desde que a empresa globalmente apresentasse bons resultados.

Foi a economia financeira, livre e desregulamentada, que transformou essa força social em suposta falha de gerenciamento. Astutos financistas de Wall Street apontaram tais "ineficiências" e assim abriram o caminho do Eldorado para os especuladores da década de 1980. Atuaram na incorporação hostil *(take-over)* de muitas sociedades anônimas por ações, para em seguida devolvê-las ao mercado com lucro, fragmentadas e livres de todos os quadros funcionais dispensáveis ou excessivamente bem pagos. Essa estratégia aniquiladora de empregos serviu de exemplo ao mundo e foi o tema do filme *Wall Street*, no qual um corretor financeiro inescrupuloso, Gordon Gekko, desmembra uma companhia aérea à custa de seus funcionários.

Para escapar de tais *take-overs*, em pouco tempo a maioria dos dirigentes de empresas tornaram-se eles mesmos os atores da reforma, e ninguém foi poupado. A IBM, por exemplo, terceirizou sua frota de veículos, transformando motoristas contratados em autônomos, e reduziu à metade o ordenado das secretárias-executivas. Em muitos casos, as propostas da empresa eram verdadeiras chantagens. No Natal de 1994, os 14.000 funcionários da IBM-França foram colocados diante da alternativa de aceitar descontos nos contracheques ou enfrentar 2.000 demissões. Voluntariamente renunciaram a 10% de seus salários. Entre 1991 e 1995, a IBM reduziu de um terço sua folha de pagamento e privou 122.000 pessoas de seus empregos. Enquanto isso, o conselho administrativo da empresa premiava cinco gestores desse *downsizing* com um bônus de 5,8 milhões de dólares a cada um.[28]

A mensagem passada pela IBM, como tantas outras, é inequívoca: conta apenas o *shareholder value*, isto é, o lucro dos acionistas, como parâmetro de êxito da empresa. No caso da IBM, a alta das ações e dos dividendos bate todos os recordes desde 1995. Por essa lógica, mesmo os funcionários de empresas que estão apresentando bons resultados têm todos os motivos para recear sua demissão.

O medo da desigualdade

Vai sendo invertido cada vez mais o princípio que outrora conferiu vitalidade ao capitalismo americano e permitiu sua marcha triunfal por todo o mundo: a promessa de

Henry Ford. Quando o capitalista pioneiro, em 1914, simplesmente duplicou o salário de seus operários para 5 dólares por dia, o *Wall Street Journal* condenou seu procedimento como "crime econômico". No entanto, Ford apenas havia descoberto a lógica da futura "economia do crescimento". Se Ford queria fazer de seus automóveis bens de consumo para todos, os compradores em potencial precisavam ganhar o suficiente para poder adquiri-los. Assim, pagava aos seus operários, em três meses, tanto quanto custava um carro modelo T. Essa relação está longe da realidade atual dos empregados na indústria automobilística, sobretudo se estiverem trabalhando no México, no Sudeste Asiático ou na região Sul dos EUA.

A abolição das fronteiras nacionais de comércio e o destroçamento dos sindicatos teriam "removido todas as inibições", queixa-se Robert Reich, renomado cientista econômico e ao mesmo tempo secretário do Trabalho no governo Clinton. Como as empresas vendem em nível mundial, "sua sobrevivência já não mais depende do poder aquisitivo do operariado americano", que crescentemente está se tornando "uma massa angustiada".[29]

É por isso que Lester Thurow, o economista do MIT, considera no mínimo enganadora, para efeito de propaganda, a estatística oficial do mercado de trabalho apresentada pelas autoridades americanas. Aos 7 milhões à procura de emprego, oficialmente declarados em 1995, deveriam ser adicionados mais 6 milhões dos que necessitariam de trabalho, mas desistiram de procurá-lo. Ademais, existem aproximadamente 4,5 milhões de pessoas que, a contragosto, estão trabalhando como temporários. Somando apenas esses três grupos, realmente está faltando trabalho regular a 14% da população economicamente ativa. O exército de subempregados sobe a 28%, se considerados também os grupos que não têm trabalho constante: 10,1 milhões de temporários, bem como 8,3 milhões de autônomos, a maioria dos quais com formação acadêmica, mas sem carteira assinada.[30]

A distribuição de renda é coerente com esses números. Quase um quinto dos que trabalham de uma forma ou de outra estão ganhando salários abaixo da linha oficial de pobreza, conforme denúncia da Organização Internacional do Trabalho (OIT), organismo da ONU. Entretanto, os *"working poors"* – pobres que trabalham – tornaram-se uma categoria definida na sociologia americana. Simultaneamente, em média o americano contratado precisa trabalhar mais horas que a maioria de seus colegas na Europa, gozam de menor proteção de seguro social e precisam mudar de local de trabalho e de domicílio com freqüência maior.

Assim, o que muitos economistas europeus elogiam como sendo "o milagre dos empregos na América" tornou-se uma séria maldição para os atingidos. "Uma taxa de desemprego baixa pouco significa", noticiou o *New York Times*, muito favorável a Wall Street, "quando um operário de fábrica, ganhando 15 dólares por hora, é demitido e no emprego seguinte apenas consegue a metade." Já a revista *Newsweek* conferiu à capacidade de competição dos EUA o atributo de "capitalismo assassino". Ora, historicamente não é novidade a desigual distribuição da riqueza no continente americano. Afinal, foi justamente a procura pela liberdade econômica que levou à consolidação dos Estados Unidos da América. Seus cidadãos nunca reclamaram que os empresários de sucesso detivessem as fortunas, pois era consenso que todos recebiam sua parte. A história dos EUA até 1970 não conhece, porém, nenhum período mais longo em que a grande maioria da população somente precisasse arcar com sacrifícios, enquanto a minoria multiplicasse patrimônio e rendas.

Essa situação tem efeitos desastrosos para toda a vida social e ameaça em ritmo crescente a estabilidade política. Mais e mais americanos, inclusive os da elite branca e rica, já consideram o rumo atual como errado. Por exemplo, Edward Luttwak, economista no Center for Strategic and International Studies, um dos núcleos do pensamento conservador em Washington, anteriormente defensor da Guerra Fria, tornou-se um severo crítico da economia neoliberal. O "turbocapitalismo" dela resultante seria "um escárnio": o que os marxistas afirmavam há cem anos e que, naquela época, era totalmente errado agora se tornou realidade. "Os capitalistas tornam-se cada vez mais ricos, enquanto a classe trabalhadora empobrece." A concorrência globalizada estaria "passando as pessoas pela máquina de moer carne", aniquilando assim a solidariedade social.[31]

Não apenas teóricos dissidentes como Thurow, Reich e Luttwak estão revisando seu posicionamento. Igualmente os homens práticos da economia e da política começam a duvidar de que a desregulamentação excessiva seja um bom caminho. O senador republicano Conni Mack, como presidente da Comissão de Economia do Senado dos EUA, já encaminhou muitos projetos de lei nesse sentido. No entanto, em princípios de 1996, Mack confessou que "os americanos que trabalham duramente têm todos os motivos para ficarem céticos; eles sentem que há algo de podre".[32]

Mesmo Alan Greenspan, que, como presidente do Federal Reserve, ou Fed (o banco central americano), sempre condenava a política redistributiva do governo, chegou a alertar os parlamentares de que a disparidade crescente "tornou-se uma ameaça significativa à nossa sociedade".[33] A guinada mais espetacular foi dada por Stephan Roach, economista-chefe no Morgan Stanley, o quarto maior banco de investimentos de Nova York. Há quase uma década Roach conquistou, com seus artigos e livros, uma reputação como estrategista administrativo. Em entrevistas ou seminários, ele sempre recomendou a terceirização e uma simplificação radical da organização empresarial. Numa quinta-feira, 16 de maio de 1996, todos os clientes de seu banco receberam uma carta, pela qual Roach publicamente abjurava de suas convicções, como só costumam fazer os reformadores perseguidos pela Igreja Católica. "Durante anos louvei a virtude do aumento da produtividade", escreveu ele. "Mas preciso confessar que agora penso de forma bem diversa a esse respeito." A reforma da economia americana seria comparável à "queimada da mata por agricultores primitivos, que destroem o solo em favor de poucas safras, das quais sobrevivem". Acrescentou ainda que, "se os dirigentes empresariais não tomarem rapidamente outro rumo, que reconstrua a força de trabalho em vez de desqualificá-la, faltarão à América os recursos necessários para participar do mercado mundial". Palavras de Roach: "A força de trabalho não poderá ser espremida sempre. A infindável demolição dos empregos e dos salários dará margem, no fim das contas, ao sucateamento da nossa indústria".[34]

Como deve ocorrer tal mudança de rumo, da demolição à reconstrução? Eis uma questão complexa, para a qual nem mesmo Roach, Mack ou Reich ofereceram, até agora, solução que vá além de um apelo à consciência dos dirigentes. É pouco, mas o gênio escapou da garrafa. "A triste verdade é que Wall Street prefere um dólar de redução de custos a um dólar de receitas melhoradas", comentou o *Financial Times* a respeito da atitude de Roach.

Os operadores da Bolsa de Nova York demonstraram isso claramente no dia seguinte à bombástica circular de Roach a seus clientes do Morgan Stanley. A direção do conglomerado de alimentos ConAgra divulgou que, naquele mesmo ano de 1996, demitiria cerca de 6.500 funcionários e fecharia 29 fábricas. Somente essa notícia elevou o preço das ações da ConAgra de tal maneira que o valor em bolsa da empresa subiu 500 milhões de dólares.[35]

A promiscuidade entre o mercado financeiro e os gestores das indústrias de ponta dita a continuação da corrida impiedosa por maior eficiência e trabalho mais barato. No entanto, mesmo se fosse possível frear a ditadura dos míopes caçadores de lucros, não importando se por lei ou por mudanças de opinião, o mal está feito: a perda de poder aquisitivo da classe operária americana dificilmente poderá ser revertida. Mesmo que a elite dos EUA desperte e procure alternativas, nada impedirá que as múlti ou transnacionais repitam a mesma corrida nos outros países industrializados da OCDE, ocasionando o mesmo desastre.

Parece inevitável que a Europa e os países emergentes da Ásia também sofram com a calamidade que é esse *american way of capitalism*. A redução de empregos e salários é um processo em espiral, que em muitos casos se desencadeia indiretamente, apenas pela concorrência direta nas trocas de mercadorias. Há outro mecanismo que atua de forma mais direta: a rede de corporações transnacionais.

"O que sobrou de alemão na Hoechst?"

A reviravolta na indústria automobilística ilustra o ritmo alucinante da integração global. O emagrecimento das linhas de montagem repletas de operários – a *lean production* da década de 1980 – foi apenas o começo. Parte crescente da fabricação foi deslocada para os subfornecedores que suprem as linhas com módulos completos, tais como eixos, instalações de ar-condicionado ou painéis de instrumentos já montados. Nas fábricas de automóveis mais modernas dos EUA manteve-se só um terço de produção própria. O resto é feito por firmas menores, superenxutas, sob a pressão da concorrência de preços. O entrelaçamento e a simplificação do trabalho vêm superando todas as metas, não só a dos Estados, mas também aquelas das empresas.

Automóveis alemães agora só existem na classe luxo. Praticamente metade do novo Polo da Volkswagen, embora montado em Wolfsburg, vem do Exterior. A relação dos países fornecedores vai da Checoslováquia ao México e EUA, passando pela Itália, Espanha e França.[36] A Toyota já produz mais fora do que dentro do Japão e, inversamente, a indústria automobilística americana entraria em colapso se tivesse que abrir mão dos fornecimentos japoneses.[37]

A recente substituição da designação de origem "Made in Germany" por "Made by Mercedes" ou "Made by Ford" também confunde. Com toda a concorrência, não tardou para que os fabricantes descobrissem que poderiam economizar muito dinheiro se mandassem produzir peças individuais em cooperação entre suas empresas. Em vez de cem diferentes alternadores, os veículos alemães, seja qual for sua marca, utilizam apenas cerca de uma dúzia desses minigeradores de energia. A complementaridade e a unificação já envolvem o próprio acionamento do carro como um todo. Os Volvos funcionam com motores a diesel da Audi, de produção húngara. A Mercedes adquire na Volkswagen o motor de seis cilindros para o novo furgão Viano, e até mesmo a nobre marca Rolls Royce instala motores BMW nas suas tradicionais carrocerias.

As alianças, joint ventures e fusões que os grupos empresariais formam ininterruptamente elevam às alturas o ganho em eficiência. Além da Audi, a Volkswagen engoliu também a empresa Seat da Espanha e a líder do mercado da Europa Oriental, a Skoda. A BMW comprou a maior empresa automobilística da Grã-Bretanha, a Rover, e a Ford incorporou a Mazda, quarta maior produtora japonesa de automóveis. Juntamente com a VW, a Ford opera uma fábrica de limusines ao sul de Lisboa, sendo o mesmo produto comercializado com dois nomes: Sharan para a VW, Galaxy para a Ford. Um sistema idêntico é praticado pela Fiat e pela Peugeot. A Chrysler, por sua vez, encomenda carros pequenos da Mitsubishi na Tailândia, comercializados nos EUA com emblema americano. Na Holanda, a Mitsubishi produz juntamente com a Volvo.

Essa teia complexa, universal, ganha uma mobilidade digna do seu produto. Os artesãos dessas máquinas, propriamente ditos, não passam de um fator de custo, figuras sem direitos que podem ser afastadas a qualquer momento. Somente na Alemanha foram perdidos mais de 300.000 empregos no ramo automobilístico de 1991 a 1995, ao passo que o número de veículos produzidos anualmente permanece praticamente constante.

A tendência não tem fim à vista. "Planejamos aumentar a produtividade em 6 a 7% por ano até o ano 2000", promete o presidente da Ford na Europa, Albert Caspers. "Hoje ainda precisamos de 25 horas para a produção de um Escort. Até o ano 2000, deverão ser apenas 17,5 horas." Maior número de carros, com menos trabalho, também é o lema da Volkswagen. Em apenas quatro anos, a produtividade deverá crescer 30%, anunciou o diretor financeiro Bruno Adelt. Assim, ano após ano desaparecem entre 7.000 e 8.000 postos de trabalho na VW. No mesmo espaço de tempo, como promete o presidente da empresa aos seus acionistas, os rendimentos serão quintuplicados graças ao volume de vendas.[38]

As perdas de emprego decorrentes da formação de redes transnacionais são preocupantes. Contudo, pesa ainda mais o fato de que as antigas compensações de uma boa política social estão desgastadas. Até 1990, o Japão cultivava o princípio do emprego vitalício. Os ônus de uma má adaptação eram distribuídos uniformemente. A segurança social coletiva não se enquadrava apenas na escala de valores nacionais mas também na prática empresarial. Na França os tecnocratas da política industrial nacional obtiveram feitos notáveis, que consagraram a posição do país na economia mundial, sem baixar o padrão de vida do povo. A Alemanha brilhava com seu excelente sistema escolar e com a cooperação estreita entre capital e trabalho. O alto padrão da tecnologia, do treinamento profissional e do clima social compensou as perdas em setores menos exigentes.

Hoje, tudo isso parece não ter mais importância. Repentinamente os dirigentes empresariais japoneses se entregaram à *lean production* e à terceirização, como se fossem clones de seus colegas americanos. Onde as demissões ainda estão contidas, o operariado é degradado para cargos inferiores, os salários são reduzidos e, muitas vezes, essas imposições humilhantes levam os empregados a pedir demissão espontaneamente. Mas também a demissão direta, que na linguagem dos samurais é parafraseada como "cortar a cabeça", não representa mais um tabu na sociedade japonesa. A princípio, atingia apenas trabalhadores temporários, mulheres solteiras e principiantes jovens. Agora, são alcançados cargos médios de gerência, enquanto se desativam fábricas inteiras e centros administrativos. "Antigamente nos solidarizávamos com o sofrimento e confiávamos no governo", relata Jiro Ushito, diretor de uma empresa de eletrônica. "Futuramente valerão somente as regras do mercado."[39]

Procurando disfarçar as conseqüências disso, o governo japonês registra oficialmente não mais que 3,4% de índice de desemprego – quem não procurar trabalho por mais de seis meses simplesmente não é mais computado. Se a contagem fosse realizada segundo os métodos dos EUA – também não exatamente fiel à realidade –, a taxa japonesa de desemprego teria chegado a 8,9% já no ano de 1994.[40] Atualmente, um em cada cinco japoneses na idade produtiva está procurando trabalho, segundo cálculos independentes. O governo, anteriormente guardião da estabilidade social, prefere omitir-se, e a liberalização do mercado debilita ramos inteiros de negócios, que, sem os antigos excedentes comerciais, vão encolhendo e murchando. Tadashi Sekizawa, presidente do grupo Fujitsu, tem uma explicação aparentemente simples: o sistema japonês teria "se afastado demais da média internacional", e isso precisava mudar.

O mesmo argumento conquista também o outro lado do planeta. Os grupos empresariais franceses vêm reduzindo seu pessoal contratado e não só o enorme desemprego de 12% é preocupante. Além disso, cerca de 45% dos trabalhadores ativos precisam satisfazer-se com condições precárias de trabalho, como temporários sem garantias sociais. Setenta por cento de todos os empregos novos no ano de 1994 eram por prazo determinado.[41] Ao mesmo tempo, os sindicatos perdem associados, influência e, antes de mais nada, perspectivas. O mercado transnacional mina a sua base de poder. Isso acontece com praticamente todos os países da União Européia (UE), com exceção da Grã-Bretanha, onde já no governo Thatcher as vantagens trabalhistas foram rebaixadas para o atual nível de Portugal.

A mudança de sistema aparece da forma mais radical na abastada Alemanha. Isso fica claramente demonstrado pelos dirigentes do mais rentável dos ramos, a indústria química. Para o ano fiscal de 1995, os três gigantes – Hoechst, Bayer e BASF – divulgaram o lucro mais alto de sua história empresarial. Ao mesmo tempo, porém, anunciaram uma nova redução de pessoal na Alemanha, depois de já terem eliminado 150.000 empregos nos anos precedentes.

"Sabemos que as pessoas entendem isso como uma contradição", comenta Manfred Schneider, diretor da Bayer.

"Contudo, os altos lucros do grupo não devem camuflar o fato de que na Alemanha a Bayer encontra-se sob pressão."[42] Com essas duas frases curtas, ele resume perfeitamente seu ponto de vista. A Bayer, tal como as suas concorrentes, já é uma empresa alemã somente por tradição e devido ao fato de sua sede encontrar-se nesse país. Em média, os sucessores do grupo IG Farben, que incluía a Bayer, já realizam 80% de seu volume de vendas no Exterior e apenas um terço de seu pessoal trabalha na Alemanha. "O que sobrou de alemão na Hoechst?", pergunta Jürgen Dormann, diretor-geral do gigante da química em Frankfurt. "Nosso maior mercado individual são os EUA. Nosso acionista do Kuwait possui maior número de cotas do que todos os outros acionistas juntos. Nosso horizonte abrange o mundo inteiro."

O que alegadamente vai mal é a parte alemã da Hoechst, onde não mais se ganha dinheiro. Isso pode ser um exagero, mas se aplica na comparação com os ramos americano e asiático do grupo. No mesmo fôlego, Dormann assegura que a sua empresa possui "uma missão social na Alemanha, pois nos vemos também como cidadães alemães". Só que, até agora, "exagerou-se um pouco o patriotismo".[43]

Responsabilidade social não pode mais ser a preocupação de um gestor de negócios globalmente organizados – não é mais problema de Dormann. O dispositivo social do Artigo 14 da Constituição alemã, segundo o qual "a propriedade obriga e deve servir ao bem-estar geral", não parece mais realizável. Antigamente, era característico só de firmas dos EUA que os diretores se orientassem pelo critério de máximo lucro. Ou ganhavam dinheiro para os donos ou eram liquidadas. A Hoechst está se livrando de indústrias químicas antigas e o Grupo Agfa da Bayer entra em fase de saneamento apesar de estar obtendo lucros, mas de somente 3% sobre seu volume de vendas.

Rompe-se desse modo o antigo pacto da "Alemanha S.A." e desponta uma "nova" cultura empresarial: o *shareholder value*, que representa em muitas organizações alemãs de grande porte a fórmula mágica do momento, mas em última análise nada mais é do que a historicamente familiar maximização dos lucros em favor dos acionistas. A mesma meta norteou a fusão da gigante farmacêutica Ciba-Geigy com a Sandoz, em maio de 1996, fato que chocou os suíços devido à ameaça de demissões em massa. Até mesmo o arcebispo de Viena Christoph Schönborn, que por muito tempo lecionou na Universidade de Friburgo, Suiça, manifestou-se a respeito: "Quando duas empresas que vão bem se fundem e nesse processo colocam em disponibilidade 15.000 empregos, então não se trata de uma circunstância emergencial, decretada por Deus todo-poderoso como livre mercado, mas sim de ganância por dividendos de alguns poucos".[44]

O fim da "Alemanha S.A."

A adaptação ao princípio do *shareholder value* não acompanha simplesmente os caprichos de capitalistas mal-intencionados. A pressão sobre as empresas e os seus executivos parte do mercado financeiro transnacional, que é a força motriz da globalização. O comércio ilimitado de ações dissolve os laços nacionais mais completamente do que a complementaridade da produção em rede. Um terço das ações da Daimler-Benz já se encontra em mãos estrangeiras. Quarenta e três por cento das cotas do acionista majoritário, o Deutsche Bank, estão nas mãos de investidores do Exterior. A Bayer, a Hoechst, a Mannesmann e muitas outras firmas encontram-se em grande parte em poder de estrangeiros. Na maioria dos casos, contudo, não se trata de pequenos investidores sem poderes e tampouco de bancos e grupos empresariais que se integrem no emaranhado complexo de participações vigente na indústria alemã. Verdadeiramente integrados na Alemanha estão principalmente fundos de investimentos, seguros e fundos de pensão dos EUA e da Grã-Bretanha. Suas diretorias procuram agora obter dos papéis estrangeiros rendimentos pelo menos iguais àqueles auferidos das respectivas carteiras domésticas, mediante constantes exigências junto às empresas atingidas. "Aumenta a pressão exercida por acionistas estrangeiros nas empresas alemãs", admite o diretor-financeiro da Bayer, Helmut Loehr.[45]

Ultimamente, causam preocupação as manobras do fundos de pensão dos funcionários públicos da Califórnia, que dispõem de reservas para investimento superiores a 100 bilhões de dólares. Os gerentes do California Retirement System (Calpers), que já conseguiram impor suas expectativas de lucro e de vantajosas taxas cambiais a grupos empresariais tão poderosos quanto a General Motors e a American Express, aumentaram o investimento no Exterior em até 20% nos últimos anos, porque "as ineficiências no mercado internacional agora são maiores do que no mercado doméstico", justifica o estrategista do Calpers, José Arau.

Ineficientes, aos olhos desses executivos responsáveis pelos fluxos mundiais de capital, são aquelas empresas em que alguns componentes do grupo apresentam menos do que 10% de rendimento sobre o capital investido – o que é perfeitamente normal fora dos EUA. Particularmente no Japão, na França e na Alemanha, Arau e sua equipe agora fazem pressão sistemática sobre contrariados dirigentes de grandes sociedades anônimas, "visando conscientizar essas empresas estrangeiras a respeito dos interesses dos investidores", esclarece um conselheiro do Calpers.[46]

Em parte como resposta, em parte antecipando tais desafios, um número crescente de "durões" vem ocupando a chefia dos conglomerados, observou Frank Teichmüller, presidente do sindicato de metalúrgicos IG Metall no norte da Alemanha. Dirigir um conglomerado exige ausência de sensibilidade social a respeito de demissões e uma atitude enérgica contra os sindicatos. Quando Jürgen Schrempp assumiu a chefia da Daimler-Benz em maio de 1995, ele forneceu uma dica. Ele próprio, co-responsável por um prejuízo de quase 6 bilhões de marcos no ano precedente, desativou a indústria de aviões Fokker e o grupo AEG, anunciando que a empresa colocaria na rua 56.000 trabalhadores num prazo de três anos. O corte puxou para cima – em 20% – a cotação das ações da Daimler-Benz e enriqueceu seus felizes portadores em quase 10 bilhões de marcos, apesar do fato de terem renunciado aos dividendos anuais.

O mesmo homem que parecia um fracassado reformou a estrutura da empresa em benefício dos cotistas e ganhou não apenas elogios do *Wall Street Journal* e da *Business Week*. Ao seu salário anual de 2,7 milhões de marcos, Schrempp acrescentou um bônus na forma de opção de compra de ações, amealhando para si – e mais 170 felizardos da cúpula da Daimler, igualmente premiados pelo conselho administrativo – uma renda adicional de 300.000 marcos, em decorrência da alta cotação.

Enquanto fatos como esse mereciam ampla divulgação nos jornais, desde o início de 1995, na surdina, todo o sistema alemão de parceria capital-trabalho vinha caindo por terra. Da noite para o dia os sindicalistas descobriram que não estavam mais brigando por porcentagens de aumentos salariais, mas sim pela sobrevivência dos sindicatos como um todo. Grandes empresas vêm desrespeitando os contratos coletivos de trabalho vigentes ou simplesmente abandonando a federação patronal. Outras, de médio porte, intimidam os sindicalistas com a simples chantagem. No caso dos fabricantes de caldeiras de aquecimento Viessmann, de Kassel, que com 6.500 trabalhadores fatura 1,7 milhão de marcos anuais devido à alta produtividade, bastou a declaração da diretoria segundo a qual a próxima série de aquecedores a gás poderia ser produzida na Checoslováquia. Sem resistência, 96% do pessoal da empresa concordou com a proposta de trabalhar de graça três horas a mais por semana, em vez de arriscar o fechamento de mais uma indústria alemã.[47]

Também a "modernização" da empresa de equipamentos médicos Dräger, sediada em Lübeck, ocorreu praticamente sem alarde. Do embalador, passando pelos motoristas, até os processadores de dados e instrutores, repentinamente os empregados se reencontraram em filiais autônomas nas quais os antigos contratos coletivos de trabalho não tinham mais validade. As jornadas de trabalho foram prolongadas, mas os salários caíram de 6 a 7 mil marcos anuais.[48]

Enquanto o nível de remuneração é rebaixado dessa maneira na Alemanha, o mesmo método serve para que nem chegue a subir em países de salários achatados. Os trabalhadores da filial checa da Volkswagen – a Skoda – constataram que, embora sua produtividade tenha aumentado em 30% com a entrada do gigante de Wolfsburg, o mesmo não acontecia com os salários. "Se continuar assim, nem em cinqüenta anos alcançaremos condições comparáveis àquelas existentes na Alemanha", desabafou um porta-voz da Skoda, Zdenek Kadlec. Todavia, o diretor da VW, Ferdinand Piëch, bloqueia rudemente as reivindicações de seus empregados checos. Se o pessoal da Skoda não se aquietasse, "teremos de levar em conta que, por exemplo, a produção no México pode ser mais vantajosa".[49]

Quase sempre os sindicalistas procuram se opor a semelhantes tentativas de constrangimento e quase sempre saem perdedores. Os empregadores conseguem "criar rivalidade entre os funcionários, local por local", como reclama o diretor do sindicato IG Metall, Klaus Zwickel.[50] Todavia, líderes sindicais como o substituto de Zwickel, Walter Riester, acham que, com a inserção legal do sistema de cogestão nos conselhos administrativos das empresas, seria possível "contornar o desenvolvimento calamitoso" que derrubou os sindicatos.[51]

Os números falam em outra direção. Demissões, desdobramentos em unidades autônomas e a experiência de que a filiação custa dinheiro, mas não protege os associados nos casos de crise, podendo até prejudicar a carreira deles, fizeram com que desde 1991 a Federação dos Sindicatos perdesse um quinto dos seus membros. Somente o IG Metall perdeu 755.000 contribuintes. É verdade que mais da metade da perda pode ser atribuída à queda da indústria da ex-Alemanha Oriental, mas também na ex-Alemanha Ocidental quase 1 milhão de trabalhadores sindicalizados devolveu a carteirinha. Chantagens como aquela do caso Viessmann não serão as últimas.

Desde o início de 1996 os sindicatos patronais da Alemanha aproveitam a fraqueza dos seus antigos parceiros e armam um ataque violento após o outro. Em maio desse ano, encorajado pelo governo federal, o presidente da associação nacional das indústrias, Olaf Henkel, incentivou uma redução de juros através de tempo menor para pagamento de auxílio-doença. Um mês após, Werner Stumpfe, do setor patronal metalúrgico, deu o primeiro impulso para a supressão do direito de greve. Enquanto sonha em transferir para os conselhos administrativos os acordos com as comissões sindicais sobre jornada de trabalho, reajustes salariais, pagamento de férias ou auxílio-doença, sua federação pretende proibir que os sindicatos organizem greves de reivindicação quanto a esses pontos. Pois "greves não correspondem mais à atualidade" e "as empresas paradas só perdem fatias do mercado".

Strumpfe parece não se abalar com o fato de que sua investida atinge um direito básico garantido pela Constituição. Ademais, Henkel, Strumpfe e seus colegas da alta direção patronal recusaram um acordo sobre a introdução de um piso salarial (até agora inexistente) no setor de construção civil, apesar de tratar-se de uma proposta conjunta dos patrões e sindicatos do ramo. A respectiva lei federal só poderia entrar em vigor com a anuência dos empregadores, por causa da autonomia tarifária alemã. Sem ela, eles aceitaram o risco de uma onda de falências, devido ao *dumping* salarial praticado por construtoras estrangeiras. Cerca de 6.000 construtoras alemãs deverão fechar e 300.000 empregos serão perdidos, anunciou a Federação Central da Indústria de Construção alemã.[52]

Desregulamentação: a loucura com método

Gerentes de fundos de investimentos e diretorias de grupos empresariais naturalmente não são os únicos responsáveis pelo declínio dos empregos e salários. Há uma terceira parte envolvida: os governos nacionais. Na maioria dos países democráticos, acredita-se que bastaria afastar ao máximo a influência do Estado sobre a economia – a idéia liberal do "Estado mínimo" – para que a prosperidade geral e os empregos voltem. Em nome desse programa são arrasados sucessivamente, de Tóquio a Bruxelas, os monopólios ou oligopólios ainda sob controle estatal e de âmbito nacional.

A concorrência é tudo, empregos nada representam, parecem pensar os governantes. Mas à medida que são privatizados os serviços de correio, telefone, abastecimento de água e energia, transporte aéreo e ferroviário, e que tudo é desregulamentado em benefício da competição internacional, os governos acirram as crises para cujo combate foram eleitos.

Nos EUA e na Grã-Bretanha, essa contradição é evidente há tempos. O exemplo clássico foi fornecido pela liberalização do tráfego aéreo norte-americano. Por motivos de segurança e de controle, um cartel organizado pelo Estado distribuiu, na década de 1970, as rotas entre as diversas companhias. Concorrências representavam a exceção. Na época, as companhias aéreas eram lucrativas e geralmente ofereciam aos seus funcionários empregos vitalícios, porém os preços das passagens eram relativamente altos. Quem tivesse tempo a mais e dinheiro a menos viajava de ônibus ou de trem. A administração Reagan derrubou tudo issso. Os preços caíram vertiginosamente na medida em que numerosas empresas passaram a fazer as mesmas linhas. Tanto a aviação quanto a indústria aeronáutica se transformaram em ramos de negócio altamente instáveis. Seguiram-se demissões em massa, fusões e incorporações de empresas, bem como condições caóticas nos aeroportos. Hoje, restaram apenas seis empresas sólidas que, com menos pessoal do que há vinte anos, venderam mais passagens. Voar tornou-se mais barato do que nunca. Somente os bons empregos estavam perdidos para sempre.

Na elite dos executivos da Europa Ocidental, os conceitos de encolhimento do Estado e desregulamentação da economia, para deixar agir livremente as forças de mercado, encontraram adeptos entusiasmados. Fora da Grã-Bretanha, porém, inexistiam maiorias parlamentares para introduzir as mudanças. Os verdadeiros defensores radicais do mercado se aninharam na Comissão Européia, incumbida de unificar a legislação continental. Eles trabalharam na mais estreita cooperação com empresas de consultoria e organizações lobistas dependentes da indústria.[53]

Praticamente sem debate público, a privatização e a desregulamentação de todos os setores gerenciados pelo Estado passaram a fazer parte integrante do grande projeto de um mercado interno único, com futura unificação monetária e cambial. O plano "Europa-92" inicialmente pôs em andamento uma enorme onda de concentração na economia privada, que custou pelo menos 5 milhões de empregos. Agora, enquanto transcorre a segunda etapa, os países da União Européia (UE) precisam liberalizar também os setores sob proteção estatal e os monopólios; com esse procedimento, prevê-se uma nova eliminação de empregos.

O primeiro setor atingido na nova Europa – como aconteceu nos EUA – foi a aviação. Começando no ano de 1990, a UE liberou todo o tráfego aéreo intrafronteiras. Os preços começaram a despencar e com eles todas as companhias aéreas estatais, com exceção da British Airways e da Lufthansa, já anteriormente privatizadas. Empresas menores, entre elas a Alitalia, Austrian Airlines, Iberia, Sabena e Swissair, perderam a competitividade. Em constantes disputas com o quadro de pessoal, um saneamento se segue a outro, geralmente com a ajuda de fortes injeções financeiras, mas sem perspectivas de sucesso e mediante a perda de 43.000 empregos até hoje.[54]

A partir de abril de 1997, foi facultado às companhias européias de um país oferecer vôos domésticos dentro dos outros países da UE – por exemplo, o trecho Hamburgo–Munique, da British Airways. Na espera desse novo impulso de eficiência, uma segunda grande onda de demissões atingiu o ramo e somente a Lufthansa alemã pretende cortar 1,5 bilhão de marcos em despesas salariais no prazo de cinco anos. Além de uma quantidade não mencionada de demissões, o diretor da Lufthansa, Jürgen Weber, anunciou congelamento salarial, jornadas de trabalho mais longas e redução dos períodos de férias.[55] No final da luta por fatias de mercado nos céus europeus, sobreviverão apenas quatro ou cinco *megacarriers*, as grandes transportadoras, no jargão do ramo.

Esse programa, incentivado pelo Estado, de eliminar empregos mesmo em tempos de desemprego crescente, representa um conceito político confuso. Comparada com o programa global, contudo, a aviação aparece como nada mais do que uma pequena experiência de laboratório. A partir do início de 1998 será liberalizado também todo o comércio de serviços de telecomunicações dentro da UE – um novo Eldorado para investidores e grupos empresariais fortes.[56]

De Helsinque a Lisboa, os monopólios até então pertencentes ao Estado precisam ser preparados para a concorrência, enquanto consórcios internacionais privados se armam para a conquista de um mercado milionário que, com taxas de crescimento de dois dígitos e possíveis margens de lucro anuais de até 40%, justifica qualquer esforço. O que isso significa, em última análise, pode ser ilustrado através de uma comparação entre a Deutsche Telekom e a AT&T americana. Com 77.000 empregados, esta última obteve um lucro de 5,49 bilhões de dólares no exercício de 1995. Com volume anual de vendas semelhante, de 47 bilhões de dólares, a Telekom emprega 210.000 funcionários, o triplo da AT&T, e apresentou lucro de 3,5 bilhões de dólares.[57]

Em 1998, conforme combinado entre o ex-diretor da Telekom, Ron Sommer, e o sindicato, inicialmente deverão ser dispensados 60.000 funcionários de telefonia com a ajuda de indenizações e aposentadorias precoces. Para manter a Telekom competitiva, até o ano 2000 mais 100.000 funcionários perderão seus empregos. Um duro golpe, sem precedente na história alemã do pós-guerra.[58]

Na melhor das hipóteses, será gerada apenas uma fração desses empregos nos novos consórcios concorrentes das duas concessionárias de energia elétrica, a Veba e a RWE (em parceria com a AT&T e a British Telecom). Esses consórcios poderão contar com redes próprias de telefonia ao longo das novas linhas de transmissão e, como empresas monopolistas para eletricidade, dispõem de consideráveis reservas de pessoal, que podem ser remanejadas e treinadas a baixo custo. Além disso, os legisladores lhes asseguram o direito de utilizar a rede de distribuição da Telekom sob condições vantajosas de preço, possibilitando sua exploração em regiões de alta concentração populacional, especialmente lucrativas.

Na verdade, os autores dessas decisões governamentais não querem ser responsáveis pelo aumento do desemprego. O governo federal privatizou a Telekom, em fins de 1996, por meio de numerosas fatias destinadas às maiores bolsas de valores do mundo. O resto certamente será arrebanhado, em seguida, pelos caçadores de lucro fácil das grandes empresas de fundos de investimentos e pensões. O mesmo drama se repete transversalmente ao longo da Europa e inevitavelmente mandará para o espaço a taxa de desemprego na UE. Quando os trabalhadores conseguirem se defender um pouco, a política já terá posto em andamento a próxima rodada de liberalizações.

Na primavera de 1996, o Congresso dos EUA decidiu liberar também no país o mercado local de telefonia, até então protegido. As três proponentes supra-regionais, AT&T, MCI e Sprint, deverão concorrer futuramente com as atuais sete empresas regionais de monopólio em todos os níveis. Prontamente, duas concessionárias regionais se fundiram para formar unidades maiores e menos inchadas de pessoal. Igualmente a AT&T anunciou a eliminação de mais 40.000 empregos. A British Telecom pretende tomar o mesmo rumo. Apesar de já ter eliminado 113.000 empregos, portanto 50% do seu contingente, desde a privatização ocorrida em 1984, mais 36.000 funcionários estarão na rua até o ano 2000.

Ingleses e americanos se preparam assim para a total concorrrência, de âmbito mundial, e a política abre os caminhos. Na sede da Organização Mundial do Comércio (OMC) em Genebra, as delegações governamentais vinham discutindo desde o outono de 1995 os detalhes de um acordo mundial de livre comércio no setor de telecomunicações. Com a entrada em vigor do acordo – e os lobistas dos grupos empresariais lutaram para isso –, restarão "apenas quatro ou cinco gigantes" no mundo todo, prevê o professor Eli Noam, especialista da Universidade Colúmbia de Nova York.[59]

Com a desregulamentação da Telekom não se dão por satisfeitos os fiéis apologistas do mercado em Washington, Bruxelas e outras capitais. Se prevalecer a vontade da Comissão Européia, a partir de 2001 será a vez dos serviços de correio. Os monopólios de força e luz também já estão na mira.

Se os políticos europeus levarem a sério sua tão reiterada afirmação de que o desemprego representa uma grande preocupação, então eles estarão agindo como loucos com método. Será que ainda sabem o que estão fazendo? As dúvidas se justificam, como comprova a experiência vivida por Ron Sommer no início de 1996. Em 19 de janeiro, a Telekom alterou sua estratégia de estrutura tarifária: telefonemas internacionais ficaram mais baratos e os locais, mais caros. Para preparar o gigante alemão da telefonia para a concorrência e para o capital privado, isso é apenas racional. Não caberia subvencionar as ligações locais, predominantemente particulares, já que os novos concorrentes inicialmente tentarão atrair empresas e clientes importantes com tarifas mais baixas para ligações internacionais.

Mal passou a vigorar a nova lista de tarifas, a imprensa popular da Alemanha e os políticos encenaram, em uníssso-

no, uma revolta contra a malvada Telekom, que passava a explorar a solitária vovozinha dependente do telefone, enquanto concedia descontos aos ricos empresários. Conclusão: a mesma política econômica defendida por todos os partidos que apoiaram os novos preços exigia agora uma tarifa social para telefones residenciais. Ron Sommer reclamou que tal populismo era "monstruoso".[60]
A contradança política entre indignação e hipocrisia não é somente absurda. Comprova também que a maioria dos governantes não avalia mais as conseqüências dos conceitos político-econômicos mundiais nos quais é baseada a legislação. "A decisão de liberalizar determinados segmentos dos serviços públicos não é de modo algum de natureza ideológica, mas exprime uma disposição natural de adaptacão ao desenvolvimento econômico e tecnológico", assegura Karel van Miert, o comissário da UE responsável por questões de concorrência.[61]
A simples escolha de palavras de Van Miert já revela a ideologia inquestionável que sempre pode ser reconhecida quando políticos se referem à natureza como agente de transformações que, na verdade, cabem ao Estado. Torna-se mais claro o procedimento de representantes de interesses como Dirk Hudig, que faz lobby para grupos industriais de Bruxelas. Os preços salgados dos serviços públicos na Europa seriam "o resultado da ineficiência das estatais que atendem melhor aos seus funcionários do que ao cliente", afirma ele. "Se a Europa quiser ficar competitiva, não poderá mais descarregar essas ineficiências nas costas dos segmentos produtivos da sociedade."[62]
Nada mais lógico à primeira vista. Custos elevados para telefone, transporte, eletricidade ou viagens de negócio são uma desvantagem comparativa para a economia européia na concorrência global. Inclusive os consumidores privados pagam preços abusivos aos monopólios e, ademais, acabam

por receber um atendimento deficiente. Obviamente, a maioria das empresas atingidas trabalha de forma ineficaz pelo parâmetro de otimização técnica. Só que, em tempos de crise, elas oferecem uma grande quantidade de empregos estáveis. Quando milhões de cidadãos já estão marginalizados de qualquer maneira e receiam por sua sobrevivência ou pelo futuro de seus filhos, a desregulamentação se transforma numa matança política indiscriminada.

A maioria dos governos continua aferrada a esse princípio, porque os seus peritos, acreditando firmemente na teoria neoliberal, prometem que a redução de custos ajudará as empresas de alta tecnologia e de prestação de serviços a realizar um trabalho melhor.

Mas o milagre nunca aconteceu. Isso também não será diferente na indústria da telecomunicação. O previsível boom da multimídia, com a ajuda de redes integradas de baixo custo operacional, na realidade não passará de um programa para acabar com empregos. Quanto mais fácil for para o cliente realizar reservas de viagens, manutenção de contas e compras de todos os tipos em conexão direta com o computador, tanto menor será o número de empregos nos bancos e nas companhias de seguro, em agências de viagens e no comércio varejista.

De nada adianta que essas perdas sejam parcialmente compensadas com a contratação de operadores por milhares de centros de processamento de dados, a cujos programas e máquinas o mundo do futuro estará atrelado. Apenas o setor de lazer e entretenimento poderá oferecer um maior número de postos de trabalho, no futuro mundo da multimídia. Por isso, seria melhor que a política da era da informática não fizesse tantas promessas.[63]

A estratégia de desregulamentação empurra a febre da eficácia até o ponto de autodestruição. Não obstante os alertas contra a integração global, a maioria das instituições-chave da economia, como o Banco Mundial e o FMI, a defendem irrestritamente. É verdade que as previsões otimistas vêm sendo desmentidas pelos problemas que se agravam nos países altamente desenvolvidos. Mas isso, conforme opinião unânime dos especialistas, pelo menos aponta ao Terceiro Mundo a possibilidade de sair da pobreza. "Para muitos países em desenvolvimento, a globalização melhora a chance de emparelhar-se economicamente com os países industrializados", escrevem Erich Gundlach e Peter Nunnenkamp, do Instituto de Economia Mundial de Kiel, a cidadela científica dos neoliberais na Alemanha.[64] E o *Frankfurter Allgemeine*, jornal que é ponta-de-lança da liberdade do capital, frisou que "somente através da globalização os 6 bilhões de habitantes do planeta poderão participar daquelas conquistas das quais apenas 600 milhões de pessoas dos países industrializados puderam participar nos anos 80".

O argumento é forte, mas está correto? São verdadeiramente os pobres do Sul que se beneficiarão com o declínio da situação de bem-estar no Norte?

5

MENTIRAS CÔMODAS

O mito do local de produção e da globalização justa

Calado, as mãos juntas entre as pernas, os lábios comprimidos, Jesus González jamais pensaria que viria parar aqui. Durante anos ele trabalhou duro, chegou a eletrotécnico e finalmente conseguiu um bom emprego na indústria automotiva – uma fábrica que montava partes de motocicletas e tratores.

Nada poderia dar errado, acreditava González, mas de repente tudo ruiu por terra; no começo a taxa cambial, depois o comércio e finalmente a economia nacional. A fábrica entrou em concordata e agora esse pai de família de 30 anos passa seus dias na calçada da barulhenta Avenida San José, no centro da Cidade do México. Sentado na maleta de ferramentas, anuncia-se como "Eletricista" numa cartolina escrita em garranchos e espera por serviços ocasionais. Já não tem esperança em dias melhores.

O destino de Jesus González é um caso comum no México de 1996. Um de cada dois mexicanos em idade produtiva está desempregado ou trabalha sem carteira assinada como diarista na economia informal. A renda média por habitante vem caindo. Distúrbios políticos, greves e revoltas de camponeses sacodem o país. E pensar que o governo e seus assessores norte-americanos haviam planejado tudo tão diferente!

Durante dez anos, três presidentes do México ouviram consecutivamente os conselhos do Banco Mundial, do Fundo Monetário Internacional e do governo dos EUA. Eles privatizaram a maior parte das indústrias estatais, afastaram os impedimentos para investidores estrangeiros, reduziram os direitos alfandegários e abriram o país ao sistema financeiro internacional. Em 1993 o México chegou a firmar com os EUA e o Canadá um acordo de livre comércio – o Nafta, North America Free Trade Agreement – por meio do qual o país se integraria ao mercado estadunidense e canadense num prazo de dez anos. A comunidade dos neoliberais havia encontrado um aluno exemplar. Com a aceitação do México na Organização para Cooperação e Desenvolvimento Econômico (OCDE), o clube dos países ricos homenageou em 1994 esse discípulo aplicado.

À primeira vista, o conceito parecia funcionar. Numerosos grupos empresariais abriram ou expandiram complexos industriais. As exportações aumentaram 6% ao ano, ajudando a reduzir a dívida externa que estrangulava o orçamento nacional. Pela primeira vez o México viveu a ascensão de uma pequena classe média, com razoável poder aquisitivo, que pagava impostos e viabilizava a abertura de novas empresas. Contudo, uma parcela mínima da população usufruiu do milagre. As novas indústrias em expansão nos ramos de química, eletrônica e automóveis dependiam em alto grau de importações e ofereciam um número irrelevante de empregos. A indústria de grande porte, antes estatal, ficou nas mãos de poucos acionistas privados: apenas 25 holdings controlam um império de empresas que produz a metade do produto interno bruto mexicano.[1]

Ao mesmo tempo, esse tipo de abertura desenfreada expôs importantes segmentos econômicos à concorrência com os EUA. Uma onda de importações assolou o México, e a indústria de porte médio, com boa oferta de colocações, precisou curvar-se às circunstâncias. Metade de todas as indústrias mecânicas teve de fechar as portas, inclusive no ramo de máquinas têxteis, até então estável. O crescimento econômico real caiu, em relação à taxa de crescimento da população. Foi fatal o resultado da capitalização forçada da agricultura, cuja intenção era acelerar a exportação e oferecer resistência aos imensos conglomerados americanos concorrentes. Vários milhões de camponeses mexicanos perderam seus empregos para as máquinas agrícolas e fugiram para as cidades já superpovoadas. A partir de 1988, as importações cresceram quatro vezes mais do que as exportações, acumulando um déficit comercial que em 1994 equivalia à soma de todos os demais países latino-americanos reunidos.[2]

Agora, os estrategistas mexicanos do crescimento não podiam mais voltar atrás: para manter o bom humor dos eleitores e as importações baratas, o governo encareceu a própria moeda com juros máximos. Isso não só sufocou a economia interna como trouxe para o país mais de 50 bilhões de dólares em investimentos de curto prazo, geralmente feitos por fundos de aplicação americanos.

Em dezembro de 1994 aconteceu o inevitável. O boom artificial deu marcha a ré e a desvalorização do peso não pôde ser evitada. Receando a ira de investidores estadunidenses encurralados e o medo de uma catástrofe financeira mundial, o secretário do Tesouro de Washington, Rubin, e o chefe do FMI, Camdessus, deslancharam a operação de salvamento do México (veja capítulo 1), mas o preço a pagar foi alto. No sentido de recuperar a confiança dos mercados internacionais, o presidente mexicano, Ernesto Zedillo, receitou um novo tratamento de choque ao seu país, com juros anuais acima de 20% em termos reais e cortes no orçamento público. Foi a pior recessão dos últimos sessenta anos. Dentro de poucos meses, 15.000 empresas estavam falidas, 3 milhões de pessoas desempregadas e o poder aquisitivo da população encolhido em pelo menos um terço.[3]

Após um decênio de reformas neoliberais, a nação de 100 milhões de habitantes ao sul do Rio Grande encontrava-se, em fins de 1996, em situação pior do que antes. Da guerrilha de camponeses zapatistas, no Sul, até o milhão de pessoas da classe média empobrecida, incapaz de pagar os juros de crédito exorbitantes, os diversos movimentos de protesto desestabilizaram o Estado. O México continua sendo um país no limiar de alguma coisa, diz a cientista social e conhecedora do país Anne Huffschmid, "mas não no limiar da prosperidade, e sim no da ingovernabilidade, enfim no limiar da guerra civil".[4]

Assim, para os EUA, o balanço da aventura Nafta se apresenta negativo. Quando montadoras americanas começaram a ir para o México, o governo Clinton inicialmente pôde argumentar que a crescente exportação de produtos para esse país estava criando 250.000 empregos no setor exportador dos EUA. Com o colapso econômico, caiu também o interesse dos mexicanos por produtos dos EUA, e o excedente comercial frente ao México de 1994 se inverteu. Nada sobrou do esperado aumento de empregos nos EUA. De outro lado, aumentaram os lucros de todas aquelas firmas que reduziram seus custos salariais graças à mão-de-obra barata no México.

A desvalorização do peso proporcionou a muitos grupos empresariais dos EUA, bem como a numerosas empresas alemãs e asiáticas nos setores automotivo e eletrônico, uma vantagem a mais no mercado mundial. Os salários de mera sobrevivência que essas firmas oferecem a muitas famílias mexicanas nem de longe compensam os prejuízos advindos do declínio da economia interna. Por isso aumentou novamente o número de fugitivos mexicanos que atravessam o Rio Grande ilegalmente, às vezes sob condições perigosas, à procura de trabalho nos EUA, embora o acordo do Nafta com o México visasse justamente impedir essa migração.

Dessa maneira, a experiência mexicana desmistifica a visão do milagre do bem-estar social, via livre mercado, como ilusão ingênua. Sempre que um país menos desenvolvido, sem um fomento objetivo da indústria e a proteção alfandegária, tenta competir com os países industrializados, o fracasso é previsível: livre comércio significa somente impor o direito dos mais fortes – e não só na América Central.

O México europeu é a Turquia. Na esperança de um rápido impulso de modernização, o governo de Ancara firmou acordo com a União Européia (UE) sobre a criação de uma unificação alfandegária que começou a vigorar no início de 1996. Os industriais turcos anteciparam um número maior de exportações para a UE. Mas esses modernizadores, como os mexicanos, não avaliaram suficientemente as conseqüências da abertura para seus próprios mercados. Desde a época em que produtos do mundo inteiro podiam ser importados para a Turquia sob as mesmas condições da UE, mercadorias estrangeiras baratas tornaram-se sucesso absoluto. Dentro de meio ano, a balança comercial turca afundou no vermelho. É verdade que as exportações aumentaram em 10%, mas as importações subiram 30%. Temendo por suas reservas cambiais ameaçadas, o novo governo, liderado pelo Partido do Bem-Estar Social islâmico, implantou imediatamente uma taxa de importação de 6%. Todavia, o contrato alfandegário com a UE só permite tais medidas de proteção durante duzentos dias. A Turquia, portanto, ficou presa numa armadilha.[5]

Fica provado mais uma vez que a integração de países em desenvolvimento, esperançosos mas fracos de capital, nas zonas de livre comércio das nações altamente industrializadas e desenvolvidas provoca mais danos do que benefícios. Naturalmente, essa conclusão não é nem um pouco nova. Diversamente dos europeus e americanos crédulos no mercado, os líderes de muitos países mais pobres do hemisfério sul já entenderam isso há anos e traçam para suas nações um caminho muito mais sensato para a prosperidade.

Tigres em vez de cordeiros: o milagre asiático

Há tempos que os estrangeiros gostam de viajar para a Ilha de Penang, na Malásia. Clima marítimo e solo fértil atraíram no século 19 os colonizadores britânicos, que instalaram um ponto de apoio nessa ilha, diante da costa ocidental malaio-tailandesa. Ainda hoje é grande o movimento em Georgetown, a principal cidade do lugar. Contudo, não é mais o comércio com produtos agrícolas e as belezas naturais que atraem os forasteiros. A nova estrela em Penang é seu setor industrial. Com cartazes imponentes, a Texas Instruments, Hitachi, Intel, Seagate e Hewlett-Packard deixam bem claro que nenhum grupo empresarial da eletrônica pode se permitir não ser representado aqui. Os malaios orgulhosamente chamam sua velha ilha de "Balneário Silicon Island". Ali, as fábricas transformaram o Estado insular do sul da Ásia no maior exportador de semicondutores do mundo e já empregam 300.000 pessoas.

Penang é somente um dos espantosos fenômenos da revolução econômica que o antigo país agrícola vem experimentando nos últimos 25 anos. Há muito a Malásia deixou de ser um país em desenvolvimento. A poupança interna cresce anualmente de 7 a 8% desde 1970 e a produção industrial aumenta mais de 10% em média. Em vez de 5%, atualmente 25% da mão-de-obra ativa está empregada na indústria, que já responde por um terço do desempenho econômico total. De 1987 a 1995, a renda per capita da população de 20 milhões dobrou para 4.000 dólares/ano. Até 2020, se os planos do governo se concretizarem, o aumento será o quíntuplo disso e assim alcançará o nível dos EUA.[6]

Não só a Malásia encontra-se empenhada nesse esforço de recuperação. Coréia do Sul, Taiwan, Cingapura e Hong Kong, já apostrofados como "Tigres Asiáticos", haviam alcançado o padrão da Malásia cinco a dez anos antes. Por último, coube à Tailândia, Indonésia e sul da China registrarem êxitos semelhantes.

No Ocidente, analistas e empresários saudaram o milagre econômico asiático como exemplar – prova viva de que é possível encontrar uma saída para a pobreza e o subdesenvolvimento. Contudo, o lema liberal-capitalista do "laissez-faire" – deixa estar para ver como é que fica – da maioria dos países da Organização para Cooperação e Desenvolvimento Econômico (OCDE) pouco tem a ver com o boom asiático. Os países emergentes do Extremo Oriente apostam numa estratégia que no Ocidente chega a ser desaprovada: intervenção estatal maciça em todos os níveis da vida econômica. Em vez de se deixar levar como um cordeiro ao matadouro da concorrência internacional, a exemplo do México, os dragões da arrancada dirigida pelo Estado, de Jacarta a Pequim, desenvolveram um instrumental múltiplo com o qual mantêm o desenvolvimento sob controle. Para eles, a integração no mercado mundial não é a meta, mas apenas um meio do qual se servem cuidadosa e ponderadamente.

A abertura da economia para o Exterior acompanha em todo o mundo o princípio do porta-aviões inventado pelos japoneses. Direitos alfandegários altos e especificações técnicas impedem a importação em todos os ramos da economia nos quais os planejadores consideram as empresas nacionais demasiadamente fracas para a concorrência internacional, e assim eles procuram proteger a sua atividade. Inversamente, as autoridades e o governo incentivam por todos os meios a produção para exportação, da isenção de impostos à infra-estrutura gratuita.

Um instrumento importante dessa estratégia é a manipulação das taxas cambiais. Todos os países asiáticos imitam o exemplo japonês e mantêm, através da venda de divisas, o valor externo de sua moeda mais baixo do que corresponde ao efetivo poder aquisitivo do país. Por isso, o valor dos salários médios no Sudeste asiático representa a quadragésima parte daquele da Europa Ocidental, de acordo com o câmbio, apesar de corresponder a um oitavo do nível europeu medido pelo seu poder aquisitivo.[7]

Não apenas os fluxos de capital a curto prazo rumo aos mercados financeiros são controlados pelos engenheiros do crescimento asiáticos; também há interferência nos investimentos diretos dos grupos empresariais transnacionais, que ficam sujeitos a encargos específicos. A Malásia, por exemplo, organiza sistematicamente a participação de firmas estatais e privadas próprias nas filiais dos grupos empresariais. Assim, fica assegurado que um número crescente de empregadores nacionais obtenham eles mesmos o know-how para o mercado mundial. Visando aumentar a qualificação geral de sua população, todos os Estados investem adicionalmente uma parte considerável de seu orçamento na implantação de um sistema educacional.

Onde isso não for suficiente, contratos adicionais sobre licenças e patentes asseguram a transferência de tecnologia.

Além disso, disposições relativas à participação de empresários locais na produção para o mercado mundial garantem que permaneça, no próprio país, lucro suficiente para alavancar a criação de empreendimentos nacionais. Por isso, o carro mais econômico na Malásia é o Proton, que é fabricado com a participação da Mitsubishi, mas com 70% de componentes nacionais. Contrariando os protestos inúteis das empresas automobilísticas dos países da OCDE, a Indonésia segue a mesma estratégia em relação a duas montadoras de carros coreanas. Todas essas medidas servem a uma única finalidade: os governos mantêm a sua soberania econômica e se asseguram de que tanto o capital nacional quanto o estrangeiro atendam aos objetivos politicamente determinados. Quem não concordar está fora.[8]

O sucesso prova que os planejadores asiáticos têm razão. Praticamente todos os Estados de grande ímpeto econômico começaram como o México, como simples subfornecedores, mas os diretores dos órgãos governamentais nunca perderam de vista a proteção e o crescimento de sua economia interna, financiados com as exportações das filiais dos conglomerados transnacionais.

Aos poucos, os governos asiáticos foram criando empresas controladas de grande porte, paraestatais e semi-privadas, que agora se apresentam por si mesmas no mercado mundial. Não é somente a Coréia que possui vigorosos conglomerados de empresas, lá chamados *chaebol*, como a Hyundai ou a Samsung, que abrangem diversos ramos, do automóvel ao computador, sob um único teto. Também a Malásia, comparativamente pequena com seus 20 milhões de habitantes, já conta com seis multinacionais. A maior delas, a Sim Darby, dá emprego a 50.000 pessoas em 21 países, através de duzentas afiliadas. Seu capital em ações já vale mais do que a principal companhia aérea da Ásia, a Singapore Airlines.

Assim, a globalização da economia mundial não acompanha de modo algum um único princípio ou padrão universal. Enquanto nos antigos países de bem-estar social prega-se a retirada do Estado, para dar espaços cada vez maiores às forças do mercado, as novas nações emergentes da Ásia praticam exatamente o contrário.

É impressionante! Os mesmos estrategistas de grupos empresariais que, nos EUA ou na Alemanha, refutam com vigor qualquer ingerência do Estado em suas decisões submetem docilmente seus investimentos bilionários na Ásia às exigências dos burocratas estatais, que sem nenhum acanhamento designam seu trabalho como "planejamento econômico centralizado". Os altos lucros entrevistos no horizonte são capazes de afastar qualquer reserva ideológica.

Comércio justo: proteção para os pobres?

Evidentemente, o milagre asiático também apresenta o reverso escuro da medalha: o crescimento explosivo caminha de mãos dadas com a corrupção, a repressão política e a agressão sistemática ao meio ambiente, bem como com a exploração imoderada dos empregados sem direitos, em sua maioria mulheres. Um exemplo é a Nike: os tênis caros que na Europa e nos EUA chegam a custar 150 dólares são costurados e estampados por 120.000 trabalhadores de ambos os sexos junto a pequenas firmas contratadas pela empresa na Indonésia, por uma diária inferior a 3 dólares. Mesmo para as condições indonésias, trata-se de um salário de fome, embora corresponda ao salário mínimo estabelecido por lei, que vale para mais da metade da população ativa, de 80 milhões de pessoas.[9]

Para manter essa vantagem, o regime militar do general Suharto, desde 1968 no poder, sufoca no embrião qualquer protesto trabalhista. Quando, por exemplo, Tongris Situmo, um operário da Nike de 22 anos de idade, mobilizou seus colegas no distrito industrial de Serang para uma greve, em meados de 1995, os militares simplesmente o trancaram num barracão da fábrica e o interrogaram sem parar durante sete dias. Mesmo assim, ele foi libertado e somente perdeu seu emprego. Já duas sindicalistas conhecidas em todo o país tiveram que pagar com a vida por sua coragem. Seus cadáveres mutilados por torturas foram encontrados nos detritos das fábricas nas quais tentaram organizar uma greve.

O ministro indonésio da Indústria, Tungki Ariwibowo, defende a política de baixos salários tendo em vista a competição entre os próprios países da região por receber novas fábricas. Na China, no Vietnã e em Bangladesh os salários também não seriam mais altos, diz ele, tentando justificar a exploração sancionada pelo Estado. Se for elevado o salário mínimo, "não seria mais possível concorrer com eles". A estratégia do seu governo é trazer para o país a produção de bens de maior valor agregado.[10]

Essa fase já ficou para trás na vizinha Malásia. A subida na escala do valor agregado de seus produtos trouxe ocupação plena e aumentou o salário médio local. Contudo, o Estado ainda está longe de ser um país livre com direitos democráticos fundamentais. O regime do primeiro-ministro Mahathir, chefe de governo desde 1981, utiliza censura rigorosa em toda a mídia. Greves e reuniões são proibidas, partidos de oposição só servem de ornamento nas eleições, realizadas para a publicidade internacional. O crescente poder econômico de uma classe média ascendente coincide com condições de trabalho desumanas da camada inferior, agravadas pela existência de 1 milhão de operários-hóspedes, vindos dos vizinhos mais pobres com visto de trabalho por três anos.

Por isso, a Siemens precisa pagar relativamente bem os técnicos locais da sua fábrica de chips na Malásia, mas não as 600 operárias indonésias que trabalham na montagem em série e que a empresa mantém como escravas. Por 350 marcos mensais, elas trabalham duro seis, às vezes sete dias por semana, e moram num alojamento coletivo pertencente à fábrica, que é fechada à noite como uma prisão. Para evitar a fuga das abelhas-operárias antes de expirarem seus contratos de três anos, o gerente local da Siemens mandou tomar-lhes os passaportes.[11]

Com maior falta de escrúpulos ainda no tratamento de seus empregados agem as empresas de joint venture internacionais na China que já perfazem 150.000, assegurando a participação de investidores do mundo todo no desenvolvimento explosivo da economia de mercado na China. Quinze horas por dia, mais se necessário, cerca de 1 milhão de trabalhadoras precisam costurar, estampar ou embalar produtos, trabalhando como máquinas, e deixando uma caução de vários salários mensais ao serem admitidas, valor esse que não lhes é restituído se abandonarem a firma contra o desejo da gerência. À noite precisam espremer-se em dormitórios estreitos e sem janelas, que em caso de incêndio se transformam em armadilhas mortais. Até o governo central de Pequim admitiu que as leis de proteção ao trabalho estavam sendo ignoradas e que no intervalo de apenas seis meses, no ano de 1993, teriam ocorrido 11.000 acidentes de trabalho fatais e 28.000 incêndios.[12]

Ao mesmo tempo, porém, os líderes da China impedem qualquer resistência por parte da classe operária chinesa, notadamente nas zonas especiais de comércio para investidores estrangeiros. "Quem reclamar ou fizer a tentativa de criar sindicatos logo é condenado a três anos de trabalhos forçados. Atualmente uma centena de sindicalistas está na prisão", relatou em meados de 1996 a Confederação Internacional dos Sindicatos Livres.[13]

Diante das práticas orientais para a conquista de fatias do mercado mundial – inadmissíveis para os parâmetros ocidentais – a maioria dos governos do Ocidente dá mostras de incrível complacência. Essa cegueira propositada ficou evidenciada recentemente pelos principais chefes de Estado europeus, quando se reuniram em Bangcoc, no início de março de 1996, com seus colegas de oito nações asiáticas em crescimento. Durante o encontro, mais de cem organizações de base protestaram contra as condições de trabalho desumanas nas fábricas asiáticas. Ao mesmo tempo, mais de 10.000 tailandeses acamparam diante da sede do governo e denunciaram a desigual distribuição da crescente riqueza de seu país.[14]

Oficialmente, nenhum dos convidados europeus pronunciou uma única palavra a esse respeito. Ao contrário, tanto o primeiro-ministro alemão quanto o britânico preferiram negociar, em conversações paralelas, contratos volumosos com grupos empresariais que ainda ostentam nomes alemães ou ingleses. O diretor da Daimler-Benz, Jürgen Schrempp, mandou divulgar que a Alemanha precisava estar disposta "a aprender da Ásia", e a Câmara de Indústria e Comércio exaltou num estudo a "estabilidade política" e as "condições de investimento especialmente favoráveis" da ditadura indonésia.[15]

Semelhante insensibilidade esconde uma mensagem funesta: proteção ao meio ambiente e à saúde, democracia e direitos humanos precisam ficar a reboque da economia mundial. "Não podemos permitir, todavia, que regimes autoritários representem pré-requisitos para o sucesso econômico", adverte John Evans, secretário-geral da representação sindical internacional junto à OCDE em Paris. "Somente nas democracias é possível discutir sobre a distribuição de lucros."[16] Como muitos sindicalistas no mundo todo, Evans vem se mobilizando para combater por meio de sanções comerciais contra os países envolvidos qualquer violação de direitos ambientais ou humanos.

O governo dos EUA sob Bill Clinton, eleito com o apoio dos sindicatos, apoderou-se dessa plataforma. No final das negociações sobre o acordo para formar a OMC (Organização Mundial do Comércio, que substituiu o Gatt), o representante dos EUA pleiteou a inclusão de uma cláusula social e outra sobre o meio ambiente. Seriam denunciados – e punidos com sobretaxas, se necessário – os países-membros cujos bens de exportação fossem produzidos comprovadamente sob condições reprováveis. A iniciativa não despertou apenas o protesto dos países potencialmente atingidos. A resistência deles poderia ser vencida, pois teriam muito a perder com as sanções, já que o estatuto da OMC eliminava medidas protecionistas até então existentes. O fracasso da sugestão deveu-se – quem diria! – aos países da União Européia que, com exceção da França, manifestaram-se contrários à cláusula. Os dois mais ferozes opositores foram a Alemanha e a Inglaterra, países onde "se acredita na liberdade de comércio como as crianças acreditam em Papai Noel", no comentário mordaz do jornal francês *Le Monde Diplomatique*.[17] Perdeu-se a oportunidade única de introduzir um código comercial moralmente válido, apesar de as negociações para a criação da OMC terem se prolongado por sete anos.

Não há argumento plausível contra salvaguardas como a proibição do trabalho infantil e do trabalho forçado, além do combate à discriminação étnica ou de sexo e a garantia de liberdades sindicais. De qualquer modo, são pontos integrantes de convenções das Nações Unidas, já ratificadas por todos os Estados há muito tempo. As sanções comerciais previstas só tornariam essas cláusulas mais respeitadas. Naturalmente, seus opositores, como o secretário-geral da Organização Mundial do Comércio, alegam que "pela porta de trás das salvaguardas sociais poderia introduzir-se sorrateiramente um neoprotecionismo". Com o pretexto do social, os países mais ricos poderiam tentar manter à distância a concorrência mais barata. Da mesma forma, argumentaram todos os representantes dos países em desenvolvimento, a introdução de uma cláusula social no acordo da OMC só negaria mais uma vez, aos pobres do Sul, a participação no bem-estar social.

Esse argumento, todavia, só tem valor propagandístico, na melhor das hipóteses. Vindo de políticos europeus, chega à hipocrisia. Quando se trata dos interesses de federações influentes e de capitalistas, a Comissão Européia e os governos são menos melindrosos. Sempre que as empresas privadas não tivessem conseguido para si uma base de produção nos países de baixos salários, esse comitê de representantes dos 15 países da União Européia recomendava duras taxações *antidumping*, principalmente sobre importações da Ásia: rolamentos de aço da China, câmeras de vídeo da Coréia, insumos químicos da Rússia – mais de cem categorias de produtos!

Diante disso, a introdução de normas mínimas sociais e ecológicas não seria nada de mais. Apenas se faria justiça aos que trabalham em condições adversas ou insalubres nos países em desenvolvimento. A afirmação dos potentados locais, de que a liberdade sindical ou a proibição do trabalho infantil deixaria os pobres ainda mais pobres, é igualmente mentirosa. Se os lucros das grandes empresas corressem perigo, essas elites não-democráticas estariam sob pressão para, finalmente, permitir o ingresso de maiores camadas da população no mercado de consumo. Ademais, o mau uso protecionista de restrições à importação, com base nas cláusulas sociais do estatuto da OMC, seria facilmente evitado se a verificação de violações dos direitos humanos fosse apresentada às instituições responsáveis da ONU.

Protecionismo: defesa dos ricos?

Por mais racionais e justas que possam ser as sanções comerciais contra regimes autoritários, é falsa a esperança de muitos sindicalistas de que isso permitirá reprimir o arrocho salarial e o desemprego. As vantagens de custo dos países de baixos salários não são culpa exclusiva da repressão política ou de práticas de exploração por parte de empresas e funcionários de governos anti-sociais. As exportações crescentes por parte de um número relativamente pequeno de países em desenvolvimento devem-se em primeiro lugar ao padrão de vida geralmente baixo da população, que em vista de custos mais baixos para moradia e alimentação também tem reivindicações mais modestas quanto à sua renda. Além disso, os jovens países emergentes do capitalismo até o momento vêm dispensando a seguridade social, uma vez que as suas estruturas familiares ainda continuam intactas. "Nosso sistema social é a família", costuma ser a resposta dos políticos asiáticos, quando questionados sobre a assistência à saúde e velhice. Pesa ainda mais o *dumping* cambial por parte desses países, o que torna as suas exportações fora de concorrência. Por isso, a fábrica de chips da Malásia ainda continuaria lucrativa caso tivesse que pagar salário de 700 marcos por mês às suas operárias da linha de montagem e se o país possuísse sindicatos livres. A fabricação dos tênis Nike na Indonésia e em Bangladesh também valeria a pena se fosse dobrado o valor do salário mínimo. Uma maior atenção à justiça social no Sul, porém, não iria assegurar nem criar postos de trabalho no Norte.

Conseqüentemente, muitos economistas franceses, seguindo a tradição protecionista de seu país, exigem a implementação objetiva de sobretaxas comerciais. Por exemplo, o assessor Gérard Lafay sugere o recolhimento aos cofres públicos de taxas *antidumping* que pelo menos equacionassem a desvalorização artificial da moeda nos países exportadores asiáticos. As receitas aduaneiras, porém, nao deveriam fluir para os cofres públicos, e sim ser creditadas aos respectivos exportadores em moeda européia. Isso daria a eles a possibilidade de, por sua vez, financiar importações da Europa e assim estabelecer um equilíbrio melhor no comércio e nas taxas cambiais. Isso parece plausível, mas ainda assim é problemático: como determinar as sobretaxas sem cair na arbitrariedade? Os países punidos não teriam barrado o acesso aos mercados do Norte, do qual dependem desesperadamente para seu desenvolvimento?

É questionável, porém, se uma investida contra a concorrência de salários baixos teria condições de frear a galopante desvalorização do trabalho remunerado nos países altamente desenvolvidos. Não resta dúvida que a importação crescente do Oriente e do Extremo Oriente tem causado prejuízo nos setores de mão-de-obra intensiva. Na indústria de calçados e têxtil, da tecnologia de computação, mecânica de precisão e setores conexos, em todos os países da tríade Europa-América do Norte-Japão, foram perdidos postos de trabalho para os países emergentes. A primeira a cair é a demanda de mão-de-obra menos qualificada e de atividades mecânicas de montagem contínua. O economista britânico Adrian Wood comprovou, num estudo empírico de grandes proporções, que em média a oferta de trabalho nas indústrias diminuiu 15% nos países da tríade desde 1980, em conseqüência do comércio mais intenso com nações em desenvolvimento.[18]

Do ponto de vista da economia nacional, porém, esse desenvolvimento representou um excelente negócio para os países de bem-estar social do Norte. Ocorre que, com as importações, cresciam também as compras dos países emergentes junto aos seus clientes. Das instalações de uma fábrica ao satélite de comunicações, eles precisam, afinal de contas, comprar quase de tudo. Nenhum país da OCDE foi mais bem-sucedido nesse particular do que a Alemanha, onde as exportações formam a maior parte do produto interno bruto. Tanto no intercâmbio com a Ásia como com as novas economias de mercado da Europa Central, a República Federal da Alemanha chega a alcançar um superávit nas exportações. O grosso dos lucros, entretanto, vai parar nas contas dos ramos intensivos em capital e capacitação tecnológica, como química fina, instalações industriais, eletricidade e indústria de precisão.

Esse deslocamento é a causa mais importante da crise do trabalho. A maioria das empresas alemãs, mas também francesas ou japonesas, ganha bem com a globalização. Somente se encolhe incessantemente a parcela dos seus rendimentos destinada à mão-de-obra nos seus países de origem. Não diminui o bem-estar social de um modo geral, mas apenas a cota de salários, portanto a parte do desempenho econômico que recai sobre salários. Mesmo na Alemanha, que até pouco tempo se preocupava com a questão de compensação social, a parcela dos salários encolheu 10% desde 1982. Ao mesmo tempo, aumenta a distribuição desigual do valor dos salários entre os diversos grupos empresariais. Especialistas de difícil substituição ou prestadores de serviços qualificados, que não sofrem nenhuma competição em nível internacional, certamente ainda podem contar com vencimentos crescentes. Todo o restante e sobretudo a mão-de-obra não-qualificada vão escorregando aos poucos.

É importante perceber que esse processo só em pequena proporção tem a ver com os países recém-industrializados da Ásia ou da Europa Central. Os grandes ajustes no mercado de trabalho são causados, antes de mais nada, pela acelerada complementaridade dos países da OCDE entre si.

Nos anos 90, mais de dois terços dos investimentos extrafronteiras se destinaram a esse grupo de nações. É verdade que estão crescendo os investimentos de empresas do Norte, nos países em desenvolvimento. Porém, mais da metade dessa transferência de capital vai para a exploração de matérias-primas e para a criação de empresas de serviços como hotéis e bancos, que têm pouco a ver com deslocamento da força de trabalho.

Antes de mais nada, as compras e investimentos de empresas que transcendem fronteiras entre os países ricos aumentam mais rapidamente ainda. Enquanto os investimentos diretos estrangeiros nos países em desenvolvimento cresciam de 55 para 97 bilhões de dólares por ano de 1992 a 1995, os grupos empresariais catapultavam o valor correspondente para os países da OCDE, no mesmo espaço de tempo, de 111 para 216 bilhões de dólares por ano.[19]

Os dados ilustram a escala que alcançou o entrelaçamento de capital e comércio entre os Estados da OCDE. O simultâneo acirramento da concorrência entre as próprias nações de bem-estar social é a razão pela qual há anos a produtividade aumenta mais do que todo o desempenho econômico. A modificação técnica forçada pela concorrência é que torna a mão-de-obra cada vez mais supérflua. Não é a mão-de-obra barata no Sul e no Leste europeu a responsável pelo desemprego e o achatamento dos salários. Na melhor das hipóteses, ela é a roda dentada e o lubrificante que mantém em andamento a espiral da racionalização e redução dos custos do trabalho dentro do mercado europeu ocidental.

A escola neoliberal das ciências econômicas encheu bibliotecas inteiras com estudos que procuram provar que os únicos responsáveis pela onda de desemprego são os progressos da tecnologia e dos métodos gerenciais, e não as trocas comerciais transnacionais.[20] Contudo, a diferenciação é puramente acadêmica. No mundo real os dois fenômenos estão inseparavelmente interligados, porque o entrelaçamento global proporciona a força de penetração ao progresso técnico que atualmente marginaliza milhões de pessoas.

Contra esse processo, a criação de barreiras comerciais e direitos aduaneiros defensivos representaria uma arma ineficaz, na medida em que tal protecionismo se volta somente contra países de salários baixos. Somente se um Estado procurasse resguardar-se contra a concorrência de outros países altamente desenvolvidos, teria ele condições de reconstruir suas indústrias com grande potencial de mão-de-obra. Em contrapartida, tal país perderia todos os mercados próprios de exportação, uma vez que os concorrentes pagariam na mesma moeda – uma estratégia de caos. O preço de uma mudança de estrutura inversa seria, de outro lado, uma enorme perda de bem-estar social, embora mediante volume maior de empregos.

Onde quer que economistas e estudiosos dêem o alerta sobre a queda no nível do bem-estar – inevitável na medida em que multidões de novos trabalhadores baratos ingressam no mercado – nada se fala sobre o fato de que o desempenho geral dos países ricos continua crescendo como sempre. Da mesma forma, e ainda mais rapidamente, aumentam os rendimentos médios do capital. Assim, não são os países pobres que tiram o bem-estar social dos países ricos.

De outro lado, é verdade que, para os donos do capital e os profissionais altamente qualificados do Norte e Sul, a globalização da economia traz maior bem-estar, à custa do restante da população. A estatística do Banco Federal da Alemanha sobre as fontes dos rendimentos privados revela que essa tendência também atingiu há tempos a Alemanha, não obstante os sindicatos até agora fortes e as consideráveis verbas sociais. Ainda em 1978, 54% dos rendimentos disponíveis na Alemanha Ocidental representavam salários em geral. O resto era distribuído meio a meio entre rendimentos de juros e retirada de lucros, bem como pagamento de aposentadorias e serviços sociais. Dezesseis anos depois, a parcela de salários líquidos caiu para apenas 45%. Em contrapartida, um terço da renda nacional provém de lucros de empresas e do usufruto de juros de aplicações financeiras.[21]

Então, chegamos ao ponto. A raiz do problema do desemprego está no velho conflito de distribuição de renda, que é tão antigo quanto o próprio capitalismo. O que espanta é que os adoradores do livre mercado ainda conseguem negar essa simples verdade perante si mesmos e o grande público. Por exemplo, na Alemanha, os debates a respeito da complementaridade da economia assumem traços cada vez mais grotescos e produzem uma política totalmente equivocada.

Modelo alemão: a(s) mentira(s) sobre o local de produção

Helmut Kohl não poupa elogios aos sindicatos alemães. "Eles se mostram extraordinariamente cooperativos e abertos ao diálogo", diz para agradar aos representantes dos empregados, parceiros de uma aliança que teria "conseqüências positivas". O presidente do sindicato dos metalúrgicos IG Metall, Klaus Zwickel, seria "um cidadão merecedor de todo o respeito e gratidão". Fervorosamente Kohl assegura aos cortejados a sua ajuda em tempos difíceis. "Sou um discípulo de Ludwig Erhard. Nosso partido jamais praticará uma política voltada exclusivamente para o mercado; a condição social faz parte dele, e por isso não existe decomposição social."[22]

Assim falava o primeiro-ministro alemão em abril de 1996, para que todos o ouvissem, num importante programa de debates da televisão. Dois meses depois, os destinatários dessa torrente de elogios organizaram em Bonn a maior manifestação sindical do pós-guerra para protestar justamente contra o chanceler e sua política. Mais de 300.000 pessoas viajaram, às vezes mais de setenta horas, em 74 trens especiais e 5.400 ônibus para expressar seu descontentamento com a exploração social, o desemprego e o achatamento salarial decretado pelo Estado. Caso o governo federal mantenha o seu programa, "esta República enfrentará paralisações comparáveis às da França ou piores", anunciou o presidente da Central Sindical, Dieter Schulte, numa alusão à greve geral dos colegas franceses meio ano antes. Depois disso, Kohl só encontrou palavras como "descontentes profissionais" e "preocupados crônicos" para seus antigos parceiros de cooperação, "que não pensam em outra coisa a não ser na defesa de níveis de prosperidade e que porão a perder o futuro da Alemanha".[23]

Novos tempos: não mais de forma camuflada, mas global e ofensivamente, o governo conservador-liberal alemão se apropria de uma verdade que a elite capitalista do país já conhecia e reclamava há anos. "Nós somos caros demais", diz o chanceler, mas o "nós" só inclui aqueles que auferem rendimentos como empregados e operários. E uma expressão – nível de prosperidade – começa a fazer escola. O governador democrata-cristão da Saxônia, Kurt Biedenkopf, chegou a descobrir toda uma montanha de "situações de bem-estar social" que "deveriam ir pelos ares".[24]

Entenda-se por isso a continuidade do auxílio-doença, do salário-família, da garantia contra demissões sem justa causa, do seguro-desemprego, da semana de cinco dias e dos trinta dias de férias anuais. Enfim, todo o lado social da economia de mercado alemã. Sem dúvida, em comparação com o resto do mundo, a situação dos empregados germânicos na sua maioria ainda é boa, e os partidos governistas cansaram-se de usar o slogan "Modelo Alemanha" nas suas campanhas eleitorais. Mas, à luz da concorrência global, as conquistas sociais transformaram-se em "níveis de prosperidade". O programa de governo de Kohl estabelecido em abril de 1996 desencadeou a expropriação dos "prósperos", fazendo cortes ao longo de todo o espectro de serviços sociais. Até mulheres que aumentam seu "nível de prosperidade" pela gravidez e tiram licença do trabalho deverão ser punidas futuramente com descontos nos salários.

A intenção está clara: em vista do fato de que sobra cada vez menos na máquina econômica globalizada para o pagamento do trabalho, os assalariados e beneficiários de serviços sociais deverão distribuir o valor restante entre si de tal forma que todos recebam alguma coisa, fazendo diminuir o desemprego. A Alemanha deverá aprender dos EUA, onde proporcionalmente um número maior de pessoas tem empregos, mas em compensação precisa aceitar salários menores, redução de benefícios sociais, jornadas de trabalho mais longas e condições de trabalho piores. Um porta-voz do mundo do capital declara abertamente: "A redução de 20% do salário bruto é necessária para voltarmos a ter ocupação plena", disse Norbert Walter, ex-diretor do Instituto de Economia Mundial de Kiel e hoje consultor econômico no Deutsche Bank.[25] Poucos anos atrás, essa seria uma declaração politicamente incorreta, mas hoje ele conta com o apoio do governo. Walter e seus afortunados patrões apenas ecoam uma campanha de mídia que atua há anos, difundindo a mentira da decadência da Alemanha como local de produção.

Um dos argumentos centrais nessa batalha de propaganda apregoa que o Estado de bem-estar social alemão tornou-se excessivamente caro. Cidadãos em demasia entregam-se à mentalidade "cobertura contra todos os riscos" (Walter), preferindo receber benefícios sociais a trabalhar.

Com certeza muitas coisas no sistema social alemão exigem reformas. O total de 152 diferentes formas de atendimento social está organizado, em parte, de forma caótica, causando custos elevados de administração e muitas vezes beneficiando as pessoas erradas, enquanto os verdadeiramente necessitados nem sequer conseguem garantir um teto para dormir. Mais de 8 milhões de pessoas já vivem abaixo do limite da pobreza e faltam verbas para um programa de treinamento e reintegração ao trabalho.

Só uma coisa está errada: que o programa assistencial tenha ficado caro demais. É verdade que em 1995 foi gasto quase 1 bilhão de marcos, onze vezes mais do que em 1960, para cobrir as necessidades. Mas da mesma forma multiplicou-se o total da receita nacional. Todos os serviços sociais reunidos perfizeram no ano de 1995 um pouco mais do que 33% do produto interno bruto da República Federal da Alemanha. Vinte anos antes, em 1975, o valor correspondente à Alemanha Ocidental perfez exatamente a mesma coisa: 33%.[26] Sem os pagamentos na ex-Alemanha Oriental, a cota hoje em dia seria até 3% menor.

Contudo, o que mudou de forma dramática foi o financiamento desses encargos. Quase dois terços dos pagamentos sociais originam-se de alíquotas dos rendimentos de assalariados. Como a parcela destes no PIB cai constantemente em conseqüência do desemprego e das rendas estagnadas, as contribuições precisaram sofrer um aumento exorbitante no correr dos anos para financiar aposentadorias, salários-desemprego e tratamentos médicos. Quatro milhões de desempregados representam, só para a Caixa de Aposentadoria, prejuízos de 16 bilhões de marcos por ano.

Portanto, a crise do sistema de proteção social alemão é exclusivamente uma conseqüência da crise do trabalho: a ociosidade de tantos habitantes de uma Terra do Nunca. Para não encarecer desnecessariamente o sistema, teria sido lógico, em vista do crescente enriquecimento no país, obter mediante impostos também a participação daqueles que não pagam encargos sociais: funcionários públicos, autônomos e abastados. Na realidade, o governo Kohl fez exatamente o contrário. No curso da reconstrução da ex-Alemanha Oriental, o governo saqueava as caixas de previdência para os mais diversos pagamentos, que nada tinham a ver com a finalidade propriamente dita do seguro social: compensações para as vítimas da unificação, aposentadorias precoces para funcionários públicos demitidos da ex-Alemanha Oriental etc. Se os institutos de seguridade social fossem liberados de despesas para as quais nem estão equipados, os encargos sociais poderiam ser imediatamente reduzidos de 8% sobre os salários, calculam os administradores do órgão federal competente.[27]

Também muitos empregadores serviram-se sem acanhamento do dinheiro dos segurados sociais. De 1990 a 1995, os empresários e seus diretores de pessoal mandaram três quartos de milhão de funcionários para a aposentadoria precoce e assim, à custa dos contribuintes, rejuvenesceram seu pessoal contratado. Os gastos adicionais da Caixa de Aposentadoria com essa medida perfazem 15 bilhões de marcos por ano, correspondendo a 1% do valor dos salários.[28]

Um método não menos duvidoso para persuadir os cidadãos da Alemanha Federal a reduzir suas reivindicações é a comparação internacional dos custos de trabalho, que realmente não são maiores do que em qualquer outro lugar. A diferença entre os salários-hora de país a país, todavia, é tão significativa quanto a diferença nos custos de construção civil entre o centro nobre de São Paulo e um bairro distante. O que realmente conta no mercado mundial são os custos da remuneração por peça produzida, o valor do produto que é fabricado com uma unidade de trabalho. Com a avaliação desses dados em âmbito mundial, os economistas Heiner Flassbeck e Marcel Stremme, do Instituto Alemão de Pesquisa Econômica, chegaram a resultados espantosos. Calculados na base das respectivas taxas cambiais, os custos da remuneração por peça produzida aumentaram 97% na Alemanha Ocidental entre 1974 e 1994, e 270% na média em todos os demais países da OCDE.[29]

A máquina alemã de eficiência, portanto, funcionou muitíssimo bem. Exatamente por isso empresas alemãs estão na dianteira em muitos mercados até hoje. À mesma conclusão chegaram em 1996 economistas do Instituto Ifo de Munique, que assessora o governo federal: "A renda real média, por exemplo, cresceu menos na Alemanha do que em qualquer outro lugar", escreveram seus peritos num parecer para o Ministério da Fazenda em Bonn. "Valores semelhantes só podem ser encontrados nos EUA. Os dados confirmam a tese dos sindicatos moderados alemães e provam que salários-hora elevados por jornadas efetivas curtas são justificados pela produtividade."[30]

Nenhum país, contudo, pode vender impunemente para o mundo, durante décadas, mais do que ele próprio importa. A conseqüência inevitável é que o marco alemão aumenta constantemente de valor em relação às outras moedas. A disciplina de custos praticada pelos alemães – estabelecida em cada rodada tarifária – sempre é devorada de novo pela perda de valor das receitas em moeda estrangeira. Assim, os produtos de exportação alemães em 1984 tiveram um rendimento 10% inferior em 1992, porque a crise no sistema cambial europeu e a política do dólar barato do Fed americano projetaram a taxa cambial do marco alemão para cima e a do dólar para baixo. Fazendo-se os respectivos ajustes cambiais nos cálculos, o desenvolvimento dos custos do trabalho na Alemanha corre aproximadamente em paralelo com o de outros países europeus. Por isso, atualmente, os custos de remuneração por peça produzida – convertidos em dólares – equivalem aproximadamente aos padrões norte-americanos na indústria de transformação, conforme calculou também o Instituto de Economia Alemã de Colônia, ligado a grupos empresariais.[31]

Diante desse pano de fundo, foi um golpe de propaganda ousado que Olaf Henkel, ex-diretor da IBM e presidente da Federação das Indústrias Alemãs, deflagrou no segundo semestre de 1995 contra os empregadores alemães. Considerando que suas empresas investem muitos bilhões de marcos no Exterior, juntamente com o capital emigraram também os empregos. Afirma Henkel: "Postos de trabalho são o maior sucesso na pauta de exportação alemã".[32] Essa afirmação teve o efeito de uma bomba junto ao público, foi amplamente divulgada no país todo – e, não obstante, estava completamente errada.

Para comprovar sua tese, Henkel fez o seguinte cálculo: desde 1981, grupos empresariais fizeram investimentos de 158 bilhões de marcos em afiliadas no Exterior. No mesmo intervalo, o número de empregados nessas filiais aumentou em 750.000. Conseqüentemente, a Alemanha "exportou" praticamente 70.000 postos de trabalho por ano.

A realidade é bem diferente. Um país que ao longo de muitos anos alcança excedentes comerciais precisa necessariamente exportar mais capital do que importa. Pelo mesmo motivo, empresas japonesas investiram, no mesmo espaço de tempo, 100 bilhões de marcos a mais em afiliadas no Exterior do que os alemães. A maioria dos investimentos também não flui para países de baixos salários, mas para as outras nações industrializadas. Os objetivos mais importantes da expansão alemã no Exterior são a Grã-Bretanha, Espanha, EUA e França.

Antes de mais nada, porém, os alegados postos de trabalho adicionais no Exterior não passam de uma abstração.

Isso pôde ser comprovado de forma decisiva pelo economista Michael Wortmann, do Instituto de Pesquisas de Berlim para Comércio Exterior, que por dez anos vem cadastrando os investimentos de empresas alemãs no mundo.[33] É verdade que cresceu o número de empregados de empresas alemãs no estrangeiro, de 1989 a 1993, em 190.000 pessoas, de acordo com as estatísticas. Contudo, no mesmo espaço de tempo, investidores alemães adquiriram empresas estrangeiras com até mais de 200.000 empregados. Os postos de trabalho "exportados", portanto, já existiam há muito tempo.

Naturalmente, muitas empresas alemãs efetivamente instalaram fábricas. A BMW construiu na Carolina do Sul, EUA; a Siemens, no norte da Inglaterra; a Bosch, no País de Gales; e a Volkswagen, em Portugal e na China. Contudo, tanto as indústrias adquiridas como as novas passaram por uma adaptação ao modelo doméstico alemão de gerenciamento: racionalizar, reduzir estoques, concentrar. Muitas aquisições no Exterior servem simplesmente à finalidade de equilibrar a participação no mercado. Pouco tempo após a compra, as empresas são fechadas. Enfim, as firmas alemãs criam no Exterior tão poucos empregos adicionais quanto internamente.

Conclusão: a discussão a respeito da competitividade alemã no mercado global está permeada de discordâncias, contradições e mistificações deliberadas. O efeito sobre a política é igualmente devastador. Acreditando no mito do alto custo do trabalho no país, difundido pelos radicais do livre mercado, o governo federal fragiliza a nação com um programa de cortes que provoca mais danos do que benefícios. Somente no funcionalismo público serão eliminados 200.000 postos de trabalho até 1998, e outras 195.000 pessoas se tornarão vítimas do desemprego na iniciativa privada. Ao mesmo tempo, a redução dos serviços sociais fará cair uma vez mais o poder aquisitivo no mercado interno. Devido à falta de clientela, Holger Wenzel, da Federação do Comércio Varejista, prevê a perda de 35.000 empregos por ano nas lojas e nos shopping centers da Alemanha.[34] "O desemprego se auto-alimenta", preveniu Wolfgang Franz, um dos cinco conselheiros econômicos a serviço do governo federal.[35] Seus ministros, contudo, reiteram que o programa de contenção de gastos sociais não tem alternativas, e como justificativa apontam o déficit crescente das contas públicas.

Mas esse argumento também não convence. É lógico que caia a arrecadação com o aumento do desemprego. Os administradores do buraco financeiro sempre omitem, constrangidos, o fato de que eles próprios reduziram a arrecadação com generosas isenções tributárias para empresas e entidades autônomas, além de tolerar a crescente evasão de patrimônios para os paraísos fiscais. Com a redução da alíquota do imposto de renda de pessoa jurídica para sociedades de capital e uma torrente de vantagens nas concorrências públicas, a tributação dos lucros empresariais caiu de 33% para 26% de 1990 a 1995. A correspondente receita para o Estado desabou 40%.[36] Se o imposto sobre o lucro continuasse no mesmo nível de 1980, quando rendeu um quarto de todas as receitas públicas, o Tesouro nacional seria 86 bilhões de marcos mais rico – uma vez e meia mais do que o valor das dívidas adicionais contraídas pelo Ministério da Fazenda no ano de 1996. Com outros favores fiscais em estudo, faltarão adicionalmente 11 bilhões de marcos em receitas.

Tudo isso supostamente facilitaria a criação de novas empresas e postos de trabalho na Alemanha. Também na tributação existiria concorrência entre os Estados, diz o ministro da Fazenda Theo Waigel, justificando a reforma tributária que reduz receitas públicas. Contudo, pensar que lucros maiores das empresas se traduziriam quase automaticamente em crescimento e mais empregos é uma esperança refutada há muito tempo. De 1993 a 1995, os lucros empresariais na República Federal da Alemanha aumentaram 27%, mas a taxa nacional de investimentos permaneceu constante.

Fugindo da espiral descendente

As contradições intrínsecas ao conceito de deslocamento da produção ou migração do trabalho de um país para outro documentam a falha básica de raciocínio na política de concorrência global: ela ignora a perspectiva. A competição desenfreada por fatias de mercado desvaloriza a força de trabalho em ciclos cada vez mais rápidos e, na visão da grande maioria das pessoas, isto se afigura como a corrida entre a lebre e a tartaruga. Algum concorrente mais barato sempre está ou estará presente no cenário. Quem apenas se "adapta" força a mesma reação adaptativa em outro lugar, e não tardará a chegar a sua vez. Não importa o que façam, a maioria dos empregados tem tudo a perder nesse jogo. Somente a minoria dos abastados e, eventualmente, das pessoas altamente qualificadas leva vantagem – em média cerca de um quinto da população nos antigos países industrializados. A tendência para a sociedade 20 por 80 não pode mais ser desmentida, nem mesmo pelos defensores profissionais do liberalismo econômico. A estatística sobre as fontes de rendimento documenta com clareza o crescente abismo entre o pobre e o rico.

Todavia, quanto à propagação interminável dessa espiral descendente, não se trata de destino ou de maldição divina. São possíveis contra-estratégias, em grande parte já elaboradas. No centro do remanejamento deveria situar-se a valorização do trabalho. São indiscutíveis, mesmo entre os economistas liberais, as enormes chances que uma reforma tributária ecológica pode proporcionar. Se o consumo de energia elétrica fosse encarecido paulatinamente e a longo prazo, isso não afastaria somente a ameaçadora agressão ao meio ambiente. No mesmo impulso aumentaria a demanda de força de trabalho e se tornaria mais lento o avanço da tecnologia e da automação industrial. Além disso, custos crescentes de transporte imporiam novos limites à divisão do trabalho. Não valeria mais a pena o depósito rodante de componentes produzidos por subcontratadas, na forma de intermináveis filas de caminhões nas rodovias.

Num cálculo-modelo, com hipóteses cuidadosamente selecionadas, o Instituto Alemão de Pesquisa Econômica comprovou que, com um imposto ecológico sobre o consumo de óleo combustível, gasolina, gás natural e energia elétrica, aumentado anualmente em pequenos passos, poderiam ser criados na Alemanha mais de 600.000 postos de trabalho adicionais dentro de dez anos. A minimização dos gastos em energia elétrica ocorreria na sua maior parte por conta de trabalho operário concentrado em fábricas e mediante geração descentralizada de energia, e por isso asseguraria ocupação a muita gente.[37]

Mais trabalho ainda se tornaria necessário se o uso de matéria-prima ficasse mais caro. Nesse contexto, o pesquisador Walter Stahel elaborou um cálculo notável sob o significativo título de "A armadilha da aceleração ou a vitória da tartaruga".[38] Preços mais elevados para recursos naturais proporcionariam, aos bens duráveis, vantagens de custo em confronto com artigos perecíveis e produtos concorrenciais – em favor do trabalho. Stahel calculou essa inversão da tendência pelo exemplo da produção de automóveis. Há tempos já é tecnicamente possível fabricar automóveis cuja carroceria e bloco do motor duram vinte anos em vez dos dez anos costumeiros atualmente. No veículo de dez anos, o preço de compra perfaz em média 57% do custo total. Apenas 19% dos gastos são destinados a reparos e consertos. Numa vida útil de vinte anos, a parcela do preço de compra cai para 31% do custo de um automóvel novo, enquanto 36% do custo total do carro precisam ser gastos para consertos. Por hipótese, os compradores gastariam o mesmo em ambos os casos, mas o trabalho de robôs nas fábricas seria desvalorizado, enquanto aumentaria a participação intensiva de trabalho nos serviços de manutenção.

Mesmo em outros setores da sociedade não faltam tarefas criativas. Na área de saúde pública, na recuperação de zonas agrícolas destruídas ou no saneamento de cidades-satélites decadentes não faltaria trabalho. Mas nada disso pode ser organizado somente por empresas privadas e pelo mercado. Somente quando o Estado intervier, e quando as próprias cidades e comunidades tiverem condições de investir em tais projetos, também serão criados os empregos correspondentes.

Seria necessário captar as receitas públicas necessárias para esse fim. Sem prejuízo para a economia, o trânsito de capital suprafronteiras poderia ser tributado, abrindo assim uma fonte de receita que não encareceria o trabalho. Rendimento maior seria proporcionado pela proibição do deslocamento de patrimônio para os paraísos fiscais do Liechtenstein e centros *off-shore*, que com a evasão de receitas tributáveis cava um buraco negro na economia mundial. Tal reforma tributária também ofereceria resistência à redistribuição perversa de renda de baixo para cima.

O argumento contra tais propostas é óbvio: justamente devido ao entrelaçamento da economia mundial, a maioria dos Estados nacionais, ou pelo menos do grupo de países ricos do Norte, nem sequer reúne mais condições para reformas tão básicas. Embora todos os partidos na Alemanha, em princípio, apóiem a reforma tributária ecológica, bastou a indicação de representantes da indústria no sentido de que o encarecimento da energia elétrica impeliria milhares de empresas para o Exterior para fadar o projeto ao fracasso. É a democracia tornando-se um teatro inconseqüente.

A tarefa central do futuro é a recuperação da capacidade de agir do Estado, o restabelecimento do primado da política sobre a economia. Pois hoje já é possível prever que a trajetória mantida até aqui não poderá valer por muito tempo. Inevitavelmente, a adaptação cega às imposições do mercado mundial conduz as atuais sociedades de bem-estar social para a anarquia, para a desintegração das estruturas sociais de cujo funcionamento dependem estreitamente. Mas para uma nova força destrutiva – a radicalização – os mercados e as multinacionais não têm resposta.

6

SALVE-SE QUEM PUDER, MAS QUEM PODE?

O declínio da classe média e a ascensão dos sedutores radicais

> *"Será que o mundo todo se transformará num imenso Brasil, em países cheios de desigualdades e com guetos para as elites ricas?"*
> *"Com esta pergunta agarra-se o touro pelos chifres. E é verdade, a Rússia está se transformando no Brasil."*
> MIKHAIL GORBACHEV, no Fairmont Hotel em San Francisco, 1995[1]

No jato da Lufthansa, vôo 5851 de Viena para Berlim, Peter Tischler se espreguiça numa poltrona junto à janela. Procura aparentar descontração, mas seu corpo sinaliza cansaço. Completamente esgotado, ele fixa o olhar vazio na mesinha de bordo à sua frente e começa a contar.[2]

Naquela sexta-feira de manhã, em junho de 1996, ele levantou-se às 5h e correu de carro feito louco, através do Mähren e do bairro vinícola vienense, para apanhar o avião das 9h05 para Berlim. Lá ele tem um compromisso ainda na parte da manhã e à noite já estará em casa em Eitorf, perto de Bonn. No fim de semana terá de viajar para a Espanha e na terça-feira para os EUA. Para ele, voar é tão natural como andar de ônibus para os demais.

Pode-se dizer que seu estilo de vida é invejável? Peter Tischler, de apenas 30 anos, conhece o mundo, mas ninguém o conhece. Ele não é um líder político ou empresarial, diretor, nem um festejado atleta ou artista profissional, mas sim uma espécie de mecânico da era da globalização. Mais precisamente: ele corrige falhas nos programas de instalações computadorizadas de fundição por injeção.

Sente-se acossado e frustrado, e pergunta enfaticamente: "Será que todo esse esforço ainda vale a pena? Eu trabalho 260 horas por mês, e desse total são quase 100 horas extras. Do meu salário de 8.000 marcos sobram exatamente 4.000 marcos, já que pertenço à faixa tributária maior".

Ainda não constituiu família própria, pois acha que "o Estado desperdiça o meu dinheiro e nada sobrará para a minha aposentadoria". Apesar do fato de sua empregadora, a metalúrgica altamente especializada Battenfeld, auferir belos lucros, recentemente um quarto de todos os postos de trabalho foi eliminado. Sem papas na língua, Tischler aponta aqueles que, na sua opinião, são os responsáveis por sua falta de motivação: "os refugiados e os turcos". Além disso, "não posso entender por que gastamos uma fortuna com a Rússia como ajuda ao desenvolvimento e ainda pagamos carvão para os judeus". Considera "uma loucura" essa "liquidação" que é feita com o país e suas empresas. Como uma pessoa "de experiência internacional", votará nos republicanos alemães (de extrema direita), mesmo que "este ainda não seja o partido certo". E completa, entredentes: "Talvez não devesse dizer isto, mas muitos cidadãos já estão se armando".

Outro cenário, outro aeroporto. Numa tarde abafada de junho de 1996, Lutz Büchner, subgerente de vôos da Lufthansa em Frankfurt, precisa acalmar um viajante que chegou ao portão B31 só dez minutos antes da decolagem do seu avião e é impedido de embarcar, porque o tempo mínimo de apresentação foi prolongado de dez para quinze minutos, poucas semanas atrás. Calmamente, Büchner explica o novo regulamento e demonstra compreensão para com o cliente apressado: "Sente-se a pressão crescente em todo lugar. Mesmo pessoas de quem nunca se poderia esperar isto agora já reagem com agressões diante da menor contrariedade".[3]

Assim mesmo, Büchner esclarece que é feliz com seu trabalho: "Dou todo o apoio a esta firma". Menos de uma semana antes, ele se reunira a 1.000 colegas seus diante dos portões da entrada do aeroporto, para protestar: apesar da boa situação econômica, a Lufthansa demitiria mais 86 empregados.

Como o estressado analista de sistemas Peter Tischler, Büchner, de 35 anos de idade, também não tem filhos, "porque o desemprego poderá atingir-me dentro em breve, como aos outros". Naturalmente ele estaria disposto "a aceitar cortes de benefícios e de salário, se isso assegurasse os nossos empregos". Contudo, a espiral descendente da globalização não ficaria sem resposta. "Vai haver uma rebelião, é claro", acha Büchner. Ele, porém, seria "um pacifista", e antes de tomar um tiro numa manifestação, "pegaria minha namorada grega e mudaria com ela para uma ilha do Mar Egeu".

A pergunta é: será que os modernos radicais Peter Tischler e Lutz Büchner incorporam, em dois pólos opostos, os protótipos do futuro desenvolvimento da Alemanha, talvez mesmo da Europa? Estaria delineado nessas duas reações opostas o cotidiano político da virada do século? Brigar ou cair fora, será essa a questão que tudo decidirá? Mesmo que a História não se repita forçosamente, tudo fala em favor do renascimento de conflitos que dominavam o continente europeu na década de 1920.

O tecido social que mantém as sociedades unidas ficou esgarçado. O terremoto político que se anuncia é um desafio a todas as democracias. E esse aspecto do porvir chama mais a atenção nos Estados Unidos, onde, espantosamente, é pouco estudado.

A solidão de Charlie Brown

"Por que a Europa está cometendo suicídio? Vocês não vêem que é preciso adaptar-se finalmente às tendências econômicas e modificações globais?"

O consultor de empresas de Washington Glenn Downing, que jogou com plena convicção essas frases na cara de um convidado do continente obviamente suicida, desde a infância é conservador e atualmente investe em petróleo da Sibéria.[4] Sua ambiciosa filha Allison, uma advogada, faz parte da equipe de uma representante (deputada federal). Na véspera, o último sábado de setembro de 1995, ela se casou no religioso, em grande estilo, e papai Downing está de ótimo humor.

"Finalmente acontece alguma coisa de novo", diz ele satisfeito, e com isso quer dizer a nova "American Revolution" prometida por Newt Gingrich, o radical líder da maioria republicana da Câmara dos Deputados, a grande esperança dos direitistas dos EUA desde Ronald Reagan. Com ele deve acabar o falatório sobre salários em queda livre, "isso tudo era coisa dos democratas, que falsificaram a estatística e não calcularam a inflação corretamente".

Para Downing, é ridículo falar de "decadência ou mesmo ruína da classe média americana" e afirmar que na vida conjugal da classe média branca, entrementes, ambos os parceiros precisam trabalhar muito para se aproximar daquele padrão de vida invejado pelo mundo todo que nos anos 70 era considerado normal. Naquele tempo os homens tinham um emprego bem remunerado e as esposas ficavam em casa, com ou sem filhos. A maioria fazia algum tipo de trabalho, mas nunca por necessidade.

A família Downing ainda vive assim, em meio aos bosques do próspero distrito de Fairfax em Reston, Estado da Virgínia, perto do aeroporto de Dallas. Quanto esse americano perdeu o senso da realidade fica evidente no verão de 1996, menos de um ano após o casamento da filha. O sadio mundo da classe média branca não existe mais. É verdade que a filha Allison, 30 anos de idade, intercede carinhosamente pelo pai quase sexagenário: "As pessoas da geração dele não acompanham tão bem as mudanças sociais", explica ela na presença do marido Justin Fox, que cresceu num elegante subúrbio californiano perto de Berkeley.[5] "É impossível nos permitirmos o estilo de vida dos nossos pais; uma casa como aquela que papai comprou pouco tempo depois que eu nasci custaria 400.000 dólares hoje e continua inacessível para nós."

De qualquer modo, Justin Fox conseguiu dar um salto notável em sua carreira, pois tornou-se repórter na bem-sucedida revista econômica *Fortune* e os recém-casados estavam morando em Manhattan agora. Allison deixara o seu emprego em Washington e ganhava apenas US$ 1.100 mensais como promotora da campanha política de uma candidata republicana para a Assembléia Legislativa estadual. O contracheque de Justin, é verdade, só apresenta US$ 1.157 por quinzena, e o aluguel mensal do minúsculo apartamento na Rua 39 consome US$ 1.425 dólares, quase a metade da renda do casal, sem incluir luz e telefone. O salário bruto anual de Justin será de US$ 45.000. "Simplesmente não dá", comenta Allison, e apesar de tudo não está insatisfeita. "Veja os mais jovens do que nós e que acabam de sair da faculdade com 22 ou 23 anos de idade. O máximo que conseguem é servir numa lanchonete ou trabalhar como mensageiros em bicicletas." O marido de Allison comenta sucintamente, no melhor estilo jornalístico: "A classe média se dilui e desaparece".

Preocupados com o futuro, os membros da classe média dos EUA remanescentes na última década do século 20 investem suas parcas economias em ações. Downing e

Fox, entre outros, apostam na Coca-Cola e ficaram secretamente felizes com a Olimpíada sob a égide dos refrigerantes. Durante os jogos de Atlanta, subiu 4,2% a cotação da Coca-Cola em Wall Street.[6]

Vinte milhões de famílias americanas já arriscam dinheiro na roleta das ações. As apostas são feitas em pelo menos um dos mais de 6.000 fundos de investimentos, capazes de jogar com um total de 6 trilhões de dólares em escala mundial. Há cinqüenta anos, 75% das economias privadas nos EUA eram investidas em cadernetas de poupança e títulos do governo a juros fixos, como ainda é costumeiro na Europa atualmente. Na década de 1990, a situação se inverteu: especula-se na bolsa com três quartos das reservas. Assim, os poupadores dão aos administradores de fundos o poder de exercer pressão visando os achatamentos salariais e a eliminação de empregos, muitas vezes nas próprias empresas que ofereciam trabalho a esses pequenos investidores.[7]

Especular com ações seria, mesmo assim, "uma regra do bom senso", diz um ensaio para a exigente revista americana *Harper's Magazine* de outubro de 1995.[8] O autor, Ted C. Fishman, economista de Chicago, revela mais sobre o estado de espírito da nova classe média americana, primordialmente de pele clara, do que inúmeras colunas de cifras ou análises.

"Apesar de eu ser um homem de 37 anos, branco, formado em excelente universidade, e conseqüentemente segundo as estatísticas podendo fazer jus a todas as vantagens de que possa usufruir na sociedade americana", escreve Fishman, "não posso esperar de modo algum alcançar a idade da aposentadoria com um patrimônio suficiente para manter o meu atual padrão de vida. Considero o mercado de ações como o único caminho para acumular aquelas importâncias de que precisarei para a minha aposentadoria.

Por isso, arrisco na bolsa, como 51 milhões de americanos. Deposito todos os meses em quatro fundos mútuos diferentes e investi em mais sete, fazendo ocasionalmente um ajuste na distribuição desses valores."

Contudo, diversamente do que acontecia nos anos 80, quando os mercados de ações em alta "ainda eram aquecidos por um certo otimismo no estilo Reagan, o mercado atual de ações é dominado pelo medo", escreve o ensaísta de Chicago.

"I need all the friends I can get" ("Preciso de todos os amigos que possa conseguir"), lia-se nos anos 70 nas inscrições estampadas nas costas das camisetas das adolescentes californianas. No peito, um largo sorriso de Charlie Brown, ou Minduim, a figura da história de quadrinhos "Peanuts". A criançada daquela época se transformou em pais de família preocupados, a vida sossegada acabou para a maioria deles e encontrar amigos tornou-se mais difícil do que nunca. Pois a festejada sociedade competitiva americana engole as suas crianças e, para os salários minguados da atual geração, nem mesmo o astro dos Peanuts teria uma palavra de consolo.

Diariamente milhões de famílias estremecem quando o índice Dow Jones, que mede o comportamento da Bolsa de Nova York, se altera em poucos pontos e elas discutem longamente com seus corretores de ações e gerentes de fundos a respeito do rumo dos investimentos. Quase todos os especuladores sabem que só uns poucos terão grandes ganhos no final, não raro à custa de amigos que apostam nas ações ou nos títulos errados. Assim, Charlie Brown tornou-se uma figura patética.

Se acadêmicos como os Downing, Fox e Fishman já se sentem encurralados, a ponto de acreditar que o bem-estar futuro só poderá ser assegurado através de especulação financeira, em que estado de espírito estarão todos aqueles americanos que não são mais tão jovens ou privilegiados ou sadios ou nem mesmo têm a pele clara?

Por exemplo, vários milhões dos 18,2 milhões de funcionários burocráticos, como informou o *New York Times* em fevereiro de 1996, precisam conviver com a previsível perda de seus empregos nos próximos anos, quando serão substituídos pelo colega computador.[9] No dia em que os entregadores de jornais levaram essa notícia avassaladora para as residências e escritórios, logo cedo, a greve dos trabalhadores em manutenção, ascensoristas e faxineiras de Nova York já durava por semanas e chegou à sua fase decisiva. Os sindicatos patronais haviam exigido que o salário inicial de todos os recém-admitidos fosse reduzido em 40%. Os porteiros, até então bem remunerados, deveriam ganhar apenas 352 dólares por semana.[10] O sindicato de classe não queria aceitar isso, receando que, se concordasse, dentro em breve os trabalhadores veteranos seriam despedidos e substituídos por mão-de-obra mais barata. Então, os empresários unidos decidiram admitir mais 15.000 novos serviçais, que agradeceram educadamente por qualquer salário-hora de 9 dólares.

Nova York, que sempre foi considerada a "cidade dos sindicatos" e que tantas vezes já expulsou esses fura-greves ruidosamente, dessa vez não ouviu nenhum grito de protesto público – mesmo quando muitos trabalhadores em limpeza e manutenção não conseguiram recuperar seus empregos e a greve tenha terminado com um acordo de 20% a menos nos salários iniciais. Foi grande demais o número de cidadãos americanos que nesse meio tempo sentiram na própria pele que foram demitidos com o argumento: os famintos da rua são mais baratos e menos exigentes, simplesmente são melhores.

Na verdade, os EUA nunca se viram como uma sociedade homogênea ou mesmo solidária. Mas isto? A agressão à classe média põe mais lenha na fogueira que de qualquer modo já se alastrou para grande parte da mais rica sociedade industrializada mundial. Há contrastes sociais intransponíveis, os conhecidos problemas com drogas, as cifras da criminalidade igualmente conhecidas, a decadência do ensino público nas escolas secundárias, onde os professores trabalham por salários que na Alemanha não seriam aceitos nem por uma empregada doméstica. A desagregação parece não ter limites, e assim prevalece também a guerra daqueles que se mantiveram no topo contra os que estão por baixo.

Será que a Europa resolve melhor os seus problemas? Atualmente, qualquer atitude presunçosa, de Lisboa a Helsinque, é fora de propósito. Mas, felizmente, o esforçado cidadão Glenn Downing está errado ao afirmar que o Velho Continente se encontra em rota de suicídio. Como a Europa, de onde vieram originalmente os pais do Sonho Americano, poderá se impor de agora em diante, quando o pesadelo dos Estados Unidos, tornado real de repente, pode retornar como um bumerangue?

O fim da unidade alemã

O abandono do conceito de que as economias abastadas inserem nos seus ganhos a faixa mais ampla possível da classe média é acompanhado de crescente decadência social.

Na Alemanha, pelo menos um quarto da população já se despediu do bem-estar social e a camada inferior está empobrecendo a olhos vistos. A sociedade que ainda é a mais rica da Europa, antes de mais nada, deixa que sua juventude se degenere: 1 milhão de crianças já vive da assistência social.[11] O pesquisador Wilhelm Heitmeyer, de Bielefeld, alerta: "Os jovens sempre têm em sua biografia o dever de elevar a condição social de suas famílias de origem ou pelo menos mantê-la. Isso está se tornando complicado atualmente, pois as chances de um bom emprego e de formação profissional são muito escassas. A insegurança do futuro se infiltra aos poucos em todos os meios. E a violência é uma possibilidade de lidar com o estresse e a luta competitiva".[12]

Desde o início da década de 1990, estatísticas alemãs registram uma pronunciada ascensão da criminalidade infantil e juvenil. Às diversas explicações que procuram justificar esse fato como a "decadência da moral e da ética", Heitmeyer contrapõe "que os jovens de conduta anti-social não rejeitam os ideais da plena economia de mercado, mas ao contrário os perseguem além da conta".[13]

"Roubar, furtar representam o prazer rápido", assim caracteriza o diário de Berlim *Tageszeitung*, de forma mordaz, o estilo de vida da geração jovem: "O concorrente está à espreita em todo canto".[14] "Os pais neglicenciam a educação", declara o presidente do Congresso, o deputado social-democrata Wilfried Penner, mas milhões de pais contra-argumentam: quanto tempo ainda sobra para a educação aos pais que precisam trabalhar, completamente estressados, e, aliás, quantas crianças ainda são criadas por ambos os membros de um casal?[15]

O declínio da classe média alemã para uma modesta mediocridade não poderá ser freado nos anos vindouros com uma ofensiva educacional, sem dúvida necessária. O abismo entre pobres e ricos se aprofunda, os que ganham bem procuram manter distância do povo que lhes parece cada vez mais agressivo. A unidade alemã cai por terra, embora tenha se realizado geograficamente há pouco tempo. Em vez do "Bem-estar para Todos" preconizado no livro de Ludwig Erhard de 1957, em toda parte vigora "a revolução das elites", de acordo com a tese da última obra do historiador americano Christopher Lasch, publicada postumamente em 1995. O isolamento dos ricos se transforma em norma, e o Brasil serve de modelo.

A traição das elites: o Brasil como modelo para o mundo

Os convidados ao churrasco passam requeijão nas torradas, a cerveja vem para a mesa dobrável em canecos de alumínio resfriados. Bifes de bom tamanho assam na grelha a carvão, enquanto o filho do dono da casa, de 8 anos, com a camiseta de um time de futebol americano de Miami, sai do jardim e corre para seu quarto para trazer o troféu de plástico dourado que ganhou na escola, no último torneio de judô.[16]

Fim de semana idílico num subúrbio residencial dos EUA? Não, o nome do paraíso é Alphaville, na região Oeste da Grande São Paulo, e mede exatamente 322.581 m², a superfície de quase 44 estádios de futebol. Está cercado de altos muros, equipado com holofotes e sensores eletrônicos que captam qualquer movimento. Tornou-se um refúgio ideal para habitantes da metrópole que têm medo de criminosos e marginais, que desejam viver como famílias tradicionais da Europa ou das regiões abastadas dos EUA, sem ficar de frente com a realidade social de seu próprio país.

À noite, enquanto o pai do pequeno judoca, o advogado Roberto Jungmann, anda de bicicleta, passando por sobrados enfeitados com balcões de madeira no estilo alpino ou fachadas pós-modernas, os vigilantes particulares, em dupla, geralmente ainda ativos na Polícia Militar, fazem a ronda em Alphaville, em jipes e motocicletas. Caso um simples gato ouse adentrar o gueto do bem-estar, os guardas de Alphaville correm à toda pressa para o local do acontecimento.

"O sistema precisa ser perfeito", exige uma moradora, "porque muitos indigentes moram por perto." Para o incorporador da obra, Renato de Albuquerque, "Alphaville representa um modelo com muito futuro". Ali, comemora Roberto Jungmann, "meu filho pode brincar na rua o dia todo, sem que eu tenha que me preocupar". Crianças com menos de 12 anos de idade não podem passar pelos portões de entrada de aço sem acompanhantes credenciados, e menores de idade só com a autorização por escrito dos seus responsáveis. Todos os visitantes ou serviçais precisam identificar-se e seu ingresso só é permitido após consulta telefônica com o respectivo morador do gueto. Veículos maiores são vistoriados cuidadosamente, os guardas fazem revistas pessoais em fornecedores e operários da construção – eles podem ter roubado alguma coisa.

O domínio da milícia, à qual os moradores se submetem prazerosamente, é praticamente ilimitado.O pessoal doméstico, que no Brasil de modo algum representa privilégio de uma pequena elite, só pode ser admitido quando a tropa de proteção está de acordo. Quer se trate de babás, cozinheiras ou motoristas, seus antecedentes são cuidadosamente checados nos prontuários da Polícia. "Quem roubou ou furtou", declara o co-projetista de Alphaville Yojiro Takaoka, "não tem chance conosco."

Esse magnata da construção civil em São Paulo, de origem japonesa, declara que a Alphaville real nada teria em comum com o filme de ficção científica *Alphaville*, rodado em 1965 pelo diretor francês Jean-Luc Godard, que profetiza o controle total de um mundo tecnocrático. O nome seria o produto da imaginação de um arquiteto brasileiro – representando assim um ato falho freudiano que atravessou os continentes. Takaoka só vende terrenos "para pessoas de boa reputação". O metro quadrado de terreno vale em torno de 200 dólares, acessível para poucos, e não só num país de Terceiro Mundo.

O conceito do *apartheid* proposto em Alphaville, e que conforme Takaoka é "uma solução para os nossos problemas", assusta pelo seu sucesso. Mais de uma dúzia de "ilhas" do mesmo formato estão concluídas, numerosas outras encontram-se em construção ou na fase de planejamento. Cerca de 120.000 pessoas, como calcula o sócio de Takaoka, Albuquerque, podem viver em Alphaville ou no gueto vizinho Aldeia da Serra.

Indústrias, escritórios, shoppings e restaurantes se estabeleceram nas cercanias, eles também rigorosamente vigiados. A Polícia Militar, mal-afamada por corrupção e incompetência, raramente aparece por lá. Em vez disso, 400 seguranças particulares, revólveres de seis balas no cinturão, protegem esse belo oásis. Dentro dos muros de Alphaville, é permitido aos vigias atirar em qualquer pessoa desconhecida, mesmo que esta não ameace ninguém nem esteja armada. "Quem mata um invasor na sua propriedade", conforme o chefe de segurança do local, José Carlos Sandorf, "no Brasil sempre está no seu direito."

O sociólogo Vinicius Caldeira Brant, do Centro Brasileiro de Análise e Planejamento, Cebrap, define a situação como "uma guerra civil". Na Europa, onde teve de exilar-se durante os governos militares no Brasil, "os violentos viviam atrás dos muros, no nosso país são os ricos". Mas Alphaville, justifica Takaoka, "é uma necessidade do mercado; criamos as condições para a felicidade terrena".

Se os guardas de Alphaville até agora ainda usaram pouco os seus Colts, "a causa é que a plebe sabe como é boa a segurança aqui", esclarece o segurança Sandorf. E se em volta de Alphaville forem realizadas greves de fome algum dia? "Espero estar de serviço nessa hora", diz Sanford com um sorriso quase folgazão. "Então eu poderia dar-lhes uma lição."

Alphaville, modelo universal? Desde que as conseqüências da globalização estraçalharam as estruturas sociais também nos países do bem-estar social, existe um número crescente de cópias desse enclave pérfido na África do Sul, próximo à Cidade do Cabo, ou na região vinícola de Stellenbosch, por exemplo, onde após a abolição do *apartheid* oficial ainda é cultivada a separação das raças e dos patrimônios. Nos Estados Unidos, onde altos muros cercam os terrenos de Beverly Hills, os serviços particulares de vigilância também vêm conquistando subúrbios como Buckhead, perto de Atlanta, ou Mirinda, junto a Berkeley. Esses símbolos de classe se espalham na França, na costa do Mediterrâneo, na Itália, Espanha e Portugal, ou em Nova Délhi e nos condomínios controlados por guaritas em Cingapura. Até mesmo antigas ilhas-presídio no Brasil começam a se transformar em refúgios para os ricos, como é o caso da bela e amaldiçoada Ilha Grande, defronte a Angra dos Reis.

A Alemanha moderna também não desconhece os valores brasileiros: à procura de investidores, Heiligendamm, o balneário mais antigo da Alemanha, foi parar em mãos do grupo imobiliário Fundus, de Colônia. A famosa "cidade branca", com suas duas dúzias de palacetes clássicos no Mar Báltico, perto de Rostock, costumava ser um lugar de veraneio apreciado pela aristocracia na época do imperador Guilherme, antes de entrar em decadência. Agora, remodelada, com mais 150 a 250 novas residências de luxo, bem como um hotel modernizado e ampliado, deverá transformar-se no novo refúgio de uma aristocracia financeira receosa de expor-se à luz. Condição: a rua principal precisa ser deslocada e deverão ser providenciadas restrições de entrada rigorosas.

Um novo muro na Alemanha? "O principal é que aqui finalmente está acontecendo alguma coisa", diz Günter Schmidt, ex-gerente de uma boate decadente, que vive principalmente de estudantes de arte que ainda moram em Heiligendamm. "Naturalmente, clientes especiais têm exigências especiais de segurança, do contrário nem aparecem."[17]

Esse é o quadro perfeito da sociedade 20 por 80. Mas já há muito tempo, antes de se tornar realidade, a resistência que idealiza o passado vem assumindo traços cada vez mais autoritários e começa a se movimentar.

Prosperidade chauvinista e irracionalidade: o moderno cidadão radical Peter Tischler

"Aqueles lá vão ter uma surpresa", ameaça o passageiro de avião alemão Peter Tischler, um radical, antes de aterrissar em Berlim. "Recebemos duzentos mil repatriados por ano e os franceses, os espanhóis caçoam de nós por fazermos isso. O barco está lotado e agora esse pessoal vem do Leste. Tudo é grátis para eles, e nós precisamos trabalhar feito loucos. Na minha vizinhança, os alemães-russos têm um terreno fabuloso. Para isso precisaríamos garantias bancárias, mas no caso deles é o Estado que paga."

A raiva desse patriota, perito em computação, contra os alemães "repatriados" está diretamente ligada ao já conhecido ódio aos estrangeiros, ao chauvinismo moderno. "O número de estrangeiros tornou-se muito grande e agora está aumentando o desemprego. O sistema social é usado exatamente por trabalhadores clandestinos registrados como desempregados. O governo precisa abrir os olhos para que isso não fique perigoso demais para a Alemanha."

Quem são "aqueles lá"? Tischler esclarece: "Aqueles no governo e, naturalmente, também os estrangeiros. Não é de admirar que agora tenhamos tais problemas também como centro econômico. Eu pretendia me tornar um empresário, mas podemos esquecer os incentivos governamentais, eles só fazem imposições, é melhor esquecer o assunto." Ao mesmo tempo ele acredita ter a resposta para o fato de que as empresas alemãs se encontram em turbulência: "Compramos uma quantidade excessiva de componentes fabricados no Exterior, e a qualidade sofre com isso. Já não se trata mais de produtos alemães".

Até o final da década de 1980, com a Alemanha campeã das exportações, as coisas ainda iam bem, na visão de Tischler, "e precisamos voltar a pensar no cidadão". Não é possível continuar assim, com "curdos simplesmente bloqueando a rodovia". Tischler estava a caminho do aeroporto de Dusseldorf, com destino à Argélia, quando os viu. Sua solução: "Eu teria convocado os guardas de fronteira ou a tropa de choque e mandaria limpar tudo em cinco minutos".

O importante é que esse *globetrotter* da computação compartilha seu modo de pensar com milhões de outros alemães: apesar de nós todos termos de trabalhar mais, recebemos menos pelo nosso esforço. Uma vez que, entre os chauvinistas da prosperidade, bem-estar representa um direito, alguém precisa ser culpado pela perda da opulência. A palavra de ordem é: melhor livrar-se dos estrangeiros e asilados do que fazer uma análise objetiva.

Como eleitor, Tischler contudo ainda não encontrou um porto seguro com os republicanos, apesar da imagem reacionária desse partido. "Infelizmente, o problema é que na Alemanha ainda não temos um partido apropriado. Seria tudo diferente se conseguíssemos alguém tão jovem, simpático e popular como o Jörg Haider na Áustria."

Assim Tischler descreve, no espaço aéreo sobre os Alpes e a antiga Prússia, os contornos de um movimento cívico "que poria o nosso país nos eixos outra vez. Um partido assim certamente conseguiria 20 a 30% dos votos". Quando finalmente põe os pés em terra firme, na capital alemã, sente uma profunda satisfação por alguns minutos. Apesar de o vôo da Lufthansa ligar duas cidades dentro da União Européia, no saguão de desembarque há guichês para checagem de documentos. "Gosto de saber que os guardas estão verificando os passaportes aqui", diz o analistas de sistemas sempre tão apressado, "mesmo que eu precise esperar uma hora por isto." Depois do controle, porém, ninguém mais pode pará-lo. O correto cidadão Tischler sai correndo atrás de seus compromissos.

Socorro! Fundamentalistas no poder: Cientologia, Ross Perot e Jörg Haider

O sólido prestígio de Helmut Kohl consegue encobrir, na Alemanha, o que não pode mais ser ignorado em quase todos os outros Estados industrializados: um número crescente de eleitores está se afastando de seus representantes tradicionais. Eles negam apoio aos partidos moderados e procuram refúgio junto a populistas de direita. As antigas instituições políticas desmoronam de forma mais notória nos Estados Unidos. Seguindo a tradição, os cidadãos americanos pouco participam das eleições, mesmo nas contendas espetaculares pela presidência como em 1960 entre John Kennedy e Richard Nixon, quando o eleitorado não passou de 60,7%. Já em 1992, apenas 24,2% dos eleitores deram seu voto ao vencedor Bill Clinton. O populista de direita Ross Perot chegou a 10,6% em sua primeira tentativa, portanto 19% de todos os votos válidos.

Em meados de 1996, como seis anos antes, Perot estava em baixa nas pesquisas de opinião, mas dessa vez ele já podia apoiar-se na máquina do partido reformador por ele fundado, que permite aos seus membros votarem via Internet.[18] Além disso, o Partido Verde, após uma fase no limbo da impopularidade, designou pela primeira vez um candidato próprio, o advogado dos consumidores Ralph Nader, que pretendia dar impulso à "construção de um futuro poder político mais agressivo".[19]

Seja qual for o resultado obtido por esses candidatos nas eleições, a força integrativa dos dois maiores partidos americanos continua se diluindo – e isso abre muito espaço para tomadores de decisões cada vez mais irracionais. Ainda há poucos anos seria inconcebível que, no principal centro mundial da imigração, os candidatos dos republicanos e democratas procurassem se sobrepujar na limitação do afluxo de imigrantes. Mas, em agosto de 1996, Jack Kem, o popular ex-jogador de futebol americano, foi obrigado a reexaminar sua posição. Relativamente tolerante com relação aos estrangeiros ilegais, precisou agir como um renegado arrependido, em troca de sua nomeação como o homem do candidato republicano Bob Dole para a vice-presidência.[20]

Observadores políticos sensíveis não cessam de apresentar advertências alarmantes: "Encontramo-nos numa situação pré-fascista", previne o eminente jornalista de Washington e autor William Greider, que já em 1987 descrevia explicitamente, em *Secrets of the Temple*, como o Fed, banco central e portanto o emissor de dólares, "governa o país", e em 1992 publicou o best-seller *Who will Tell the People*, a respeito do ambíguo sistema político dos EUA.[21]

Republicanos da direita radical, com estreitas ligações com o espectro do neonazismo e com as autodenominadas "milícias" terroristas, além de todos os malucos que declaram a independência de seus Estados, como aconteceu em Wyoming, "diluem a força centralizadora de Washington" e na maioria dos casos nada mais são do que perdedores do bem-estar social, misturados com seitas que vão até a Cientologia e compõem, segundo entendidos, uma "nova forma do extremismo político". É o prenúncio de calamidades no horizonte.[22]

O neofascismo se origina de determinadas tendências econômicas e político-financeiras. Greider profetiza que qualquer político americano autoritário, capaz de apresentar-se com certa credibilidade e prometer ao povo que lhe conseguirá alimento, permeando isso tudo com subentendidos racistas, não tardará a galgar altos postos na política.

Isso quase aconteceu quando Pat Buchanan, nacionalista e defensor do protecionismo, inicialmente corria de vitória em vitória nas prévias de 1996 dos republicanos para a candidatura à presidência. O cientista político de Giessen,

Claus Leggewie, que agora leciona na Universidade de Nova York, não considera estranho descobrir no programa de Buchanan ecos dos antigos fascismos europeus.[23] De qualquer modo, o ataque de Buchanan aos praticantes do Big Business, com subentendidos anti-semitas e antiestrangeiros, passou dos limites para o establishment americano, e a bem organizada Christian Coalition, que com 1,7 milhão de membros tornou-se poderosa junto aos republicanos, conseguiu bloquear sua candidatura.

Todavia, "o movimento Buchanan lembra populistas nacionais europeus da atualidade como Jörg Haider, Umberto Bossi e Jean-Marie Le Pen, que também se apresentam como individualistas e opositores da classe política, fazem campanhas contra imigrantes e lutam pela desestatização radical e pelo saneamento moral", conforme paralelo traçado por Leggewie. "O que para eles é Viena, Roma, Paris ou Bruxelas, para Buchanan é Washington, e ele também apóia idéias de rebelião tributária."

A força dessa nova direita ainda não está em seus representantes, que surgem por toda parte; ao contrário, reside no poder de persuasão de suas idéias. Na reta final da campanha eleitoral dos EUA, em 1996, Buchanan como pessoa não era mais tão influente, contudo seus temas desempenharam um papel importante.

O autoritarismo, como reação a um excesso de neoliberalismo, propaga-se mundo afora como um incêndio em mato seco. A Nova Zelândia, por exemplo, que muito cedo abriu as portas à desregulamentação da economia, precisa combater agora um movimento de repulsa irracional, racista, chamado New Zealand First, e cujo líder Winston Peters pode tornar-se chefe de Estado dentro em breve. A vizinha Austrália, pouco acostumada ao alarde, chegou ao noticiário internacional em meados de agosto de 1996, porque o novo governo conservador anunciou mudanças na legislação trabalhista e corte nas despesas públicas – mudanças tão rigorosas que os nativos, trabalhadores e estudantes tomaram o Parlamento de assalto.[24] Mesmo na Suécia, tão liberal e aberta, os inimigos dos imigrantes estrangeiros estão na ofensiva, o que também ocorre na Suíça, Itália, França ou Bélgica.

O fundamentalismo, como demonstram os exemplos, não é mais um problema somente do Islã. "Nós todos temos os nossos Zyuganovs", comenta o *International Herald Tribune* fazendo alusão ao comunista retrógrado russo Gennadi Zyuganov.[25] Os austríacos, uma vez mais, conseguiram chegar mais longe do que todos: desde 1986, o populista radical de direita Jörg Haider empenha-se numa violenta campanha que, segundo os observadores, deverá levá-lo ao cargo de primeiro-ministro antes da virada do século. Apenas os seus escorregões verbais, que despertam más lembranças do Reich de Mil Anos (de Hitler), o prejudicaram até agora, mas sempre por pouco tempo.

Com aparência juvenil apesar de seus 40 anos de idade, Haider aproveita, como nenhum outro de seus correligionários no mundo, a tendência ao isolamento especialmente cultivada em seu país. Já pela adesão à União Européia em janeiro de 1995, para a qual não existiam alternativas, e que Haider combateu com veemência, o país dos Alpes ficou exposto a um difícil choque de adaptação aos padrões de eficiência europeus. Ao mesmo tempo, foi necessário enfrentar as conseqüências da globalizacão que tanto trabalho vêm dando à União Européia.

Para a maioria dos austríacos, que na hora da dúvida tendem a negar o problema – no sentido freudiano –, isso representa um desafio massacrante. "Nós somos eleitos pelo povo que raciocina sensatamente", afirma Haider sem perceber que o escolhido coloca os seus eleitores em apuros ainda maiores. Pois o sedutor líder populista é também um radical de mercado que se gaba de ter aprendido muito de Jeffrey Sachs, o neoliberal de Harvard que andou assessorando governos mundo afora, preparando as respectivas economias "para os desafios globais". Não obstante, na campanha eleitoral do outono de 1996, grandes cartazes pelas ruas de Viena diziam: "Viena não pode transformar-se em Chicago" – "Para que Viena continue sendo a nossa pátria". Vale dizer: "Dia de eleição é dia de acerto de contas". O secretário de Estado social-democrata Karl Schlögl admitiu: "Encontramo-nos numa situação perigosa".E o ex-secretário-geral do Partido Social-Democrata, Peter Marizzi, profetizou: "Vai ser um desastre".[26]

Primeiro acerto de contas: a volta da antiga capital imperial

Se fosse preciso fazer uma previsão sobre os vencedores do futuro, como nas pesquisas eleitorais, então a antiga capital monárquica do Império Austro-húngaro estaria na dianteira. Sétima maior metrópole do mundo no início do século 20, a Viena de hoje ficou para trás, em comparação com as 325 cidades de mais de 1 milhão de habitantes que existem hoje no mundo. Porém, dentro em breve ela poderá voltar à sua antiga grandeza.

Quando, por volta do ano de 2050, a previsível elevação do nível dos oceanos ameaçar a maioria das metrópoles litorâneas, e as regiões montanhosas tiverem de enfrentar terríveis avalanches de lama, Viena estará muito bem: apesar das altas temperaturas, ainda terá um clima continental moderado, nenhum mar à vista, apenas as suaves colinas dos bosques vienenses, alvos de tantas loas e já defendidas contra as tropas turcas.

Os dirigentes atuais aprenderam com os erros da dinastia real dos Habsburgo e, diversamente da confusão do fim do século 19, foi bloqueada a imigração de estrangeiros, antes mesmo que pudesse começar. Massas de bósnios maltrapilhos, bandos de ciganos ou mesmo contrabandistas da África Negra, nada disso deverá interferir nos passeios pelo Prater, o parque vienense em cujas proximidades, há cem anos, mais de 100.000 judeus procuraram refúgio contra a pobreza e abrigo das perseguições no leste da Europa.

Sem receio de errar, não se deve contar com uma segunda perseguição aos judeus. Isso não valeria a pena, pois poucos restaram, e as infâmias anti-semitas só se fazem ouvir nas mesas reservadas dos cafés. Entretanto, apesar do bom desempenho das receitas austríacas com a exportação, o anti-semitismo encontrou um substituto contemporâneo, não menos fadado ao sucesso: a xenofobia, a aversão a estrangeiros, sem estrangeiros.

A grande coalizão que ainda governa a Áustria, entre os social-democratas e o Partido Popular, reagiu desde 1994 com sábia precaução ao crescimento político de Jörg Haider. Como sempre acontece, por unanimidade o Conselho de Ministros da União Européia ratificou um pacote de leis que colocou a Áustria em último lugar no calendário da política de integração. Todos os anos, apenas mil e poucos estrangeiros que não tenham passaporte de cidadão europeu recebem um visto provisório de trabalho, e em geral trata-se de pessoal qualificado ou de esportistas profissionais.

Isso não prejudica Haider de modo algum. Ao contrário, pois a aversão a estrangeiros tornou-se socialmente aceita e ele continua ganhando terreno mesmo que não esteja no poder. Qualquer medida de generosidade imaginada pelo ministro do Interior, o social-democrata Caspar Einem, aliás um descendente direto do chanceler imperial Bismarck, precisa ser justificada até o limite do esgotamento.

Correndo o risco de perder, em 1996, a maioria absoluta conservada por décadas na Câmara Municipal de Viena, os social-democratas, na pessoa de seu conselheiro municipal de Trânsito, Johann Hatzl, preconizaram a via judicial: "Posso imaginar muito bem que, por ocasião de uma verificação, constatemos que alguém com visto de permanência (isso quer dizer um estrangeiro vivendo legalmente na Aústria) acumula multas por excesso de velocidade ou estacionamento em locais proibidos. Isso é falta de espírito de integração. Nesse caso deverá ser revogado o visto de permanência".[27]

Apesar desses métodos de limpeza, não pode ser totalmente evitado o empobrecimento de uma parte da população, incluindo os não-estrangeiros. Perto da opulenta Ringstrasse, calçadão central de Viena, exibem-se prostitutas e proliferam prédios de apartamentos baratos, seguindo o magnífico modelo de cinturão ou anel *(ring)* que data dos tempos imperiais. Haider, certo do que está fazendo, fustiga severamente a transformação dessa região num cortiço em cujas acomodações modestas moram trabalhadores temporários, vindos principalmente do sul da Europa. A administração municipal se esforça em valorizar a área por meio de uma reforma urbana.

O que vem a seguir não é visionário. Seria concebível, no espírito de Hatzl e de Haider, voltar a erguer uma muralha ao longo do cinturão central de Viena – como até 1850 existiu no Ring, contra os turcos e outros invasores –, porém desta vez com uma execução de alta tecnologia. Na tradicional metrópole imperial-monárquica seriam criados assim muitos postos de trabalho e, além disso, Viena poderia ostentar um projeto-piloto fanfarrão que chamaria a atenção do mundo todo. A capital federal, atualmente tão movimentada politicamente, que nunca desejou ser uma cidade agitada, poderia retornar àquela calma que tanto prezou em toda sua história.

Continua bem-vindo, contudo, o dinheiro proveniente de países com defasagem cambial e à procura de segurança em moedas fortes de todas as denominações, tal como é contabilizado discretamente nas filiais bancárias da Ringstrasse, protegido pelo sigilo. Os poucos visitantes russos selecionados, como anunciou a televisão austríaca no verão de 1996, por ocasião do assassinato de um comerciante georgiano suspeito, no centro da cidade, já gastam mais dinheiro em Viena do que o fluxo diário de todos os turistas alemães.[28] Clientes particularmente apreciados são os visitantes da Rússia a corretoras imobiliárias – que no passado preferiam oferecer os seus palacetes a milionários sauditas – e a joalheiros. A venda de pedras preciosas quebra todos os recordes, butiques das principais casas de jóias passam por reformas dispendiosas.

"O luxo tem aceitação social no mundo todo, não se esconde mais, é respeitado e forma o centro de interesse público. Essa tendência é o motivo condutor dos anos 90. Através da reforma de sua butique em Viena, Cartier apóia decisivamente essa tendência", informou a famosa *maison* aos seus clientes em julho de 1996, ao afixar esses dizeres no tapume da filial do bairro nobre de Kohlmarkt, na vizinhança imediata da famosa confeitaria Demel, que já atendia aos monarcas imperiais.

Descabidamente, o cartaz foi arrancado repetidas vezes, o tapume recebeu grafitagem anticapitalista, os passantes mostraram-se indignados. A gerência da Cartier austríaca teve de refazer todo o cercado de obras. É lógico que tais contratempos poderiam ser evitados mediante um controle a laser dos muros da cidade, cartões com chips que armazenem dados pessoais e bloqueio de catracas nas estações de metrô... Esse sistema seria extensível à periferia, mas infelizmente não oferece nenhuma rota de fuga para o aeroporto. Hoje em dia, dentro do cinturão vienense, os aluguéis e preços de moradias já são tão altos que os moradores, para tranqüilidade geral, pertencem ao rol da freguesia de Cartier e não àquela súcia de porcalhões avessos ao trabalho.

Rápido! Rápido! O turbocapitalismo esgota a todos

Não e não – é o grito sufocado na garganta. Um renascimento de Viena nessas condições pode ser apenas um sonho ou, na pior das hipóteses, um filme de suspense de Hollywood, porém nada de real e muito menos a realidade do futuro. Pode configurar-se como um prognóstico totalmente falso, tal como tem sido usual nos turnos eleitorais. Também se apresenta como fantasia distorcida, como sonho febril causado pelo ritmo demasiadamente acelerado com o qual a globalização dispara para a frente, quase não deixando tempo para a reflexão sensata.

Precisamente a velocidade, "a aceleração do processo de destruição criativa é a novidade do capitalismo na atual economia de livre mercado", analisa o economista e historiador americano Edward Luttwak, romeno de nascimento e também conhecido como estrategista militar, que cunhou o conceito de "turbocapitalismo" para esse fim.[29] O ritmo vertiginoso das mudanças transforma-se "num trauma para a maioria da população".[30]

Luttwak se identifica com os republicanos, mas ataca frontalmente seus correligionários quando eles, em seus pronunciamentos, invocam os "valores da família" – como fez o candidato à presidência Bob Dole –, mas praticam a política oposta: "Quem considerar importante a estabilidade das famílias e das comunidades não pode defender ao mesmo tempo a desregulamentação e globalização da economia, pois essas são as precursoras de rápidas mudanças tecnológicas. A dissolução das famílias americanas, o desmoronamento de culturas significativas em muitas partes do mundo e os distúrbios em países como o México são resultado da mesma força destrutiva".[31]

Como exemplo "das conseqüências do turbocapitalismo que já se tornaram clássicas", Luttwak cita a desregulamentação do tráfego aéreo nos EUA, que reduziu os preços das passagens mas provocou ondas de demissões e falências de empresas. Esse processo "representaria um tema interessante para um estudo sociológico: quantos divórcios e conseqüentes crianças-problema ele pode ter ocasionado, quanto estresse econômico para as famílias dos funcionários de linhas aéreas?"[32]

Outra conseqüência não menos onerosa da velocidade das transformações: na concorrência internacional, a oferta de novidades se sucede com tanta rapidez que, mesmo para pessoas na faixa etária de 30 anos, o mundo de consumo dos adolescentes, poucos anos mais jovens, torna-se uma incógnita. A eletrônica de entretenimento e de informática fica além de sua compreensão. Milhões de empregados precisam reciclar-se periodicamente em sua vida profissional e quem quiser progredir precisa comprovar "flexibilidade" e mudar de domicílio com freqüência. "É uma loucura", observa Robert Weninger numa rua em obras em Viena. "Antigamente bastava consertar um rompimento de cano por dia, hoje são pelo menos oito."

Nesse ritmo de desenvolvimento, fica para trás necessariamente um contingente cada vez maior de pessoas que não estão aptas ou dispostas a

modificar constantemente sua capacitação e conseguir desempenhos máximos por toda a vida. Igualmente, decisões importantes sobre projetos de vida ou objetivos empresariais são tomadas com uma pressa perigosa, pois dos políticos se espera quase sempre uma "reação instantânea".

Preferências partidárias podem mudar ainda na cabine de votação, derrubando qualquer prognóstico. Estados de espírito e impressões eventuais transformam-se desse modo nos fundamentos de decisões abrangentes. Depois de 25 anos como encanador, Robert Weninger acabou desempregado e agora trabalha eventualmente como porteiro. Ele sempre votou no Partido Social-Democrata, porém a partir de 1994 é eleitor natural de Jörg Haider. "Precisamos dar uma chance a ele."[33]

Ehrenfried Natter, economista e consultor organizacional, diz que em legítima defesa "desenvolvi, em épocas como a atual, simpatia por certas ineficiências ou mesmo por desmazelo".[34] O conceito aparentemente tão fora de moda de "dar uma parada", apregoado pelo pensador austríaco Franz Köb, transforma-se de repente no assunto predileto do mundo global, ao propor um "retardamento do ritmo".[35]

A globalização acelera as mudanças estruturais de um modo que mais e mais pessoas não conseguem acompanhar. Essa é também a conclusão de Tyll Necker, por muitos anos presidente da Federação Alemã das Indústrias (BDI). Com orgulho, ele comenta que participou "ativamente do nascimento da discussão (alemã) sobre o local de produção".[36] Agora, o líder de classe, sempre tão seguro de si, considera como "necessária há muito tempo" uma discussão séria sobre os efeitos da globalização. A dinâmica atual exige demais de todos – não só dos simples cidadãos, mas também dos supostamente invulneráveis *global players*.

7

CULPADOS OU VÍTIMAS?

Os pobres jogadores globais e a força das circunstâncias

> *"Eu sei, senhoras e senhores. Tudo está muito complicado, tal como este mundo em que vivemos e agimos."*
> O primeiro-ministro austríaco FRED SINOWATZ em seu discurso de posse, 1983

Há lugares em que a segurança contra atentados pessoais continua tão instável quanto o tempo. Quem quiser assistir às assembléias da Organização das Nações Unidas, no edifício-sede em Nova York, depois de algumas formalidades receberá um crachá com foto. Em fila, terá de enfrentar rigoroso controle antes de entrar no prédio, projetado há uns cinqüenta anos de forma tão aberta e convidativa, segundo as idéias do arquiteto Le Corbusier. As pessoas passam, uma a uma, por revista individual, todas as bolsas são radiografadas e vasculhadas por mãos nervosas. O medo de atentados é onipresente.[1]

Em compensação, quem tiver um compromisso pessoal com o secretário-geral da ONU atravessa as barreiras como um fantasma invisível. Basta dizer o nome, o guarda nem deseja ver identificação alguma; depois de um breve telefonema para a chefia de segurança, o caminho está livre. No 38º andar do edifício da ONU, o visitante depara com um ambiente frio que intimida, mas sem nenhum guarda armado.[2]

Vulnerável, Boutros Boutros-Ghali vive perigosamente. Como tantas celebridades, ele em pessoa parece muito menor e mais frágil do que nas telas de televisão. As tensões resultantes de seu cargo deixaram marcas. No dia 22 de julho de 1996, ele está de pé desde as 3 horas da madrugada. Mais uma vez tentou, sem sucesso, despertar a comunidade mundial em tempo hábil para evitar as conseqüências de um conflito. Fora informado de que no Burundi pelo menos 300 civis hutus haviam sido assassinados e outros massacres se anunciavam, mas a França se cala e também os EUA. Afinal de contas, a administração Clinton encontra-se bem no meio de outra batalha: os Jogos Olímpicos.

A globalização é o tema central que Boutros-Ghali vem perseguindo há algum tempo. Para falar a respeito, ele prolonga seu dia de quinze horas por mais uma volta dos ponteiros. "Não existe apenas uma, mas muitas globalizações, como aquelas da informação, das drogas, das epidemias, do meio ambiente e naturalmente, em primeiro lugar, das finanças. Uma grande complicação é gerada pelo fato de as globalizações avançarem em velocidades muito diversas", diz ele à maneira de aquecimento para sua entrevista. "Tomemos um exemplo: iniciaram-se reuniões sobre o crime organizado transnacional, mas essa é uma reação extremamente lenta em comparação com a velocidade da globalização do crime."

As modificações múltiplas e não sincronizadas do mundo, conforme Boutros-Ghali, "aumentam enormemente a complexidade dos problemas e podem provocar tensões perigosas". Uma de suas grandes preocupações passou a ser o futuro da democracia. "Este é o verdadeiro perigo: será a globalização conduzida por um sistema autoritário ou democrático? Precisamos urgentemente de um programa, um plano mundial para a democratização." Isso seria válido para todos os países membros da ONU e para o seu inter-relacionamento. "De que nos adianta", adverte o homem então no topo das Nações Unidas, "que a democracia seja defendida em alguns países, enquanto o sistema global é dirigido por um sistema autoritário, isto é, por tecnocratas?" Em conseqüência da globalização, "as possibilidades de influência dos governos nacionais diminuem cada vez mais, ao passo que a competência dos jogadores globais, sobretudo no setor financeiro, cresce a olhos vistos sem que sejam controlados por quem quer que seja". Isso é do conhecimento dos principais chefes de Estado com os quais Boutros-Ghali mantém contato permanente? "Não", diz resignadamente o secretário-geral da ONU com um gesto negativo de cabeça. "Os governos continuam com a impressão de dispor de soberania nacional e de conseguir, em território nacional, confrontar-se com a globalização." Em seguida, acrescenta diplomaticamente: "Naturalmente, não estou duvidando da inteligência dos líderes políticos".

Depois, porém, ele acaba revelando o egípcio que existe nele e que acumulou catorze anos de experiência como membro do governo no Cairo: "Os líderes políticos em muitos setores não possuem mais a verdadeira soberania da decisão. Mas têm a ilusão de ser capazes de regulamentar eles mesmos as questões decisivas. Eu repito, apenas têm a ilusão, a presunção de que assim é".

A velha queixa, segundo a qual o desgastante dia-a-dia impede que os políticos reflitam sobre problemas a longo prazo, se justifica para Boutros-Ghali em âmbito mundial. "Num país extremamente pobre em algum ponto da África Central, as mudanças dos preços do cacau ou do patrimônio do Estado são tão importantes como chover e não chover. Ali ninguém está ciente do processo de globalização. Num país tão poderoso como a Alemanha, de outro lado, ocupado com a unificação de dois Estados, os líderes políticos acreditam que a globalização seja comparável a problemas do meio ambiente e então pode-se esperar para solucioná-los em tempo oportuno."

Testemunha-chave e vítima dessa estratégia fatídica é Klaus Töpfer, atualmente ministro da Construção da Alemanha, depois de anos no Ministério do Meio Ambiente. "Na melhor das hipóteses, passamos uma enxada para aplainar e em caso de dúvida gostamos de olhar para o outro lado, porque a dramaticidade da tarefa nos amedronta", refletia ele numa tarde de julho em Bonn, diretamente após seu regresso de Berlim e antes de voar para Nova York.[3] "Talvez olhemos para o outro lado no subconsciente, já que a pergunta 'como iremos solucionar tudo isso?' fica difícil de responder."

Na Eco-92, promovida pela ONU no Rio de Janeiro, Töpfer se projetou como intermediário entre o Norte e o Sul. Na época, os EUA, que sempre costumam dominar nas disputas internacionais, mostraram-se espantosamente desprovidos de orientação. O estilo de negociação bipolar praticado na Guerra Fria já perdera toda a utilidade. Quatro anos após sua notável intervenção no Rio, que lhe rendeu louvores na imprensa americana, só resta ao negociador mundial pôr a mão na cabeça e comentar o monte de cacos que hoje se espalha à sua frente.

Na primavera de 1996, Töpfer permaneceu algum tempo no elitista Dartmouth College, no meio das florestas de New Hampshire, EUA. "O que me impressionou sobremaneira", conta esse ex-professor universitário, "é que os estudantes e mesmo os professores de lá chegaram à conclusão de que no aquecimento do clima global existem duas possibilidades: ou os diagnósticos dos cientistas estão errados, o que seria ótimo, ou eles são verdadeiros, e então não poderemos evitar as conseqüências, porque os custos delas não são psicologicamente transmissíveis aos cidadãos. As reestruturações econômicas necessárias para a defesa do clima também não podem ser suportadas política e socialmente."

É com tais perspectivas – objetivas e talvez algo cínicas – que uma geração de jovens cientistas e futuros líderes mundiais dará entrada no terceiro milênio depois de Cristo. O democrata-cristão Töpfer, baseado em toda a sua experiência, está "muito surpreso com a rapidez com que os problemas ambientais globais passaram ao segundo plano, tornando-se um desafio do qual a gente só se aproxima se não houver outras questões a tratar. Os resultados da conferência do Rio, pensava eu, teriam maior força na prevenção de desastres ecológicos. Mas todas as recomendações e acordos rapidamente caíram num caixote onde está escrito: tornar a abrir quando a situação econômica estiver boa".

A grande política fecha os olhos. Sem a superpotência EUA nada funciona, mas nos Estados Unidos não está acontecendo nada. "A história lamentável da discussão de um imposto sobre energia ainda é muito recente", analisa Töpfer, com referência às tentativas desajeitadas de Bill Clinton e sua equipe, na primavera de 1993, de pelo menos começar com o imposto ecológico. Al Gore, como senador e estudioso de ecologia, foi um arauto da esperança em 1992, quando esteve no Rio, mas ficou completamente devedor quanto aos "caminhos para o equilíbrio" que ele propagou no seu livro de mesmo nome. Mesmo após a nova e vitoriosa campanha eleitoral da dupla Clinton-Gore, na qual o culto vice-presidente teve de agir sob a égide do populismo, com vistas à própria eleição no ano 2000 para o posto máximo, Töpfer continua pessimista. "Não acredito que nos EUA alguém tenha um ponto de partida melhor para a presidência do que quando ele se manifesta a favor da ecologia."

Mesmo assim, delineiam-se novos contornos encorajadores já na Conferência da ONU sobre População Mundial, em setembro de 1994, no velho Cairo das pirâmides.

Naquela ocasião, quase cinco anos completos após a queda do Muro de Berlim, Al Gore elogiou o representante do Kerala, Estado do sul da Índia, pelo seu inovador programa de saúde pública. Fez isso diante de delegados de 155 países, e com aquela ênfase que os americanos costumam reservar para o enaltecimento de seu próprio país. É que durante décadas, inimigos do sistema, isto é, os comunistas, tinham governado aquele Estado indiano.

Ocorreu que a taxa de crescimento populacional local caíra para "quase zero", comentou o vice-presidente dos EUA. Usando de autocrítica, chegou a admitir que sucessos como esse e "outros dados sobre países em desenvolvimento não são observados suficientemente". Ele pretendia agora "transpor fronteiras".[4]

Palavras ocas? A comunidade mundial reunida escutou e calou-se. Só aplaudiu Gore quando ele relatou à platéia, como um garoto nervoso, o que ocorrera numa manhã de domingo, havia quatro anos. Ele e seu filho mais novo estiveram acompanhando na televisão a libertação do "corajoso e visionário Nelson Mandela" – ele também um comunista há muito tempo proscrito e preso na África do Sul.

Assim que o garboso vice-presidente dos EUA viajou de volta, o homem de confiança de Clinton, Timothy Wirth, assumiu o comando da delegação americana. Formado pelas universidades de Harvard e Stanford, ele já fazia parte dos veteranos liberais do Congresso antes de ser designado pelo presidente em 1993 como secretário de Estado "para assuntos globais". Wirth divagou que "tudo é possível" e sorriu a respeito de "coalizões bizarras".[5] Animadamente relatou um encontro com representantes do governo inimigo dos EUA, o Irã, "que agora apóia integralmente a nossa posição quanto ao planejamento familiar".

O contraste com a Eco-92 não poderia ser maior. Se os republicanos de George Bush preferiram passar a imagem de sabotadores ignorantes, à sombra do Pão de Açúcar, de outro lado os democratas de Clinton definiram sua posição, às margens do Nilo, como incentivadores de mudanças. Ironicamente, as duas alas pareceram estar de acordo no confuso mundo novo da falta de controles. A política populacional precisa existir, ela serve a todos, pobres e ricos, argumentaram ambas as facções. Isso soava tão convincente que nem mesmo os fundamentalistas islâmicos presentes no encontro ousaram discordar.

De repente foram os americanos, há tanto tempo odiados, que demonstravam liderança competente em questões ligadas à humanidade e relativas à nova realidade mundial. Gore e Wirth, ambos ativistas globais comprovados, renunciaram a atitudes arrogantes de grande potência em primeiro plano, e ninguém conseguiu escapar de seu charme e de suas maquinações. "Foi ignorado por muito tempo que o aforismo 'pense globalmente, aja localmente' tornava-se cada vez mais real." Vai aumentando a sensação de que os povos terão condições de governar por meio de instituições internacionais, em vez de fazê-lo em âmbito puramente nacional. "A nova ordem mundial é projetada em tais conferências da ONU", anuncia Wirth. Ações como aquelas verificadas na Bósnia e em Ruanda nada mais são do que "intervenções de bombeiros".

Poucos meses depois, nenhum outro intelectual ilustrou de forma mais explícita quais as surpresas que a administração dos EUA, por oportunismo, pode reservar aos seus eleitores inseguros. Após a vitória eleitoral dos republicanos radicais de Newt Gingrich para o Congresso americano, em novembro de 1994, Wirth parecia apenas uma sombra do que foi no Cairo. Em março de 1995, na Cúpula da ONU para o Desenvolvimento Social, em Copenhague, ele rejeitou diversas propostas e, desanimado, queixou-se de que "as maiorias republicanas no Congresso dos EUA tornem tão difícil o nosso engajamento internacional". Pura situação forçada pelas circunstâncias, em lugar de liderança corajosa.

No estilo dos novos parlamentares detentores do poder, Wirth anunciou a despedida do ritual, "quando sempre no último dia de uma conferência da ONU, à meia-noite, um monte de dinheiro era colocado sobre a mesa, para ser distribuído", e que isso era uma "forma de pensar antiga". Conseqüentemente, a administração Clinton conduziu uma campanha de propaganda indigna contra as Nações Unidas e sem motivos acionou a substituição de Boutros-Ghali, para conseguir pontos junto aos próprios eleitores malinformados, avessos à ONU.

Reagir apressadamente em vez de agir de forma ponderada, fazer remendos complicados em vez de prevenir os erros não é mais possível na grande política, segundo a avaliação dos jogadores do mercado global. Michel Camdessus, que, como chefe do Fundo Monetário Internacional (FMI), é elo de ligação entre o mundo político e o reino financeiro, salienta: "É preciso saber que os próprios atos, mas também a omissão, nesse meio tempo, sempre acarretam conseqüências mundiais".[6] Com isso ele não só justifica o seu golpe noturno no México, em janeiro de 1995, quando desembolsou 18 bilhões de dólares dos países contribuintes do FMI para fazer frente à "primeira crise do século 21". Camdessus também tem a convicção de que "num mundo globalizado não é mais possível não se adaptar". Ele não deixa nenhuma dúvida de que Wall Street e os seus gerentes de fundos são aqueles que tomam as decisões: "O mundo está nas mãos daqueles rapazes".

"*These guys*", como Camdessus os chama em inglês, rejeitam sem cerimônia a avaliação do luminar do FMI. Não, eles não ocupam o banco do motorista, o *driving seat*, não arcam assim com tanta responsabilidade como se argumenta: "O poder não está conosco, mas com o mercado", dizem eles pela voz de Michael Snow, que em outubro de 1996 anunciou a abertura de uma carteira de aplicações de risco junto à filial nova-iorquina da União de Bancos Suíços.[7]

"Pensemos, por exemplo, na Bélgica ou na Áustria", declara o megaespeculador Steve Trent, de cujo escritório em Washington, projetado como um observatório, a Casa Branca parece uma casinha de brinquedo. "São sempre os investidores nacionais que migram com seu dinheiro e assim criam problemas para seus respectivos países. Quando o risco é pequeno e os dividendos esperados são altos, serão as companhias de seguros e os bancos austríacos e belgas que investirão uma quantidade crescente de suas poupanças internas, digamos, na Argentina. E por que agirão assim? Eles o fazem pelos investidores austríacos e pelos seus clientes austríacos. Não será uma instituição financeira americana, mas sim os aplicadores individuais que adotarão as melhores decisões possíveis para si mesmos. Nesse caso, eles não podem nos responsabilizar por uma depreciação cambial da moeda ou por uma evasão de capital considerável. Quando muito, operamos nos mercados dos grandes países com moedas importantes."[8]

A justificativa do vice-presidente da Moody's Investors Service de Nova York, Vincent Truglia, é mais simples ainda. Seu serviço de assessoria, com a classificação dos riscos de cada país, tornou-se uma metáfora do mercado. "Não podemos nos permitir emoções diante de firmas ou países isoladamente. No meu trabalho eu só penso naquelas vovozinhas que aplicam seu dinheiro em fundos. Elas dependem da obtenção dos melhores rendimentos possíveis, seja porque não têm outra fonte de renda, seja porque querem pagar os estudos de seus netos em escolas caras. Ajudando essas senhoras, ajudo todos os que investem."[9]

Os efeitos que a autocracia dos investidores de fundos e dos capitães de indústria pode produzir num país pequeno foram muito bem vivenciados pelo economista Ferdinand Lacina, por ocasião do seu afastamento da equipe de governo da Áustria em abril de 1995, quando era talvez o ministro de Finanças mais experiente da Europa. "Os gerentes de fundos de investimentos são basicamente apolíticos", acredita Lacina, "e apesar disso a liberalização dos mercados é uma ideologia." Diversas vezes ele verificou que "todos aqueles verbalmente favoráveis à livre concorrência logo passam a afirmar que o mercado está ameaçado e será necessário obter ajuda e subvenções, tão logo se instaure efetivamente uma competição".

Mesmo que dentro da União Européia isso seja desaprovado, "muitas coisas só estão funcionando graças a incentivos fiscais. Antes que um investidor se decida por uma localização ou que um conglomerado industrial instale uma nova fábrica, ficam claras quais as condições tributárias que estarão em jogo", continua Lacina. Enquanto, no passado, empresas metalúrgicas, por exemplo, se fixavam num local de produção durante décadas, criando milhares de empregos, essas decisões na era da microeletrônica, digamos na Siemens, "muitas vezes vigoram por poucos anos e criam apenas algumas centenas de postos de trabalho". A globalização, com seu "estresse crescente", restringiu muito a soberania nacional, reconhece Lacina, que atualmente comanda a diretoria de créditos na Caixa Econômica austríaca. "Qual é o político que gosta de admitir que na realidade ele precisa submeter-se a uma situação forçada pelas circunstâncias?"[10]

Certamente não Mikhail Gorbachev, que, com a queda do Muro, abriu a última terça parte do mundo ao mercado ilimitado, mas acredita firmemente na sua volta ao poder e no socialismo democrático. Orgulhosamente ele saboreia os aplausos com que o recebem no Fairmont Hotel, naquele memorável encontro de setembro de 1995. A Califórnia, como último reduto das elites mundiais, também foi a última a tomar conhecimento das mudanças ocorridas no Leste europeu e agora é a única região do planeta na qual Gorbachev ainda é festejado como herói. "O sistema internacional não é estável", ensina o reformador da União Soviética na sua suíte no Fairmont, paga por mecenas americanos. A política corre atrás dos acontecimentos, enfatiza. "Nós agimos como os bombeiros que acorrem aos incêndios na Europa e no mundo. Nós todos agimos tarde demais."[11]

Depois, a legendária figura que dá a impressão de um Jaguar de oito cilindros, pronto para disparar, mas ao qual faltam as rodas desde a sua saída forçada da política, ataca a crescente "polarização social que leva à cisão e por fim aumenta tanto que torna inevitável uma luta de classes. Em vez disso, precisamos de uma parceria social e de solidariedade".

Na deixa "solidariedade", o magnata da mídia Ted Turner, que também presidia sua corte no Fairmont, podia sentir-se atingido. Presunçoso, Turner salienta que seu canal de televisão por cabo CNN reserva uns bons minutos de transmissão não só para os acontecimentos diários como também para temas determinantes do futuro, e assim promoveria "aquele novo mundo". Durante a Conferência do Cairo, em 1994, Ted Turner providenciou para que fosse demonstrado o quanto o controle da natalidade significava para ele. Sua emissora global transformou a conferência num "evento histórico". Nenhum trecho das negociações, por menor que fosse, era demasiadamente banal para não ser imediatamente seguido por uma reportagem especial, preparada com orçamento milionário, a respeito da superpopulação do planeta.

As críticas aos evidentes exageros da CNN foram afogadas, por seus dirigentes, com o perigoso argumento de que tudo serve a essa "causa tão boa". Nos eventos oficiais da ONU, os homens de confiança de Turner disputaram embevecidos, com as produtoras da CNN, sobre quem havia levado "Ted" e "Jane" (Fonda, sua mulher) para o caminho verde, politicamente correto. Em conversas pessoais, o homem que a revista *Forbes* classifica como uma das 400 pessoas mais ricas do globo consegue confirmar com persistência a impressão de ter entendido o que está em jogo hoje em dia. "Os grandes bilionários se empenham em livrar-se dos seus diretores ou gerentes de nível médio, antes que eles possam reivindicar aposentadorias vantajosas junto à empresa. Estamos ficando iguais ao México e ao Brasil, onde os ricos vivem atrás de muros, como em Hollywood. Muitos de meus amigos de lá contratam um exército de seguranças, receando um seqüestro."[12]

Além disso, comenta indignado o esguio *self-made man* e bilionário modestamente protegido de Atlanta, os super-ricos gastam comparativamente muito menos por ano para finalidades sociais e ecológicas do que os pequenos milionários. "É incrível", diz Turner. "O governo federal está falido, os governos estaduais e municipais também. Todo o dinheiro encontra-se nas mãos dessas poucas pessoas abastadas, e nenhuma delas dá nada. Isso é perigoso para elas e para o país. Poderemos passar por uma nova Revolução Francesa, na qual, enquanto uma vovó faz tricô, rolam cabeças na praça principal."

O visionário da televisão por cabo desfaz-se de 200 milhões de dólares em favor de algumas universidades e iniciativas de proteção ambiental, mas com pesar. "Quando assinei os documentos, minha mão tremeu, porque eu soube que por isso ficaria excluído da disputa de homem mais rico da América." Em vez de alegrar-se com a doação, ele ficou angustiado com o medo de uma perda de status. É compreensível do ponto de vista humano, embora perverso. Turner, que também se tornou conhecido como esportista, passou a acreditar que "essa lista de 400 milionários da revista *Forbes* destrói o nosso país, já que por causa dela os novos-ricos não abrem mão de seus maços de notas".

Deveria haver uma nova classificação, sugere, pelo ranking dos doadores mais generosos. "Se cada um de nós renunciar a 1 bilhão, todos seríamos rebaixados juntos na lista." Mesmo que isso aconteça, Ted Turner continuará no topo. Seus negócios vão de vento em popa em Atlanta, onde fica a sede da CNN, e em Hollywood. Logo mais poderá transmitir notícias e dados por cabo através do canal HBO dos Estados Unidos, um novo supernegócio. Turner se preocupa com o futuro de seu império de mídia, uma vez que para os seus filhos, adeptos da boa vida, os passos paternos sempre serão demasiadamente grandes. O mercado venceu, isso é bom para todos, e tudo o mais é uma questão de adaptação. "Só obteremos êxitos reais quando nos conscientizarmos de que as mudanças são inevitáveis", prega na Europa o ex-presidente da Federação Alemã das Indústrias, Tyll Necker.[13]

Na ponte de comando dos navios que singram o oceano da concorrência encontra-se também Hermann Franz, há mais de dez anos membro da diretoria da Siemens e atual presidente de seu conselho de administração. Ano após ano, esse conglomerado transnacional vem anunciando lucros respeitáveis: em 1995 foram 1,27 bilhão de dólares em todo o mundo, 18,8% mais do que no ano anterior. Apesar disso o quinto maior grupo de empresas mundiais da Alemanha continua dispensando empregados.

"Veja bem", diz Hermann Franz numa das salas barrocas da sede da firma em Munique. "A hora de trabalho para a fabricação de um eixo de transmissão para os veículos Volkswagen nos custam 45 marcos em Nuremberg. Na Lituânia esse custo não chega a 1,50 marco e o galpão é colocado à nossa disposição gratuitamente. Nesse caso, precisamos pensar também na empresa como um todo e produzir o mais economicamente possível."[14]

Talvez o chefão da Siemens sinta-se melindrado a respeito da nova questão social e então ele prevê: "Haverá atritos", mas logo em seguida acrescenta que "a indústria não é responsável por isso". Assim, o próprio Franz se torna um prisioneiro da teia que ajudou a urdir. Sabendo muito bem o que faz, ele ajuda a impelir a cisão social para a frente e, não obstante, sente-se apenas como um cumpridor obediente das leis do mercado mundial. A Siemens seria um empreendimento globalmente ativo, que na verdade tem sua sede na Alemanha, "mas todos nós temos obrigações com os nossos trabalhadores no mundo todo".

Caso os Estados Unidos resolvessem refugar, a empresa teria de transferir sua central dos EUA para o Extremo Oriente, mesmo que a contragosto. Principalmente no Oriente existem novas oportunidades, diverga o jogador global Hermann Franz, que já em 1993 profetizava um país radicalmente modificado para os trabalhadores alemães, ainda inconscientes de que sua mão-de-obra havia ficado demasiadamente cara. Nesse sentido, Franz diz: "Precisaremos dar adeus a muitas atividades industriais na Alemanha. No lugar das máquinas automáticas dos bancos, um número maior de pessoas de carne e osso terão que voltar a trabalhar" – é lógico que por salários devidamente reduzidos, na maioria das vezes extremamente baixos.

Trata-se de frases marcantes, particularmente na Alemanha, pois são palavras que transmitem bem o clima de mal-estar. Entre os dirigentes políticos dos países europeus paira um medo estranho. Com freqüência cada vez maior eles confidenciam, em círculos fechados, suas dúvidas a respeito dos pesados riscos que assumem, ou melhor, que pensam precisar assumir no novo "cassino capitalista global" (expressão cunhada pela economista britânica Susan Strange). A China, a Coréia do Sul, a Indonésia, a Arábia Saudita – todos esses promissores mercados precisam ser abertos, afirmam publicamente os líderes da economia, pois do contrário corre-se o risco de perder a oportunidade para aumentos maiores no volume de vendas e de lucros.

Mas ninguém mais consegue dormir em paz, nesse jogo do Oriente Médio e da Ásia. O problema principal são os sistemas culturais tão diferentes, como analisa o executivo Anton Schneider. Filho de um especialista em laticínios de Bregenzerwald, ele foi criado com seis irmãos, teve namoros com a esquerda sindical e, depois de formado, começou na filial da Boston Consulting uma notável carreira de perito em saneamento econômico, que em 1995 o levou à direção da empresa Klöckner-Humboldt-Deutz (KHD) em Colônia, que enfrentava graves problemas.[15]

"O que alguns descrevem como jogo limpo e tratamento justo é totalmente incompreensível para outros, do ponto de vista cultural e histórico. Por exemplo, o coreano pratica protecionismo com a maior naturalidade e diz ao mundo que aquilo é jogo limpo. Para nós, é difícil aceitar. Também os sauditas são duros de entender. Entraram para a Organização Mundial do Comércio, o novo regulador das trocas inernacionais, e são protegidos pelos americanos, mas apesar de tudo têm valores muito diferentes. Esse é o problema básico na conceituação de um mercado globalmente unido."

No norte da Europa e nos EUA, continua Schneider, "passou a vigorar no decurso de duzentos anos um capitalismo protestante comparativamente purista e uma economia de mercado com regras que acatamos em princípio. No âmbito católico, os pecados talvez sejam mais freqüentes, mas esses são confessados. Já no setor asiático – budista –, as nossas regras não são levadas muito a sério, pois aí contam muito mais o país e a família".

A globalização embaralha os jogadores de todas as firmas e nações, como num campeonato de futebol. Em sentido figurado, isso quer dizer que no mundo das grandes decisões econômicas ainda nem existem regras do jogo, e muito menos juízes qualificados. "É bem assim", confirma o diretor da KHD. "Muitas culturas trazem consigo regras de jogo muito diferentes. Não vou avaliar se essas são melhores ou piores. De qualquer maneira, muitos jogadores e suas equipes nem sabem o que nós entendemos como competição justa."

Schneider faz um balanço final: "Acredito que quase todas as grandes empresas européias se sintam impelidas pela globalização econômica. Pois quem acredita seriamente que alguma indústria da Europa se sente bem quando faz investimentos na China? Nenhuma delas se sente bem, pois os chineses, e não só eles, não têm um sistema jurídico que proteja os nossos direitos. Não existe proteção ao investimento, proteção ao know-how, pode-se esquecer tudo isso. Cada contrato de joint venture tem uma validade máxima de trinta anos, depois disso tudo pertence aos chineses".

Qual seria então o motivo desse engajamento mundial, dessa corrida desenfreada? "Precisamos fazer isso", responde o empresário. "Queremos participar desses mercados e aceitamos as condições que nos são oferecidas. Se é preciso entrar nos mercados, antes eu do que meu concorrente. Mas ninguém se sente bem a respeito disso."

Reza a sabedoria popular que o medo é mau conselheiro. Os *global players* assinam embaixo. Seja qual for a conduta adotada, erros graves parecem inevitáveis. Quem, em posição de liderança, simplesmente seguir o andar da carruagem e esquecer as preocupações mais do que comprováveis que acompanham o processo logo correrá o risco de destruir mais do que salvar com a reengenharia, a terceirização e o enxugamento de custos. Quem ainda foge dos tempos modernos e só procura, defensivamente, cometer um mínimo de erros já está fazendo quase tudo errado.

O que representam então os jogadores globais na política, nas finanças, na mídia e na economia: são eles culpados ou vítimas?

8

A QUEM PERTENCE O ESTADO?

A decadência da política e o futuro das soberanias nacionais

> *"Na Europa só estão organizados o crime e o capitalismo em caráter internacional."*
> KURT TUCHOLSKY, 1927

> *"Quando os empresários transferiram todo o dinheiro para o Exterior, pode-se dizer que a situação está séria."*
> KURT TUCHOLSKY, 1930

Pobre banqueiro rico! Quando, no início de março de 1996, uma equipe do serviço de repressão a fraudes vasculhou os escritórios da matriz do Commerzbank de Frankfurt, à procura de documentos comprometedores, o chefe do quarto maior banco alemão atinou com o problema. Martin Kohlhaussen, um dos grandes das altas finanças – e, como ele, o seu banco, um dos melhores endereços da economia alemã –, estava para ser vítima de uma conspiração organizada pelo Estado. A busca seria "uma ação direcionada contra o banco, os nossos clientes e nós", escreveu o diretor-superintendente do Commerzbank numa circular interna a seus funcionários. "Nenhum membro da diretoria teria infringido leis vigentes, nem haveria nada a censurar com respeito ao nosso estabelecimento", queixou-se. "Todos nós somos acusados de crimes sem nenhuma justificativa."

Kohlhaussen sabia melhor. No mesmo dia dessas declarações, seus dois colegas de diretoria, Klaus Patig e Norbert Käsbeck, enviaram uma carta à Terceira Delegacia Fazendária, em Frankfurt, na qual admitiam graves infrações contra o direito tributário, na tentativa de afastar uma punição mais grave. Os balanços apresentados às autoridades fiscais conteriam "incorreções", reconheceram os banqueiros. Valores relativos a créditos para estabelecimentos estrangeiros não poderiam contar com isenção fiscal válida para os resultados do Exterior. Mais claramente: enquanto o banco compensava os prejuízos de filiadas estrangeiras contra os lucros da matriz alemã, ele reduzia seus lucros internos e conseqüentemente a carga tributária. Conforme relatou a revista *Der Spiegel*, citando os auditores, o banco teria apresentado declarações de imposto erradas por uma década, desde 1984, calculando por baixo os lucros tributáveis e lesando o Fisco em meio bilhão de marcos.[1]

Graças a um caso concreto e amparados em provas irrefutáveis, os auditores federais revelaram ao público, pela primeira vez, aquilo que o pessoal do banco e os agentes financeiros já conheciam muito bem: no âmbito do entrelaçamento global, empresas transnacionais operam numa zona cinzenta do direito tributário, na qual a tributação pode ser facilmente reduzida a um mínimo. Em mais de quarenta filiais de instituições bancárias renomadas, como o Dresdner Bank, o Bayerische Hypotheke-und Wechselbank e a firma americana Merrill Lynch, foram omitidos documentos relativos às contas de milhares de clientes suspeitos de ter transferido partes de seu patrimônio para o Liechtenstein e outros lugares, a fim de sonegar tributos. Era o fim da festa dos ricos, avaliaram muitos observadores, e até Helmut Kohl anunciou sua "satisfação" com as providências das autoridades fazendárias.

O primeiro-ministro alemão avaliou bem o perigo, mas não há motivos para júbilo. Não importam a intensidade e a freqüência das sindicâncias contra crimes fiscais, essa guerra está perdida, pois somente pessoas físicas mal informadas ou gerentes particularmente ousados se servem de métodos ilegais para a sonegação de fortunas em rendimentos de aplicações. Bancos e corretoras bem geridos não precisam disso. Sem infringir a lei, manobram para baixo à vontade na selva financeira transnacional, abatendo os lucros tributáveis até como se tivessem lucrado menos de 10%.

"De nós vocês não receberão mais nada!"

Como isso funciona, as empresas de grande porte vêm demonstrando há tempos. Por exemplo, a BMW, a empresa automobilística mais lucrativa da Alemanha, ainda em 1988 recolheu uns 545 milhões de marcos à Receita Federal. Quatro anos depois, eram 6% desse valor, apenas 31 milhões de marcos. No ano seguinte, a BMW apresentou prejuízos no mercado interno – não obstante lucros crescentes no total e dividendos inalterados – e fez com que o Fisco lhe restituísse 32 milhões de marcos. O truque é simples. As despesas são criadas onde os impostos são mais altos, os lucros são lançados onde as alíquotas são menores. "Isso acontece no mercado interno", declarou o diretor-financeiro da BMW, Volker Doppelfeld, com sinceridade. Especialistas calculam em 1 bilhão de marcos a economia das empresas entre 1989 e 1993, em taxas recolhidas para o Estado.[2]

A gigante da eletrônica Siemens transferiu sua sede geral para o Exterior, com vistas a vantagens fiscais. Dos 2,1 bilhões de marcos de lucro no exercício de 1994/95, o Fisco alemão não arrecadou mais do que 100 milhões de marcos, e no ano de 1996 a Siemens não pagou mais nada.[3] Também no relatório de 1994 da Daimler-Benz só consta sucintamente: os impostos sobre a receita incidiram "basicamente no Exterior". E até o banqueiro Kohlhaussen, do

Commerzbank, comprovou em março de 1996 que seus peritos contábeis aprenderam a escapar dos impostos. Obstinadamente, três semanas depois da incursão dos auditores nos seus escritórios, ele apresentou um balanço que é um escárnio ao contribuinte comum. De acordo com o mesmo, o lucro do Commerzbank dobrou em relação ao ano precedente para 1,4 bilhão de marcos, porém as taxas recolhidas para os cofres públicos diminuíram para a metade, menos de 100 milhões.[4]

O sumiço dos impostos não é especialidade só dos grandes conglomerados. As empresas de porte médio também podem tirar proveito das diferenças entre os diversos sistemas de tributação nacionais, conseguindo otimizar sua carga tributária em âmbito internacional. O método mais simples, no jargão dos peritos, é o *"transfer-pricing"*, que exige como base uma sociedade integrada de filiais e sucursais que transponham fronteiras. Como comercializam entre si produtos semimanufaturados, prestação de serviços ou somente licenças, as firmas podem lançar praticamente qualquer montante de despesas para si mesmas. Por isso, os gastos de empresas que operam em escala transnacional sempre acabam sendo mais altos onde as alíquotas fiscais são maiores. Opostamente, afiliadas situadas em paraísos fiscais ou em zonas de impostos baixos sempre obtêm ganhos exorbitantes, mesmo que mantenham por lá apenas um escritório com fax e dois empregados.

Contra essas práticas, os fiscais da Receita Federal nada conseguem. Nem é possível provar que os preços no comércio entre as empresas estão exagerados, uma vez que para muitos dos serviços faturados inexiste a possibilidade de comparar preços de mercado. Somente quando as trapaças são muito evidentes é que os auditores podem se mexer. Assim, no Japão, país de tributação alta, a manipulação de impostos no início da década de 1990 por numerosas empresas transnacionais foi longe demais. No outono de 1994, o Ministério das Finanças em Tóquio cobrou pagamentos complementares no valor equivalente a quase 2 bilhões de marcos de mais de sessenta empresas, entre elas a Ciba-Geigy, a Coca-Cola e a Hoechst, esta sob a acusação de ter lançado 100 milhões de marcos de despesas a mais, superfaturando o fornecimento de matéria-prima para outras afiliadas.[5]

Ataques de nervos por si só não interrompem a fraude fiscal organizada. Nos casos em que o *"transfer-pricing"* não é suficientemente rentável, outros truques funcionam. Por exemplo, o *"double-dip leasing"* encontra múltiplas aplicações. Nesse caso, as empresas aproveitam os incentivos fiscais para investimentos de tal maneira que os custos de aquisição de máquinas, veículos ou aeronaves gozem de desconto de taxas em dois países. Grande aceitação obteve o *"dutch sandwich"* (sanduíche holandês), método que combina uma filiada nos Países Baixos com uma empresa localizada num paraíso fiscal como as Antilhas Holandesas ou a Suíça. A utilização das duas legislações fiscais possibilita recolher apenas 5% de impostos sobre nove décimos do lucro da empresa.

Contra essa e outras práticas, naturalmente os governos e os legisladores procuram aprimorar os sistemas de auditoria e eliminar lacunas nas leis. Mas em geral os resultados não são animadores. "Em última análise, todas as infrações podem ser camufladas graças à complexidade da estrutura das firmas", assegura um advogado tributarista que atende a uma clientela mundial. Nesse setor "acontece o mesmo que na fábula da lebre e da tartaruga", julga o perito fiscal Johannes Höfer, funcionário do governo alemão. "Os consultores fiscais verdadeiramente bons estão sempre um passo à frente do Fisco."[6]

Além de tudo isso, a competição internacional pelo ingresso de investimentos estabeleceu, nas últimas décadas, a conhecida "guerra fiscal" entre governos nacionais, que reduzem impostos para níveis baixos, levando em conta até mesmo a ineficiência de seus fiscais. A tendência descendente começou no ano de 1986, quando os EUA reduziram o imposto de renda para sociedades de capitais de 46% para 34% e assim estabeleceu um novo padrão mundial. Com o passar dos anos, a maioria dos países industrializados precisou acompanhar esse modelo.

Dentro da União Européia, a competição assumiu formas grotescas nesse meio tempo. A Bélgica oferece desde 1990 a instalação dos assim chamados "centros de coordenação", para empresas ativas em mais de quatro países. Nesses centros as empresas podem centralizar todos os tipos de prestação de serviços – como publicidade, marketing, assessoria jurídica e, antes de mais nada, seus negócios financeiros –, mas não são obrigadas a pagar impostos sobre os lucros obtidos dessa maneira, e sim sobre uma pequena parte de suas despesas operacionais. O modelo transformou-se num sucesso. A relação dos beneficiados vai das multinacionais do petróleo Exxon e Mobil até a fábrica de pneus Continental. A Opel economiza impostos com uma central financeira na Antuérpia, a Volkswagen envia seus especialistas contábeis para Bruxelas, os sonegadores de impostos da Daimler ficam no subúrbio de Zaventem e os colegas da BMW estão instalados em Bornem. Graças à generosidade belga, as filiais locais se tornaram as mais lucrativas do mundo. Conforme demonstrado pelo balanço, a BMW alegadamente obtete na filial belga um terço do total das receitas da empresa, sem que lá tivesse sido produzido um único automóvel.[7]

Mais atraente ainda é a oferta de isenção tributária que o governo da Irlanda oferece aos que mandam gerenciar seus negócios financeiros a partir de um escritório nas Docas de Dublin. De cada dólar de juros que é ganho formalmente através de uma sucursal na Irlanda, apenas 10 centavos vão para o erário. Nos palácios de vidro que circundam o antigo porto da cidade, instalaram-se filiais de pequeno porte de quase 500 empresas transnacionais – "endereços de fachada", como assegura um diretor da Câmara de Comércio teuto-irlandesa. Além da Mitsubishi e do Chase Manhattan, estão representados todos os grandes bancos e agências de seguros alemães, e até a administração da fortuna da Associação Creditícia Evangélica de Kassel ocupa seu lugar ali. No total, até 1994, só as empresas germânicas esconderam do Fisco alemão 25 bilhões de marcos no atalho da Irlanda.[8]

As conseqüências nefastas desse turismo fiscal incontrolado são evidentes e mesmo assim representam um tabu no debate político: além da política monetária, do controle das taxas cambiais e de juros, vai-se perdendo gradativamente um outro setor vital das soberanias nacionais – a soberania fiscal. Diversamente do que parece, a tributação média dos lucros de empresas e autônomos cai na Alemanha desde 1980, em função da redução estabelecida por lei, dos antigos 37% para somente 25% no ano de 1994, conforme apurado pelo Instituto Alemão de Pesquisa Econômica. E não se trata de um fenômeno especificamente alemão. Na guerra fiscal, as alíquotas para grandes empresas caem no mundo todo. O império Siemens recolhia ainda em 1991 praticamente a metade de seus lucros aos cofres públicos dos 180 Estados onde mantém filiais. No decorrer de quatro anos, essa cota encolheu para apenas 20%.

Assim, os governos democraticamente eleitos não decidem mais sobre o valor da tributação, mas os próprios negociantes de produtos e capitais estabelecem qual a contribuição que desejam dar para o atendimento de encargos estatais. Foi o que deixou claro o presidente da Daimler-Benz, Jürgen Schrempp, em encontro com deputados federais alemães. Pelo menos até o ano 2000, declarou Schrempp, sua empresa na Alemanha não pagaria mais imposto de renda: "De nós vocês não receberão mais nada". Só restou aos representantes do povo ouvir num silêncio constrangido as exposições do diretor-financeiro Manfred Genx que se seguiram, a respeito do cálculo dos lucros obtidos no Exterior e dos investimentos na ex-Alemanha Oriental.[9]

Buracos negros no Tesouro

O ressecamento do Tesouro nacional através da economia sem fronteiras, contudo, não acontece somente do lado das receitas. A nova economia transnacional também canaliza uma parcela crescente das despesas estatais para o seu caixa. A concorrência pelos recolhimentos mais baixos é acompanhada pelas subvenções mais generosas. Para tanto, o oferecimento gratuito de terrenos e de toda a infra-estrutura urbana, incluindo luz e água, já representa o padrão mínimo mundial. Onde quer que uma empresa deseje instalar uma unidade de produção, os planejadores de custos poderão contar ainda com subvenções e contribuições de todos os tipos. Se a multinacional coreana Samsung aceita receber do Ministério da Fazenda britânico pelo menos 100 milhões de dólares para a instalação de uma indústria eletrônica no norte da Inglaterra, investindo 1 bilhão de dólares, isso já é bem barato. Estados e regiões que desejem receber unidades industriais podem ter que investir muito mais. Na futura fábrica para os novos carros pequenos da Mercedes-Benz na Lorena, os contribuintes da União Européia e da França já arcam com um quarto do investimento por meio de subvenções diretas. Se forem adicionadas as isenções fiscais prometidas, a participação do Estado perfaz um terço do capital investido, sem direito a voto na administração da empresa![10]

Esse procedimento se alastra e, dependendo do grau de desemprego e da ignorância política, a porta está aberta. Por exemplo, no Alabama, EUA, comparativamente pobre, a Mercedes-Benz pagou somente 55% dos custos incidentes por uma nova unidade de produção. Em comparação, a isenção total de impostos por dez anos que a General Motors negociou em 1996 chega a parecer modesta.

O caso-limite fica por conta do governo federal alemão na ex-Alemanha Oriental. Por exemplo, são devolvidos à indústria eletrônica americana Advanced Micro Devices (AMD) 800 milhões de marcos ou 35% do valor de investimento planejado para uma nova fábrica de chips. Além disso, a União e o governo estadual da Saxônia se encarregam de avalizar créditos no montante de 1 bilhão de marcos. O consórcio de bancos, do qual fazem parte instituições estatais da região, participou com mais de 500 milhões de marcos. Em suma, portanto, a empresa não precisa tirar dos cofres nem uma quinta parte do investimento total, e praticamente todo o risco de mercado fica para o contribuinte.[11] A situação da Opel e das fábricas da VW em Chemnitz, Mosel e Eisenach é muito semelhante. A modernização dos estaleiros do Mar Báltico, sob o gerenciamento da Vulkan de Bremen e do gigante da construção naval norueguês Kvaemer, devorou 6,1 bilhões de marcos. Após a falência do Grupo Vulkan, que desperdiçou uma parte dos investimentos em empresas dilapidadas na ex-Alemanha Oriental, presume-se que seja necessário mais meio bilhão para concluir o projeto.

A maneira como a guerra fiscal pode transformar-se num buraco negro para o Tesouro o chanceler Helmut Kohl descobriu pessoalmente em visita a uma antiga região industrial da ex-Alemanha Oriental. Ali, o próprio primeiro-ministro caiu na armadilha.

"Pensem em nossas famílias!"

Quando Helmut Kohl desceu de helicóptero em Schkopau, em 10 de maio de 1991, só estava cumprindo mais um compromisso em sua campanha eleitoral. Era sua intenção "demonstrar esperança" num encontro com os industriais da região ao redor de Buna, um decadente pólo químico. Mas ele e sua comitiva não demoraram a tomar conhecimento, ao vivo, do terrível empobrecimento da população. "Pensem em nossas famílias!", gritou um trabalhador atrás do cordão de isolamento. No interior do salão, o representante dos trabalhadores do grupo Buna pediu a privatização da empresa para manter pelo menos 8.000 dos antigos 18.000 postos de trabalho. "Por favor, recuem; não nos desapontem", implorou o porta-voz local ao chanceler. Isso obviamente mexeu com o elefante da política alemã. Criado ele mesmo na cidade da Basf, Ludwigshafen, não conseguiu resistir às súplicas dos operários da indústria química. Pondo de lado o discurso escrito, declarou que "naturalmente a esperança deles não seria ignorada". Pessoalmente deu sua palavra pela "continuidade desses locais de trabalho".

A intenção era boa, até compreensível pelo lado humano, mas se constituiu num dos erros mais dispendiosos cometidos durante o governo Kohl. Pois desse momento em diante a República Federal da Alemanha podia ser chantageada à vontade. Apesar do compromisso assumido por Kohl, os três gigantes do setor químico alemão – Bayer, Hoechst e Basf – não mostraram interesse, em face da situação desoladora das velhas instalações. De outro lado, alguns diretores da empresa americana Dow Chemical, que tinha ligações com o grupo Buna, farejaram um bom negócio. Inicialmente, na condição de quinto maior empreendimento químico do mundo, a Dow demonstrou interesse e fez ofertas vagas. Numa maratona de reuniões que se estendeu por anos, envolvendo complicadas negociações sobre dívidas contábeis, em junho de 1995 finalmente a Dow encampou o grupo Buna, que passou a chamar-se BSL Olefinverbund.

Pelo acordo firmado, a Dow arcaria com apenas 200 milhões dos investimentos totais, previstos em 4 bilhões de marcos, na forma de um empréstimo tributável da matriz. Ao mesmo tempo, ficava assegurada a compensação dos prejuízos da BSL, no limite máximo de 2,7 bilhões, até o final de 1999. Podendo abater de sua contabilidade o antigo déficit no valor de 3,2 bilhões de marcos, a Dow permanece livre de impostos por tempo indeterminado, mesmo que ocorram lucros. Além disso, o governo gastaria em saneamento ambiental da região e construiria uma adutora para o porto marítimo de Rostock. Em troca de tudo isso, as vantagens oferecidas pela Dow beiravam o ridículo: 1.800 postos de trabalho garantidos somente até 1999 e, se o número fosse menor, pagamento de uma multa contratual de 60.000 marcos por emprego faltante – mera gorjeta em vista do dinheiro envolvido.

Assim, o governo alemão deverá subvencionar cada emprego na Dow-BSL com um valor previsto superior a 5 milhões de marcos, totalizando quase 10 bilhões de marcos – preço absurdo! Mesmo que fossem construídos arranha-céus nas florestas da Turíngia às custas dos cofres públicos, isso iria gerar um número maior de empregos e salários, e conseqüentemente sustento de famílias. Se investido no saneamento de cidades, no segmento de turismo e nas universidades, o mesmo valor já teria levado o Leste europeu a chegar mais perto do nível ocidental. O fato de terem vindo a público as grotescas condições do Acordo Buna só se deve a jornalistas da revista *Der Spiegel*, que durante meses esmiuçaram os detalhes do contrato. A Dow Chemical deverá ter um lucro de pelo menos 1,5 bilhão de marcos sem qualquer risco, mesmo que todo o empreendimento vá por água abaixo.[12]

Quando a história foi publicada, praticamente não houve protesto algum. E quem poderia protestar? Não só Kohl como outros dirigentes políticos já passaram por situações semelhantes e, afinal, cada emprego conta. Da mesma forma arbitrária, os institutos oficiais de fomento à pesquisa, em todos os países, distribuíam o dinheiro de impostos a eles confiado. Assim, a Daimler, que no momento não paga mais impostos, ficou com cerca de 500 milhões de marcos do orçamento para pesquisas no ano de 1993. Era mais de um quarto do valor total de incentivo à ciência do governo alemão e beneficiou uma firma que, com os resultados subvencionados, terá condições de manter um negócio lucrativo do outro lado do planeta sem que um único emprego alemão seja gerado por esse meio.

Com a insegurança da política a respeito das novas regras do jogo econômico global, a Siemens também se saiu bem. Durante anos os partidários da política industrial nacionalista, como por exemplo Konrad Seitz, ex-chefe de planejamento na Secretaria dos Negócios Estrangeiros, alertaram a respeito da posição ameaçadora de monopólio do Japão e dos EUA na produção de chips, a matéria-prima técnica para a era da informática. Obedientemente, a União Européia forneceu alguns bilhões de dólares para pesquisa, junto a empresas eletrônicas regionais, antes de mais nada a Siemens, totalmente de graça. Hoje, em sua sede em Munique, a empresa desenvolve microprocessadores eletrônicos de última geração em conjunto com os supostos rivais

IBM e Toshiba. A partir de 1998, a Siemens deverá operar igualmente uma fábrica em comum com a americana Motorola em Richmond, EUA, onde deverá ser produzido um chip de memória de 64 Megabytes.[13]

A guerra fiscal danosa e muitas vezes insensata revela como a política e os governos se perderam no labirinto da economia global. "A pressão da concorrência internacional leva os governos a oferecer incentivos que não podem mais ser justificados sob critérios objetivos", constata o organismo comercial das Nações Unidas, Unctad, que mantém controle contínuo sobre a prática mundial de subvenções. É importante procurar caminhos "que evitem tais excessos", alertam os peritos da ONU.[14] Contudo, no afã de apresentar a seus eleitores medidas contra o desemprego, os políticos não percebem mais que assim só prejudicam os seus países a longo prazo. Enquanto saqueiam o erário, os executores da globalização impõem ao Estado um tipo de gerenciamento empresarial que leva à ruína a economia do país. Mesmo sem incluir os setores classicamente subvencionados – agricultura, mineração, aluguéis e transporte público –, as renúncias fiscais podem custar, somente na Alemanha, 100 bilhões de marcos por ano, num cálculo conservador.

A dimensão dessa transferência de fortunas modifica visivelmente a estrutura do Estado. Os planejadores neoliberais do Instituto de Economia Mundial de Kiel passaram a utilizar uma metáfora tirada do reino da biologia para definir o novo papel do Estado. Este ficaria somente com a função de "hospedeiro" para a economia transnacional, conforme consta de um estudo da entidade. Isso significa, inversamente, que as empresas mundialmente entrelaçadas vão adquirindo características cada vez mais parasitárias. Suas mercadorias utilizam o transporte ferroviário subsidiado, os empregados mandam os filhos para as escolas públicas e os executivos se aproveitam da boa urbanização dos bairros ricos. Só contribuem, porém, com impostos sobre salários, e dos salários pagos saem os impostos sobre o consumo de seus empregados e operários. Como os rendimentos do trabalho tendem a cair, despenca a arrecadação do Estado, que se torna vítima de uma crise financeira estrutural.

Os orçamentos públicos seguem a mesma linha descendente que o salário médio da população, só que aumentam, em vez de diminuir, as tarefas do Estado. Novas tecnologias encarecem a manutenção da infra-estrutura, danos ambientais exigem medidas abrangentes, a elevação crescente da expectativa de vida da população exige maiores gastos com assistência médica e aposentadorias. Que outra alternativa senão encurtar a oferta de serviços públicos, em todos os setores onde isso não possa ser evitado por poderosos grupos de interesse, portanto no sistema social?

Assim, os próprios Estados acabam virando agentes da concentração de renda pelas camadas mais abastadas. Isso é confirmado de maneira impressionante pela lei de impostos anuais com a qual o governo federal abriu as negociações sobre o orçamento da Alemanha para 1997. Havia a estimativa de uma perda de 14,6 bilhões de marcos na arrecadação, e de outro lado empresas e autônomos ficariam isentos de recolhimentos – no mesmo valor...[15]

Nos EUA e na Grã-Bretanha, onde os governos estão promovendo há mais tempo a retirada do Estado da economia, torna-se possível observar até onde leva o emagrecimento das finanças estatais em benefício do livre mercado. Falta dinheiro para a manutenção e expansão da infra-estrutura pública, mesmo levando em conta que os EUA investem apenas um terço daquilo que o Japão gasta com suas estradas, ferrovias, escolas, universidades e hospitais.[16] Em Washington, assegura o prefeito, seria necessário 1,2 bilhão de dólares apenas para reformar os decadentes prédios escolares. Ante a falta de recursos, formam-se grupos de voluntários que realizam os consertos à sua própria custa.[17]

Mais triste é a situação na Grã-Bretanha, Estado-símbolo europeu do neoliberalismo, onde o sistema educacional e social se aproxima daquele de um país subdesenvolvido. Uma em cada três crianças britânicas cresce hoje em dia em meio à pobreza, e 1,5 milhão de crianças com menos de 16 anos precisam trabalhar para ajudar as famílias. Enquanto no continente europeu quatro quintos de todos os jovens de 18 anos continuam sua vida escolar, na ilha britânica menos da metade desse segmento pode dar continuidade aos seus estudos. Segundo uma pesquisa representativa, uma sétima parte dos jovens de 21 anos não sabia ler nem escrever.[18]

Na Alemanha, comparativamente rica, onde o bem-estar social até agora ainda está amplamente distribuído e, onde os cidadãos esperam do Estado uma oferta abrangente de serviços, esse processo apenas começou. Um exemplo é o doloroso despertar da cidade mais rica mas também mais endividada do país: Frankfurt. Ainda em 1990, o prefeito social-democrata da época, Volker Hauff, anunciava: "A riqueza de Frankfurt existe para todos". Seis anos depois, pouco pode fazer seu sucessor, o ecologista Tom Königs. A receita mais importante da cidade, o imposto sobre serviços, rende atualmente menos do que em 1986, apesar de 440 sucursais bancárias e mais de 20% de crescimento econômico, enquanto os gastos sociais ainda obrigatórios até então praticamente triplicaram. Agora, cerca de trinta dos 46 centros comunitários de assistência precisam ser fechados. Creches e piscinas públicas, escolas e universidades terão menos verbas. Para iniciativas sociais como encontros de bairros ou de imigrantes não existe mais verba, os museus e o teatro de ópera reduzem suas atividades, conservatórios e museus são reduzidos em tamanho. A temporada de teatro no Turm só dura seis semanas, o curador da ópera ameaça com o cancelamento de espetáculos por causa de subvenções reduzidas. Os sacrifícios ainda são pequenos, mas inquietantes. "Corremos o risco de ver tolhida nossa capacidade para a compensação social", reclama Königs. A continuar essa tendência, "a convivência pacífica das classes, nações e estilos de vida em Frankfurt irá explodir".[19]

O crime sem fronteiras

A redução forçada dos orçamentos públicos rebaixa os políticos à condição de meros administradores da penúria. Diante do poder maior do avanço econômico, eles não podem mais arcar com a responsabilidade pela miséria, e isso compromete a estrutura do Estado democrático.

Como sinais da decadência da política, os problemas financeiros crônicos são apenas um sintoma entre muitos. Além da soberania monetária e fiscal, já balança outro pilar do Estado Nacional: a capacidade de reprimir a violência. Da mesma forma que bancos e empresas, as multinacionais do crime organizado também tiram proveito da abolição das algemas legais para a economia. "O que é bom para o livre comércio também é bom para a criminalidade", observa um funcionário da Interpol.[20]

Dentro do G-7, as sete mais ricas nações do mundo, de 1970 a 1990 cresceu vinte vezes o volume de vendas de heroína e cinqüenta vezes o comércio de cocaína.[21] Quem souber como vender drogas tem condições de dominar qualquer outro mercado ilegal. Cigarros, armas, automóveis roubados e imigrantes ilegais disputam com o tráfico de drogas a posição de principal fonte de renda da economia clandestina. Simplesmente com extorsão aos migrantes, a forma moderna do tráfico de escravos, as quadrilhas chinesas (as "Tríades") nos EUA obtiveram lucros de 2,5 bilhões de dólares por ano, avalia uma autoridade pública desse país.[22]

Na Europa, o desenvolvimento explosivo do contrabando de cigarros é uma prova concreta do novo poderio das empresas de comércio ilegal. Até o final da década de 1980, a evasão do imposto sobre tabaco era principalmente um problema italiano. A partir de 1990, surgiram organizações rigidamente administradas no mercado interno europeu. Dois anos depois, já foram apreendidos na Alemanha 347 milhões de cigarros cujos direitos alfandegários não foram pagos, e em 1995 já eram 750 milhões. Nas buscas, a quantidade foi calculada em cerca de 5% do volume total de vendas. O déficit na arrecadação de impostos é calculado em 1,5 bilhão de marcos pelo Departamento de Crimes Aduaneiros na Alemanha, e em toda a Europa alcança de 6 a 8 bilhões de marcos.

Note-se: o crescimento repentino dos negócios de contrabando não é conseqüência de policiamento falho. As organizações e o seu modo de operar são bastante conhecidos, conforme relata Hans-Jürgen Kolb, promotor público que chefia um grupo especializado em crimes econômicos, baseado em Augsburgo.[23] O material procede em geral de fábricas de cigarros dos EUA, cujas exportações européias são inicialmente encaminhadas para os portos livres de Rotterdam ou Hamburgo, bem como seus equivalentes suíços, as assim chamadas zonas francas. Ali, além de importadores legais, também firmas anônimas com sede em Chipre ou no Lichtenstein encomendam grandes quantidades de produtos para exportação com destino à Europa Oriental ou à África. Em velhos caminhões, a mercadoria roda pelo território da União Européia, mas nunca chega ao seu destino declarado. Vai ficando pelo caminho e, caso um transportador seja alvo das suspeitas dos fiscais, uma ou outra carga pode ser sacrificada ou taxa da sem problemas, em vista do lucro estimado de 1,5 milhão de marcos por caminhão.

Com os fluxos de comércio enormemente aumentados, a polícia só consegue controlar uma parcela de todas as cargas de cigarros. Contudo, ela consegue apreender, em muitos lugares, quantidades surpreendentes de material contrabandeado. Isso pouco prejudica o negócio ilegal, pois os investigadores só conseguem deter motoristas e ajudantes. Seus chefes, na posição de comerciantes honrados, não podem ser atingidos. "Sabemos os nomes dessas pessoas, mas não conseguimos chegar perto delas", queixa-se Kolb. Não é possível o acesso a Chipre ou ao Panamá, pois no máximo termina ali a cooperação policial supranacional.

Outro grande problema é que se tornou impossível desapropriar as fortunas das empresas criminosas. Por mais eficientes que sejam os esforços da polícia e da Justiça, os lucros acumulados permanecem inatingíveis no espaço sem lei do mercado financeiro global. O sigilo bancário defendido com unhas e dentes pela comunidade financeira internacional não protege somente os sonegadores de impostos. Não é por acaso que os mais importantes paraísos fiscais se desenvolveram ao longo das principais rotas do tráfico de drogas. "O Panamá e as Bahamas são conhecidos como centro de operações financeiras com o dinheiro proveniente do tráfico de cocaína. O mesmo papel compete a Hong Kong para os lucros da droga no Sudeste Asiático, enquanto Gibraltar e Chipre são os guardiães do capital dos traficantes da Turquia e Oriente Médio", assim resume a economista britânica Susan Strange a função dos paraísos *off-shore* para a economia clandestina.[24]

Ao mesmo tempo é impossível estancar a infiltração de investidores criminosos nos setores legais, por mais que haja leis rigorosas contra a lavagem de dinheiro. "Eles sempre conseguem fazer isso sem problema", admite o banqueiro Folker Streib, que trabalhou para o Commerzbank na Ásia e na América e hoje chefia sua filial de Berlim.[25]

As conseqüências são assustadoras. A criminalidade organizada hoje é tida, entre os especialistas, como o ramo da economia que mais depressa se expande no mundo, gerando lucros anuais de 500 bilhões de dólares. Num estudo para a polícia judiciária federal, cientistas da Universidade de Münster prevêem que até o ano 2000 haverá na Alemanha um aumento de 35% de crimes como o tráfico de trabalho escravo, locação ilegal de mão-de-obra, receptação de automóveis roubados e extorsão de taxas de proteção.[26]

Junto com o alto volume de capital, cresce incessantemente o poder dos cartéis criminosos de corromper empreendimentos legais e concorrências públicas ou de assumi-los de uma vez. Isso se torna tanto mais ameaçador quanto mais fraca for a estrutura do Estado. Na Rússia e na Ucrânia, na Colômbia e em Hong Kong, as atividades legais e ilegais confluem uma para a outra tranqüilamente. Ninguém mais é capaz de calcular quais os setores do aparelho estatal que ainda estão livres da influência dos criminosos. A Itália também não conseguiu vencer a batalha contra a Máfia, apesar de prisões espetaculares. O capital dos antigos chefões fluiu sem dificuldades para as mãos de herdeiros desconhecidos, aos quais só cabe modernizar suas organizações. Da fortuna dos quatro grandes sindicatos do crime italianos, avaliada em cerca de 120 bilhões de dólares, até junho de 1996 foram seqüestrados apenas 2 bilhões, mas só por enquanto. Os advogados da Máfia estão processando o Estado para a restituição de dois terços desse valor, alegando tratar-se de patrimônio proveniente de negócios legais.[27]

Como parte desse quadro, assassinatos de encomenda já não representam mais crimes inusitados na Alemanha. Na guerra entre as quadrilhas de vietnamitas que organizam a venda de cigarros contrabandeados, morreram 36 pessoas no primeiro semestre de 1996 em Berlim. Ao mesmo tempo apaga-se a fronteira entre legalidade e ilegalidade nas relações comerciais. Sem o conhecimento da diretoria, empresas e bancos sérios podem ser envolvidos em negócios escusos. Se uma firma concorrente, controlada por criminosos, se serve de métodos ilegais, um comerciante honesto fica tentado a imitá-la. Também as altas importâncias de suborno pressionam contra o limiar de inibição. Por tudo isso, metade dos dirigentes empresariais consultados numa pesquisa em dezoito países encara os crimes econômicos como um grande problema.[28]

Assim, por toda parte, o Estado e a política caem na defensiva. Até a lei antitruste, outrora um alicerce da economia de mercado para reprimir abusos contra os usuários ou contribuintes, já vem perdendo seu efeito. Em mercados de organização global – como a aviação civil, a química e o comércio de direitos autorais de filmes e transmissões – a lei contra a formação de cartel torna-se inoperante. Como é possível controlar se as três grandes da aviação – Lufthansa, British Airways e Air France –, mancomunadas com seus respectivos parceiros dos EUA, agem de acordo para provocar a falência de seus concorrentes menores nas rotas transatlânticas? Quem poderia proibir gigantes da mídia como Leo Kirch, Rupert Murdoch e os conglomerados Time Warner/CNN, Disney/ABC e Bertelsmann/CLT, de manter negociações visando à alta de preços e à partilha de áreas de influência?

A política do meio ambiente também é sacrificada. Na concorrência pelos empregos das empresas, a maioria dos governos desistiu ou adiou todos os projetos de proteção ecológica. No verão de 1996, a maioria dos pesquisadores de clima apontou as enchentes na China e a terceira maior seca americana do século como precursoras da próxima catástrofe climática: o degelo dos pólos e a elevação do nível dos mares, decorrente da concentração crescente de gases poluentes na atmosfera (efeito estufa). Contudo, nada acontece e os apelos nesse sentido caem no vazio.

Essa conjugação perversa – fracasso do Estado e anarquia do mercado mundial – pode ser ampliada à vontade. Aos poucos, os governos do mundo inteiro perdem a capacidade de exercer algum controle sobre o desenvolvimento das nações. Em todos os níveis manifesta-se o erro sistêmico da integração global: enquanto o fluxo de mercadorias e capitais tornou-se disponível em escala mundial, a regulamentação e o controle continuaram sendo uma atribuição nacional. A economia devora a política.

Contrariamente à idéia amplamente difundida a respeito, a impotência crescente do Estado não leva de modo algum à racionalização dos regulamentos estatais. Muito menos, como supunha o visionário japonês e ex-diretor da McKinsey na Ásia, Kenichi Ohmae, à extinção do Estado Nacional.[29] Acontece que o Estado e seu governo continuam sendo a única instância junto à qual os cidadãos e eleitores podem reivindicar justiça e reformas. Mesmo a idéia de que o condomínio de empresas mundiais possa assumir funções de governo, como anunciou a revista americana *Newsweek* num editorial, não passa de ilusão.[30] Nenhum chefe de empresa, por mais poderoso que seja, desejaria assumir a responsabilidade por processos que ocorrem fora de sua alçada. Ele não é pago para isso. Os líderes empresariais, aliás, são os primeiros a exigir intervenção governamental quando as coisas pegam fogo.

Há mais: em vez da diminuição da burocracia, acontece exatamente o contrário em muitos lugares. Incapazes de realizar reformas abrangentes, os administradores públicos apelam para a política de paliativos. Por exemplo, o direito alemão do meio ambiente já tem 8.000 artigos. O motivo não é nenhuma neurose de perfeição. Os responsáveis precisam, sim, proteger os cidadãos contra riscos de saúde, enquanto permanecem impotentes diante da tendência geral de devastação da natureza. A conseqüência é o aumento sem fim dos dispositivos burocráticos. O mesmo se aplica à lei fiscal. Na falta de uma reforma tributária justa, os políticos legislam para este ou aquele grupo ou setor, entulhando o Estado de normas que, pela sua enorme quantidade, acabam escapando ao controle.

Segue o mesmo modelo, embora com métodos muito mais arriscados, a reação dos governos contra a ameaça dos crimes econômicos. Incapazes de atingir a base do poder – o capital – dos "grupos de ação orientados pela economia de mercado", assim designados acertadamente pelo secretário de Negócios Interiores da Baviera, Herrman Regensburger, políticos de todo o mundo se dedicam a reforçar o aparato policial.[31]

Contra o protesto enérgico de alguns juristas, o governo de Bonn, numa grande aliança entre democrata-cristãos e social-democratas, optou pela legalização da escuta telefônica nas sindicâncias policiais. Os cidadãos poderiam ser submetidos à escuta telefônica em suas casas, mesmo que os investigadores somente suspeitassem do seu envolvimento na criminalidade organizada. O Estado da Baviera já introduzira um ano antes a assim chamada investigação confidencial. Desde então é facultado aos policiais realizar "diligências independentemente de suspeita ou ocorrência", em qualquer hora e local, podendo prender o cidadão com base em simples suposição. A expansão do sistema, à falta de meios políticos de controle, tende ao autoritarismo repressivo. O Estado autoritário transforma-se na resposta para a impotência da política em face da economia.

A necessária contra-estratégia é mais do que evidente: cooperação internacional. Cientistas engajados, ambientalistas e políticos reclamam há tempos da engrenagem estreita de toda a política nacional, limitada às fronteiras do Estado. E realmente os países ricos industrializados intensificaram sua cooperação no decorrer da década de 1980. O número de reuniões governamentais internacionais e de acordos que cruzam fronteiras se multiplicou. A Europa Ocidental, através de tratados relativos ao mercado interno e à União Européia, chega a estabelecer uma forma transnacional de legislação.

Uma longa série de conferências da ONU, da Eco-92 no Rio de Janeiro, passando pela reunião sobre população mundial no Cairo em 1994, até o grande encontro sobre o futuro das cidades em Istambul em 1996, sinaliza uma bem-vinda internacionalização da política. Aparentemente vai se formando um tipo de coordenação governamental em nível mundial. O então secretário-geral da ONU, Boutros Boutros-Ghali, convocou em 1995 um comitê de estadistas e líderes de ambos os sexos, para apresentar um programa visando otimizar o ato de governar no mundo, o "Global Governance". No centro de seu conceito estava a reforma do Conselho de Segurança da ONU e sua complementação por um "Conselho para a Segurança Econômica". A intenção era dar à instituição uma característica mais democrática e proporcionar-lhe nova capacidade de ação.[32]

Simultaneamente, iniciativas políticas privadas também globalizaram o seu trabalho. O Greenpeace e a Anistia Internacional expandiram sua luta pelo meio ambiente e pelos direitos humanos em quase todos os países do planeta e já são quase tão conhecidos como a Coca-Cola e a emissora de música MTV. A vitória dos soldados ambientais sobre a multinacional de petróleo Shell e sobre o governo britânico, na disputa quanto ao afundamento da plataforma de petróleo Brent Spar no verão de 1995, já é interpretada por muitos como uma nova forma de política supranacional, como um tipo de democracia do consumidor, graças à sua exposição mundial pela mídia.

A pergunta é: o mundo se aproxima da cooperação global para o resgate da estabilidade social e ecológica? Serão necessários apenas alguns impulsos para ajudar o Global Governance a se impor? Com base nas conferências e publicações científicas a respeito do tema, uma nova era estaria prestes a se descortinar. Todavia, os resultados obtidos até agora decepcionam.

Governo mundial: a ilusão útil

No final de março de 1995, quase quinhentos diplomatas de 130 países se reuniram no Centro de Convenções de Berlim, para negociar um acordo mundial de proteção ao clima de nosso planeta. Defensores do meio ambiente e delegados corriam excitados pelos corredores do labirinto de concreto que mais parece uma nave espacial e recolhiam a adesão dos governos à iniciativa de salvar os países-ilhas do Pacífico e do Oceano Índico, ameaçados de extinção debaixo da água do mar. O Japão, a Alemanha, os países escandinavos e muitos outros estavam dispostos a assinar um tratado que obrigaria os países industrializados a reduzir de um quarto as emissões dos "gases-estufa": dióxido de carbono, metano, clorofluorcarbono (CFC) e óxido nitroso.

O afastamento da ameaça causada pelo efeito estufa parecia praticável. Todavia, pelo menos um dos participantes da conferência tinha outros pensamentos. As bochechas caídas, o crânio anguloso sobre um tronco franzino, as calças um pouco curtas e os sapatos gastos davam-lhe a aparência de um matuto inofensivo. Mas as aparências, mais uma vez, enganaram. Donald Pearlman, advogado da Sociedade Patton, Biggs & Blow de Washington, era a figura mais importante do conclave. Todas as manhãs ele aguardava os delegados em frente à sala do plenário e sussurrava as instruções do dia aos seus aliados.

O fato de que, após duas semanas de negociações, tudo tenha se perdido no vazio de recomendações gerais foi em grande parte responsabilidade de Pearlman. Oficialmente, o homem com cara de buldogue não tinha nenhum mandato. Mas o manual de lobistas de Washington o identificou como representante do gigante da indústria química DuPont e de três empresas de petróleo: Exxon, Texaco e Shell. À sua resistência bem organizada já sucumbira o entusiasmo pela ecologia no início do governo Clinton, eleito em novembro de 1992. Com "desinformação sistemática", eles persuadiram o público americano de que o risco climático ainda não estava confirmado.

Como principais causadores do aquecimento do globo terrestre, os EUA não podiam opor-se às medidas de proteção exigidas pela maioria dos países. Em nível internacional, a indústria do petróleo e do carvão precisou trilhar outros caminhos. Esse era o serviço de Pearlman, desempenhado com maestria. Durante três anos ele esteve presente nas mais de vinte conferências preparatórias e lá mobilizou os representantes dos países árabes do petróleo contra a proteção ambiental. Sob a sua orientação, a resistência deles, inicialmente discreta, transformou-se numa estratégia de bloqueio muito bem elaborada.

O maior problema de Pearlman era que os pesquisadores do clima estavam de pleno acordo sobre o perigo que se aproxima. No grupo de peritos das Nações Unidas, responsável pela assessoria técnica à reunião de Berlim, o advogado do petróleo organizou a presença de cientistas do Kuwait e da Arábia Saudita, e estes puseram em dúvida muitas declarações até então inquestionadas. Por vezes eles apresentavam as instruções escritas à mão pelo próprio Pearlman como solicitação de mudança e "usaram de todos os tipos de subterfúgios", como comenta contrariado o climatologista holandês Joseph Alcano. Da minuta deles para o relatório final saiu por fim um documento sem compromisso e sem diretrizes claras, e o triunfo de Pearlman foi dizer que "não existe um consenso científico sobre a ameaça do clima". Depois, os países árabes impuseram o seu ponto de vista de que as decisões só podiam ser tomadas por unanimidade, e o projeto de um acordo mundial sobre o efeito estufa deslocou-se definitivamente para o futuro. Também a conferência complementar de 1996 em Genebra terminou sem resultado concreto.

O ritmo vagoroso da diplomacia internacional quanto ao clima da Terra é deprimente e revela a fraqueza principal da bela idéia do Global Governance: a tentativa de obter cooperação mundial entre diferentes grupos de Estados proporciona aos lobistas bem organizados, assim como aos governos individuais, um peso imensurável e oferece a eles de fato um direito ao veto. Se um dos participantes mais destacados não colaborar, será inevitável a paralisia.

Isso não quer dizer que a cooperação em âmbito mundial deva sempre fracassar. A história do Global Governance até agora também obteve alguns êxitos marcantes. Por exemplo, a comunidade mundial reagiu com rapidez e eficiência diante da descoberta do buraco de ozônio sobre a Antártida no outono de 1985. No prazo de dois anos, os países industrializados e em desenvolvimento negociaram uma convenção da ONU que, juntamente com o dispositivo de Montreal assinado em 1987 e reforços subseqüentes, obrigou todos os países-membros a sustar a fabricação de todos os gases destruidores de ozônio, como o CFC.

Outro exemplo: os bancos centrais dos principais países industrializados estabeleceram um tipo de regime único para proteger seus próprios mercados financeiros junto ao BIS (Banco de Compensações Internacionais). Pelo acordo, desde 1992 os bancos centrais precisam manter disponíveis pelo menos 8% de seus créditos por empréstimo, pois do contrário perdem seu acesso à rede. A almofada de capital amortece o risco de uma crise de dívidas no sistema bancário. Também o tratado contra a proliferação de armas atômicas, apesar de reações isoladas, é uma prova de que a cooperação mundial pode funcionar muito bem. Nenhum crime é reprimido mais energicamente do que o comércio de insumos e de tecnologia para o morticínio nuclear.

No entanto, todos esses casos têm algo em comum: a implementação dos respectivos acordos mundiais só ganhou ritmo quando o governo dos EUA assumiu o leme. Quanto aos ventos ecológicos, a iniciativa americana não garantiu o sucesso. A Rússia, a Europa Ocidental e as principais nações do Hemisfério Sul sabem como frear o barco. Mas todos dependem da boa vontade dos EUA, já pela própria importância do mercado americano. Por isso, dentro da idéia de um governo global, vale a afirmação de que a América não é tudo, mas sem a América não se faz nada.

"América, tome a dianteira!"

A globalização entendida como o desencadeamento das forças do mercado mundial e a perda de poder do Estado é, para a maioria das nações, um processo forçado do qual não podem fugir. Para a América (leia-se Estados Unidos) esse foi e continua sendo um processo que sua elite política pôs em andamento e continua mantendo de bom grado. Só os EUA têm o poder de persuadir o Japão a abrir o mercado interno para importações. Apenas Washington pode obrigar o regime chinês a fechar trinta fábricas de fitas de vídeo e CDs (compact discs), que lucravam milhões com o roubo de direitos autorais e pirataria de produtos. Finalmente, só o governo Clinton conseguiria negociar com os russos o acordo para sua intervenção na Bósnia, que deu um fim à matança nos Bálcãs. Recompensa? Um crédito de 10 bilhões de dólares do FMI, em tempo hábil para a disputa eleitoral de Boris Yeltsin no verão europeu de 1996.

A última superpotência remanescente também é a última nação que tem conseguido manter um alto grau de soberania. Ao longo de todo o espectro da política econômica, comercial, social, financeira e cambial, são os conselheiros de Washington que em última análise ditam as regras para a integração global, mesmo que possam não estar sempre cônscios disso. Não é a busca colonial da superioridade militar, mas a simples grandeza da economia americana que faz dos EUA o último fator de ordem no caos do emaranhado global. Por isso, é perfeitamente possível que no fim seja o governo americano o primeiro a libertar-se da globalização.

Atualmente, o modelo americano de total sujeição ao mercado não sofre em país nenhum críticas tão severas quanto nos próprios Estados Unidos. Se entre a Califórnia e New Hampshire um número suficiente de pessoas chega à conclusão de que a debandada do Estado também arruína o seu país, já amanhã poderão provocar uma abrupta mudança de rumo. Afinal de contas, o Estado do bem-estar social, que vem sendo triturado na engrenagem da máquina econômica, surgiu inicialmente nos EUA. Quando o impulso de globalização verificado na década de 1920 terminou em catástrofe financeira, foi o governo de Franklin Roosevelt que inventou a proteção social para superar uma conjuntura difícil. Não é descartável a possibilidade de que o proverbial pragmatismo americano repudie as doutrinas dos radicais do mercado com a mesma rapidez com que as transformou em dogma em 1980.

"América, tome a dianteira!" é o lema da política européia, por demasiadas vezes repetido quando se trata das grandes questões do futuro da humanidade. Mas, para o objetivo de tornar menos contundente o terremoto social criado pelo mercado ilimitado, a Europa não pode contar muito, por enquanto, com a liderança americana. Todos os recentes governos americanos se opuseram com firmeza às propostas de frear o ritmo da integração econômica e submetê-la novamente ao controle do Estado. Por esse motivo, aliás, fracassou a única iniciativa de cooperação global importante, a rodada do G-7, que se esgotou num palavreado oco. Durante a reunião de cúpula dos sete chefes das nações mais industrializadas, que se deu em fins de 1996, em Lyon, o presidente da França, Jacques Chirac, na verdade defendeu uma "globalização controlada". Juntamente com o primeiro-ministro alemão e seu ministro das Finanças, ele propôs terminar a ruinosa guerra fiscal e controlar melhor os mercados financeiros do mundo. Em razão da resistência anglo-americana, tudo acabou num simples comunicado, no qual os barões da cúpula simplesmente davam à parte burocrática da Organização para Cooperação e Desenvolvimento Econômico (OCDE) a instrução de formular uma proposta para o ano seguinte.

Da mesma forma, o Congresso dos EUA e a administração Clinton sabotaram até agora todas as tentativas de valorizar a ONU como instituição internacional e de, com a ajuda dela, tornar governável o processo de fusão dos mercados e das nações. Sem contemplação, os políticos americanos vivem denunciando as Nações Unidas como burocracia dispendiosa, imprestável, que nada consegue realizar. Uma injustiça para com a maioria dos 9.000 funcionários da ONU, que utilizam 70% do magro orçamento de 2,4 bilhões de dólares anuais para finalidades humanitárias e para a mobilização das tropas de paz. A reclamação também inverte a relação de causa e efeito. Enquanto, de um lado, o representante dos EUA no Conselho de Segurança participa de um número crescente de decisões a respeito de missões de ajuda ou de dispendiosos deslocamentos dos "capacetes azuis", seu governo foge de suas obrigações e recusa o pagamento de sua participação no orçamento da ONU, ao qual deve mais de 1 bilhão de dólares.[33] Não admira que a administração da ONU vá de mal a pior.

A política dos EUA, portanto, impregnada de populismo e demagogia, dificilmente apontará uma saída da armadilha da globalização. Mas nisso não há apenas o aspecto negativo. A recusa americana abre para os países da Europa uma oportunidade histórica, como nunca houve antes: a União Européia poderá tornar-se uma realidade e os seus líderes poderão assumir o comando da política econômica.

A chance da Europa

Se forem comparadas entre si as agendas de ministros, secretários de Estado e outros líderes políticos dos quinze países da União Européia, o resultado seria espantoso: com exceção dos fins de semana e períodos de férias, seria impossível encontrar um só dia do ano em que pelo menos um, mas geralmente dez ou vinte grupos de quinze pessoas não se reúnam em Bruxelas para impulsionar algum projeto de lei europeu. Do controle de produtos alimentícios até os salários mínimos no setor da construção, da política de imigracão até o combate às drogas, sem Bruxelas nada mais funciona na política européia. Além da crescente unificação legislativa, o entrelaçamento interno europeu obriga os países-membros a uma coordenação cada vez mais estreita em todos os setores da vida pública.

Se esse processo avançou tanto até hoje, não obstante todos os reveses, a Europa deve isso em grande parte ao primeiro-ministro alemão, em exercício desde 1982. A grande conquista de Helmut Kohl não é a concretização da unidade alemã, mas sua pressão firme para a europeização das políticas nacionais. Seu empenho ficou evidente quando assinou em Maastricht, em dezembro de 1991, o tratado que deveria transformar a antiga Comunidade Européia em União Européia. Enfrentou muita resistência, até de seu próprio partido político, contra o velho sonho de uma moeda única. Com instinto certeiro de poder, Kohl e seu parceiro na época, François Mitterrand, reconheceram o significado dessa medida muito tempo antes de seus eleitores e até da maioria de seus assessores: a moeda única poderia transformar-se na chave do congraçamento político do continente e proporcionar o distanciamento europeu do domínio americano. Pois a unificação monetária, que só entra em vigor em 2001, dará à Europa a possibilidade de recuperar uma parcela importante da soberania do Estado no âmbito das políticas cambial, financeira e tributária. Os índices de juros e as taxas cambiais na Europa passarão então a depender muito menos do mercado americano do que dependem hoje.

A pedra fundamental de uma Europa politicamente unificada já foi colocada. Caso os países da União Européia encontrem o caminho para uma política econômica e social comum, a distribuição dos papéis no cenário mundial passará por uma modificação duradoura. Apoiado num mercado de mais de 400 milhões de consumidores, o peso da Europa unificada não será inferior ao dos Estados Unidos da América.

Uma União Européia que atenda a esse perfil poderia forçar a desativação dos paraísos fiscais, exigir a manutenção das políticas sociais e ecológicas mínimas ou tributar o fluxo de dinheiro e de divisas com boas chances de sucesso. Se há um caminho para humanizar a economia mundial com uma face social e política, é exatamente esse. Contudo, por mais rápido que Kohl e os seus parceiros tenham promovido a unificação sob o aspecto técnico e organizativo, maior tem sido seu insucesso quanto a transformar a União Européia numa unidade verdadeiramente viável. Os métodos europeus para a formação de opiniões e tomada de decisões ainda são dependentes da diplomacia interestatal. E com razão a maioria dos cidadãos vê, no atual projeto da União Européia, antes um monstro antidemocrático da tecnocracia do que uma alternativa de futuro para os seus Estados nacionais.

Uma analogia simples elucida a constituição bizarra da confederação dos Estados europeus: suponhamos que na República Federal da Alemanha todas as leis sejam feitas, não pelo Parlamento, mas sim pelo governo federal e ministérios. Seus respectivos membros não teriam de prestar contas às assembléias estaduais e, além disso, todas as normas seriam debatidas em sigilo. Os parlamentares também não exerceriam influência sobre os projetos de lei. Em vez disso, estes seriam redigidos por um órgão público central constituído de 12.000 pessoas, não sujeito a nenhum controle parlamentar, mas influenciado por um batalhão de lobistas da indústria.

Só os muito cínicos colocariam em tal sistema a etiqueta de democrático. Mas, no que se refere à legislação conjunta, é o que acontece semana após semana em Bruxelas. Ali, num prédio de vidro e mármore, fica a sede do Conselho de Ministros europeu – também chamado de Conselho da Europa – e da Comissão Européia, respectivamente os órgãos legislativo e executivo da União Européia. Ali se reúnem, quase todos os dias, burocratas de quinze países, em grupos constituídos de representantes de cada setor. O Conselho de Ministros pode modificar ou descartar as propostas da Comissão Européia, mas tudo o que ambos os órgãos produzem na forma de "diretriz" ou "dispositivo" é obrigatório em todos os quinze países-membros, independentemente do desejo dos respectivos parlamentos eleitos. Esses ficam reduzidos a meros órgãos de aclamação, instados a transpor as normas para o âmbito da legislação nacional. Dessa forma, o poder executivo dos países da União Européia redige ele mesmo, em volume crescente, suas leis a portas fechadas. Pelo menos um terço da legislação da Alemanha Ocidental, na década de 1980, foi elaborado segundo esse princípio.

Em vez da efetiva separação e interdependência de poderes, temos a supremacia dos organismos de Bruxelas, e essa é a raiz do mal-estar dos cidadãos frente à unificação européia. Assim, o chamado Parlamento Europeu em Estrasburgo é visto como pouco representativo, conforme demonstra a abstenção maciça verificada nas eleições para os deputados europeus. Esses representantes – ao contrário do que ocorre dentro de cada país, com seus partidos sólidos e voto distrital – ficam distantes dos representados. Sejam quais forem os partidos sufragados, nenhum dos poderosos burocratas com assento nas comissões de Bruxelas ou nos plenários de Estrasburgo terá de deixar sua poltrona sob pressão dos eleitores.

Enfim, grupos sociais inteiros – sindicatos, igrejas etc. — ficam sistematicamente fora do núcleo de decisões em nível de União Européia. Contra a indústria internacionalmente organizada, com seus 5.000 lobistas pagos, os trabalhadores, os defensores do meio ambiente e dos direitos do consumidor mal podem pleitear um espaço na mídia. E críticas na imprensa, para os eurocratas, são quando muito tão desagradáveis como o mau tempo.

A continuidade da democracia por meios tecnocráticos pode ser confortável para os aparelhos governamentais envolvidos, mas como forma de governo esse sistema impulsiona a Europa cada vez mais para o beco sem saída da incapacidade de agir. Pois a suposta força dos gestores da União Européia é sua maior fraqueza: por falta de uma legitimação democrática, fica impossível tomar decisões majoritárias em questões importantes. Por isso, o sistema da União Européia sofre do mesmo mal que o Global Governance: sempre fracassa quando um governo não está de acordo. Ninguém consegue forçar todos os quinze países a agir ao mesmo tempo. Conseqüentemente, qualquer projeto de reforma que não tem o apoio da indústria transnacional pode amargar o fracasso.

No âmbito europeu não se pratica mais uma política ambiental, social e tributária sensata. Ao mesmo tempo, os parlamentares nacionais não conseguem mais oferecer oposição às forças desestabilizadoras desencadeadas pelo livre mercado. Enfim, o entrelaçamento econômico até agora não produziu os Estados Unidos da Europa, mas somente um mercado, sem Estado, no qual a política causa a sua própria perda de poder, provocando mais conflitos do que é capaz de solucionar.

O mercado sem Estado

Esse sistema deve fracassar. Não é preciso ser profeta para prever que, com o Conselho de Ministros, o represamento das reformas assumirá proporções insuportáveis dentro de poucos anos. Quanto maior for se tornando a tensão social na França, Itália, Áustria, Alemanha e em outros lugares, tanto mais premente será a necessidade de os governos encontrarem soluções de emergência quando a União Européia não lhes oferecer perspectivas.

É a fraqueza dos governos na Europa que abre caminho a todos aqueles populistas que prometem aos seus eleitores o fortalecimento da política. Mesmo que profetas do renascimento nacional como Jean-Marie Le Pen, Jörg Haider ou Gianfranco Fini não conquistem a maioria parlamentar, eles colocarão os partidos governamentais sob considerável pressão. O "reflexo nacional", como a elite do funcionalismo costuma chamar ironicamente a resistência contra o regime, será cada vez mais difícil de controlar, não importa quão irracional e economicamente disparatada for uma retirada da União Européia.

O mais tardar, com a unificação monetária, surgirão conflitos entre os países-membros que serão impossíveis de aplainar com a atual constituição da União Européia e sua legislação. Se, por exemplo, um dos participantes não puder acompanhar a competição pela produtividade, sua economia entrará em crise inevitavelmente. Com a desvalorização da própria moeda, ainda tem sido possível aos bancos centrais estimular exportações e pelo menos abafar as conseqüências piores.

Esse pára-choque desaparece com a união monetária. Em seu lugar deverão entrar pagamentos compensatórios com os quais as regiões que prosperam darão assistência às menos desenvolvidas. Dentro dos Estados, tal compensação financeira já é freqüente. Mas como os órgãos de Bruxelas poderiam organizar isso em toda a Europa? Uma transferência de bens, alimentada por incentivos fiscais, nunca poderá ser praticada nos países ricos sem legitimação democrática e sem a concordância ampla da população. Isso só poderia acontecer se as decisões do Conselho de Ministros fossem trazidas para o domínio público e os eleitores pudessem ter a certeza de que, graças ao título eleitoral, poderiam exercer influência sobre elas. Só então os pseudo-legisladores de Bruxelas seriam obrigados a explicar aos seus eleitores, digamos da Alemanha, por que razão o bem-estar dos gregos não pode ser indiferente para eles. Devido ao mesmo empecilho, tem fracassado até agora a criação de uma autoridade policial comum. Por mais indispensável que seja a existência de um "FBI europeu" (Helmut Kohl), uma força policial dotada de poderes exclusivos, capaz de agir em âmbito continental, é inimaginável dentro da atual estrutura. Sem controle por meio de tribunais independentes e de um Parlamento, essa polícia acabaria engolida pelas organizações mafiosas.

Dentro de pouco tempo, portanto, os líderes da União Européia precisarão perguntar-se como a federação que eles estão forjando continuará funcionado e como poderá ser democratizada. Contrariamente ao que se supõe, onde menos pode ser encontrada a chave para a abertura da Europa para seus cidadãos é no Parlamento Europeu em Estrasburgo. Já nos dias atuais os 568 eurodeputados dispõem teoricamente de todos os direitos necessários para transformar o centro de debates até aqui existente num genuíno órgão democrático de controle e legislacão. Eles teriam condições, caso existisse maioria para isso, de dispensar a Comissão Européia amanhã mesmo. Como o Parlamento Europeu tem o poder de bloquear o orçamento e a assinatura de todos os contratos internacionais, também lhe é facultado forçar o Conselho de Ministros a atender a qualquer exigência.[34] Se os europarlamentares levassem a sério seu trabalho por uma Europa democrática, eles teriam condições de chamar para si essa grande tarefa. Com um simples ato, poderia ser forçada, por exemplo, a divulgação dos despachos do Conselho de Ministros para o conhecimento público. Se isso não acontece, é porque os 76 partidos de origem desses deputados supranacionais não levam a sério o problema da democracia européia. Por isso, a maioria em Estrasburgo sempre caminha na esteira dos governos nacionais e, em caso de conflito, estes governos deixam muito clara a conduta a ser seguida na votação.

O fracasso do Parlamento Europeu demonstra que a Europa ainda não está madura para a democracia continental. Afinal de contas, a União Européia não seria um país unitário, e a política continuaria orientada sobretudo para o aspecto nacional, justifica o presidente do Parlamento, Klaus Hänsch. Também o Tribunal Federal Constitucional argumenta, na sua sentença a respeito do Tratado de Maastricht, que a União Européia seria uma "federação de Estados", à qual faltaria uma "população européia". Por isso, "antes de mais nada competiria às populações dos países-membros legitimar democraticamente as decisões, por meio dos parlamentos nacionais".

Até mesmo pela falta de uma língua comum, "não se poderá contar com um discurso público amplo em nível europeu por muito tempo", esclarece o juiz constitucional Dieter Grimm. Por falta de uma autêntica comunicação continental, todo o Parlamento Europeu "sempre se dividiria em células nacionais". Conseqüentemente, só resta uma saída para começar: "a acelerada transferência de competência dos Estados nacionais para a União Européia poderia ser freada", os parlamentos dos Estados individuais "precisariam ter influência maior sobre as posições tomadas pelos governos no Conselho de Ministros".

Soa razoável, mas a solução proposta não o é. Mesmo com a multiplicidade de idiomas e a diversidade da população, o fato é que os mercados e os poderes na Europa Ocidental estão há muito tempo inseparavelmente ligados. A verdadeira revolução européia foi a criação do livre mercado, que funde entre si os países participantes. A unificação monetária só reforçará mais uma vez essa dependência mútua.

Se Helmut Kohl e seus parceiros quiserem tornar funcional a sua União Européia, poderão dar eles mesmos o primeiro passo. Bastariam duas modificações para colocar o processo decisório da UE de pernas para o ar: deveria ser facultado aos conselhos, futuramente, tomar decisões mediante maioria qualificada, da forma como hoje só é permitido em questões de detalhes. A ponderação dos votos asseguraria suficiente influência aos países-membros menores. Os ministros teriam de ir ao debate público dos projetos de lei. Imediatamente se faria sentir em toda a Europa uma nova dinâmica. De repente, os alemães teriam que se confrontar com a realidade de que a miséria da juventude espanhola também é problema deles. Só então os moradores da Holanda se conscientizariam da atitude egoísta com a qual o seu governo defende o direito das transportadoras locais, que despacham uma fila interminável de carretas de 40 toneladas, danosas ao meio ambiente, ao longo das rodovias de seus vizinhos. E todos juntos tomariam conhecimento dos ministros responsáveis pelas isenções de impostos às empresas ricas. A ascensão dos europarlamentares para o centro do poder da política européia só seria uma questão de tempo.

O fato de também serem possíveis processos democráticos em âmbito europeu foi vivenciado pelos cidadãos da UE quando da assinatura do Tratado de Maastricht. Uma vez que, excepcionalmente, foi permitido aos eleitores da França e da Dinamarca participar da decisão, houve um debate verdadeiramente europeu que repercute até hoje. Todos – relatores e políticos – tiveram de justificar suas intenções publicamente.

A reforma democrática da UE, no entanto, teria de ser precedida por outra discussão fundamental: a questão da presença da Grã-Bretanha. Na história da integração européia, até agora os governos do Reino Unido têm desempenhado um papel nefasto. Eles bloquearam qualquer progresso na proteção ambiental, principalmente a introdução em âmbito europeu de um imposto ecológico sobre o consumo de energia. Há resistências a uma política social homogênea e a uma política exterior conjunta, bem como a um regime comercial que leve em conta os interesses dos empregados. A sabotagem alcançou seu ápice em junho de 1996, com o problema da "vaca louca": o então primeiro-ministro John Major desbaratou todo o esquema da União Européia com o bloqueio de todas as decisões em suspenso, em represália à proibição de exportação da carne bovina infestada.

Ironicamente, a resistência da maioria dos britânicos à integração européia reside numa consciência democrática profundamente enraizada. "A democracia acontece aqui em casa", afirmou Major, atingindo o cerne do mal-estar de seus compatriotas frente ao projeto da Europa unida. Pode ser compreensível a intenção de alguém só se submeter à vontade majoritária de seu próprio país, e não àquela de muitas nações européias em conjunto. Contudo, os eurocríticos da Grã-Bretanha não percebem que a soberania por eles defendida tão ferrenhamente não existe mais.

De qualquer maneira, essa desconfiança básica por parte dos britânicos precisa ser aceita e digerida, mesmo que às vezes ela se manifeste através de acusações chauvinistas contra os vizinhos no continente. Estes, por sua vez, terão de confrontar os cidadãos britânicos e seu governo com uma alternativa: ou eles cooperam, ou então abandonam a liga de nações. Diante desse impasse, o debate europeu-britânico talvez pudesse ser dirigido para um caminho mais racional. Afinal de contas, a saída da União Européia seria um "pesadelo" para a economia britânica, como adverte o diretor da Unilever e porta-voz da Federação Britânica das Indústrias, Niall FitzGerald.[35]

Isolados do continente, os britânicos têm como último trunfo na concorrência o papel de uma área de baixos salários e livre de sindicatos, mas isso logo perderia valor para o mercado interno europeu. Se a interligação política não se concretizar, o que é bem provável, a Europa poderá avançar sem a Grã-Bretanha. A continuar o freio britânico, todos os demais Estados da União Européia teriam de desistir futuramente de qualquer intervenção na esfera econômica, em prejuízo do equilíbrio social.

O resultado grotesco, porém, seria que o continente se adaptaria ao modelo britânico, uma perspectiva pouco animadora. Nenhum outro grande país europeu desceu a rendas tão baixas, a um sistema educacional tão decadente e a uma polarização tão pronunciada entre pobres e ricos como a Grã-Bretanha. Isso qualifica o país mais para a condição de 51º Estado da federação dos EUA do que para a de membro da União Européia, onde os eleitores e políticos pelo menos vêm buscando o equilíbrio social.

Uma união democrática e soberana, reprimindo em conjunto a força destrutiva dos mercados? Pode ser apenas uma utopia, mas o que acontecerá se as nações da Europa não seguirem esse caminho? Contra conglomerados, cartéis e criminosos há de se opor um contrapoder estatal capaz de se amparar no desejo da maioria de seus cidadãos. Mas, no mercado sem controle, cada Estado individualmente não tem mais essa condição. A alternativa européia para o capitalismo "laissez-faire" de cunho americano-britânico ou se dará numa união democrática legitimada ou não se dará.

Helmut Kohl tem razão ao advertir que a unificação européia tem um significado existencial que decidirá sobre a guerra e a paz no século 21. Mas ele erra ao afirmar que "não existe volta possível para a política nacional do poder e para a superada política de alianças com vistas ao equilíbrio". Os apologistas da "renacionalização" têm o apoio dos milhões que querem emprego, renda e proteção social. Ou será possível desenvolver a União Européia a ponto de restabelecer o equilíbrio entre o mercado e o Estado, ou ela acabará por desmoronar a médio prazo. Resta pouco tempo para a decisão entre esses dois caminhos.

9

O FIM DA DESORIENTAÇÃO

A saída do beco sem saída

> *"Só é possível combater a tecnocracia eficazmente quando a desafiamos na sua área preferencial, aquela das ciências econômicas, e contrapondo ao conhecimento mutilado do qual ela se serve um conhecimento que demonstre mais respeito às pessoas e às realidades."*
> PIERRE BOURDIEU, professor no Collège de France, em palestra a grevistas na Gare de Lyon em Paris, em 12 de dezembro de 1995

Que tamanho de mercado comporta a democracia? Há poucos anos, seria perda de tempo fazer essa pergunta. Afinal, foram as sociedades democráticas ocidentais, sob plena economia de mercado, que proporcionaram às pessoas uma vida sem grandes preocupações materiais. Mercado mais democracia, era essa a fórmula vitoriosa que no final subjugava as ditaduras monopartidárias do Leste.

Todavia, o fim do regime comunista simplesmente não representou o fim da História, mas sim a aceleração monstruosa das mudanças sociais. Pelo menos 1 bilhão de pessoas foram integradas adicionalmente à economia de mercado mundial desde então, e o entrelaçamento das economias nacionais ganhou ritmo vertiginoso. Torna-se cada vez mais evidente, agora, aquilo que os fundadores dos Estados de bem-estar social do pós-guerra aprenderam de amargas experiências: a economia de mercado e a democracia não são de modo algum irmãos consangüíneos e inseparáveis que, em perfeita harmonia, alimentam a prosperidade de todos. Ao contrário, os dois conceitos encontram-se em constante contradição entre si.

Uma sociedade de constituição democrática só é estável quando os eleitores sentem e sabem que contam os direitos e interesses de cada um, e não só daqueles que têm superioridade econômica. Políticos democratas, portanto, precisam insistir no equilíbrio social e restringir a liberdade do indivíduo em benefício do bem comum. Ao mesmo tempo, porém, a economia de mercado exige a liberdade empresarial, se quiser progredir. Somente a perspectiva do ganho individual libera as forças que criam novas riquezas por meio de inovações e investimentos. Por isso, empresários e acionistas sempre tentaram impor o direito dos poderosos detentores do capital. O grande feito da política ocidental do pós-guerra consistiu na tentativa bem-sucedida de encontrar o equilíbrio certo entre esses dois pólos. A idéia do liberalismo com preocupação social assegurou aos cidadãos da Alemanha Ocidental quatro décadas de paz e estabilidade.

Esse equilíbrio está se perdendo nos dias atuais. A decadência da capacidade controladora do Estado sobre o mercado mundial permite que o pêndulo se incline cada vez mais para o lado dos poderosos. Com uma ignorância espantosa, os engenheiros da nova economia global se livram dos alicerces de seu sucesso. Achatamentos salariais constantes, jornadas de trabalho prolongadas, serviços sociais reduzidos e mesmo a renúncia completa a um sistema social nos Estados Unidos têm o propósito de "preparar" as populações para a concorrência global. Para a maioria dos capitães de indústria e economistas ou políticos liberais, qualquer resistência contra esse programa seria uma tentativa inútil de defender uma situação que não pode mais ser sustentada. A globalização não poderia mais ser contida, dizem eles, e só pode ser comparada à Revolução Industrial.

Quem se opuser a ela está fadado à derrota, da mesma forma como os tecelões enfurecidos diante dos teares mecânicos, na Inglaterra do século 19.

Para a frente, rumo aos anos 30?

A pior desgraça que poderia acontecer é que os globalizadores tenham razão nessa sua analogia. A entrada na era industrial foi um dos períodos mais terríveis da história européia. Quando os antigos soberanos feudais se juntaram ao novo capitalismo, afastando com força bruta as regras corporativas dos operários e os direitos consuetudinários da população a uma sobrevivência pobre mas segura, eles não provocaram somente a miséria humana de milhares de pessoas. Também ocasionaram movimentos contrários incontroláveis em suas nações, cujas forças destrutivas primeiro levaram à decadência do sistema de livre comércio internacional, depois desencadearam duas guerras mundiais e por último redundaram na tomada do poder, pelos comunistas, da parte oriental da Europa.

O historiador social Karl Polanyi, nascido em Viena e emigrado para os Estados Unidos, registrou detalhadamente em sua brilhante obra *A Grande Transformação*, publicada em 1944, como a implantação das leis de mercado para a mão-de-obra e, por conseguinte, a dissolução de antigas estruturas sociais obrigaram os Estados europeus a se enredar cada vez mais em medidas de defesa irracionais. A instalação de mercados livres, diz Polanyi, "não levou de modo algum à eliminação de regulamentações e intervenções, mas sim à sua enorme expansão".[1]

Quanto maior a freqüência com que a economia de mercado desregulada provocava, com suas crises conjunturais, ondas de falências e revoltas da população pobre, tanto mais os dirigentes se viam obrigados a limitar o jogo livre das forças de mercado. No começo só reprimiam os movimentos de protesto dos trabalhadores. Mais tarde passaram à restrição dos mercados, contra um excesso de concorrência, especialmente do Exterior, que por sua vez logo pagou na mesma moeda. Não apenas o livre comércio, mas também o protecionismo, no sentido de "política de proteção", tornou-se prioridade dos governos a partir da virada para o século 20 e sobretudo na década de 1920.

Involuntariamente o mundo foi mergulhado, enfim, na Grande Depressão do início dos anos 30, com a escalada das guerras comerciais e cambiais, numa época em que as economias nacionais já estavam bastante entrelaçadas. Com certeza, essa análise de Polanyi não pode ser transposta esquematicamente para a economia high tech dos nossos dias. Mas sua conclusão final é válida. As noções dos liberais que, no século 19, governaram no sentido de que a economia se auto-regulasse através de um sistema de mercado internacional são caracterizadas por Polanyi como "utopia perigosa" que trazia em seu bojo o fracasso, uma vez que a política do "laissez-faire" minava constantemente a estabilidade social.

A mesma utopia do mercado que se auto-regula é seguida hoje por todos aqueles que inscreveram em suas bandeiras os lemas da contenção do Estado de bem-estar social e da desregulamentação irrestrita. Contudo, "esse fundamentalismo de mercado é uma forma de analfabetismo democrático", como o sociólogo Ulrich Beck caracteriza o empenho dos supostos modernizadores da lei da oferta e da procura. A domesticação do capitalismo através de direitos básicos sociais e econômicos não representa um bem supérfluo que pode ser posto de lado quando escassear. Ela representa, sim, a resposta aos graves conflitos sociais e à decadência da democracia na Europa dos anos 20. Segundo Beck, "somente pessoas que têm moradia e emprego seguro, e, portanto, um futuro material, são cidadãos que se dedicam à democracia e a mantêm viva. A simples verdade é que sem segurança material não existe liberdade política".[2]

Justamente por esse motivo, a contradição entre mercado e democracia torna a ganhar força explosiva também neste fim de século. Quem quisesse poderia reconhecer a tendência há tempos. A onda constante de aversão a estrangeiros, na Europa e nos EUA, é um sinal inequívoco do desgaste da política. Para fugitivos e migrantes, os direitos humanos são cada vez mais restritos, com leis de imigração sempre mais rigorosas e métodos de controle cada vez mais severos em quase todos os países.

O movimento seguinte de restrição se volta contra os grupos economicamente fracos da população: beneficiários da assistência social, desempregados, deficientes físicos e jovens sem formação profissional. Todos esses descobrem a cada dia como os vencedores lhes faltam com a solidariedade. Pacíficos cidadãos da classe média, eles mesmos ameaçados de decadência, transformam-se em chauvinistas do bem-estar, que não desejam mais financiar os perdedores no cassino do mercado mundial. Os políticos dessa nova tendência, concentrados sobretudo na Alemanha, utilizavam o ressentimento popular contra os "parasitas sociais" – idosos, doentes e desempregados – para defender a tese de que a previdência social deve ficar novamente a cargo de cada um. Nos Estados Unidos, onde a maioria dos cidadãos, principalmente das camadas inferiores, não comparece mais às eleições sem voto obrigatório, os novos darwinistas sociais chegaram a conquistar a maioria parlamentar e agora dividem sua nação em duas, uma pobre e outra rica, de acordo com o modelo brasileiro.

Como próximo passo, é lógico que serão atingidas as mulheres. A decisão de políticos democratas-cristãos da

Alemanha, de castigar as funcionárias que pedem licença-maternidade com descontos salariais, deixa prever o que está destinado às mulheres. De qualquer forma, mães solteiras que dependem da assistência social estão lutando desde já para sua subsistência. Para encontrar uma forma de justificar ainda mais a exclusão das mulheres do mercado de trabalho, o liberal *Financial Times* já desenvolveu um modelo de argumentação. O mais perigoso problema resultante da crescente desigualdade estaria em primeiro lugar nos homens jovens, mão-de-obra não-qualificada que, por falta de oportunidades de emprego, tendem para a violência e a criminalidade. Esses sofreriam principalmente com a concorrência da mão-de-obra ativa feminina, que já ocupa quase dois terços dos empregos não-qualificados do país. Assim, segundo o citado jornal, o melhor seria "limitar o acesso das mulheres ao mercado de trabalho, pois essas não se transformam tão depressa em criminosas perigosas".[3]

Parece que os países de bem-estar social deparam agora com um conflito potencial que os Estados individuais e seus governos dentro em breve não conseguirão mais superar. Se uma solução não vier em tempo, haverá inevitavelmente uma reação de defesa social, no sentido previsto por Polanyi. E pode ser previsto também que essa reação terá, por sua vez, características protecionistas de orientação nacional.

Os espíritos mais alertas entre os líderes empresariais e economistas já reconheceram o perigo há tempos. Não apenas o ex-presidente da Federação Alemã das Indústrias, Tyll Necker, considera preocupante o fato de que "a globalização leva a uma época de mudanças estruturais com as quais um número crescente de pessoas não conseguirá mais lidar. De que forma poderemos direcionar o processo de tal maneira que os mercados permaneçam abertos e ainda assim as mudanças continuem controláveis?"[4] Outro alerta vem de Percy Barnevick, diretor da gigante da indústria mecânica Asea Brown Boveri, com mil afiliadas em quarenta países: "Se as empresas não aceitarem o desafio da pobreza e do desemprego, as tensões entre os ricos e os pobres levarão a um previsível aumento da violência e do terrorismo".[5]

Klaus Schwab, fundador e presidente do Fórum Econômico Mundial de Davos e, como tal, insuspeito de qualquer romantismo social, percebe a tensão no ar: "Os custos humanos da globalização", adverte Schwab, "alcançam um nível em que é posta à prova toda a estrutura social das democracias, de uma forma nunca antes vista". A atmosfera de desamparo e medo que se propaga pode ser a precursora de uma incontrolada ruptura, um contramovimento que com certeza precisa ser levado a sério. Schwab: "Os líderes políticos e econômicos foram desafiados a demonstrar de que forma o novo capitalismo global poderá funcionar de molde a trazer benefícios para a maioria (da população) e não apenas para os dirigentes de empresas e os investidores".[6]

Os arautos do mercado livre parecem longe de demonstrar essa perspicácia. A todo momento pode ser comprovado como a crescente divisão internacional do trabalho contribui para um aumento de eficiência do trabalho em nível mundial. Do ponto de vista econômico, a integração dos mercados é altamente eficaz. Mas, na distribuição da riqueza assim gerada, a máquina econômica global, livre de controles estatais, não funciona nada bem e o número de perdedores excede de longe o de vencedores.

Justamente por esse motivo, a política da integração global praticada até agora não tem futuro. O livre comércio mundial não pode ser sustentado sem garantias socioestatais. Certamente, Bonn não é Weimar e as nações da Europa, com exceção dos países da ex-Iugoslávia, estão mais pacíficas, para dentro e para fora, do que há setenta anos. Nenhum movimento comunista busca a revolução, e em nenhum ponto da Europa generais e chefes de indústrias bélicas planejam campanhas de conquista contra os vizinhos. Mas o perigo que emana do desenvolvimento anárquico dos mercados transnacionais é hoje igual àquele do passado. Novamente paira no ar uma derrocada mundial das bolsas, e quem joga bilhões no mercado comum das finanças sabe muito bem disso. E novamente os partidos democráticos de um país após outro entram em agonia, por não saberem como e onde poderão retomar o comando. Se os governos se desgastam ao exigir da população sacrifícios para o progresso, que só beneficiam uma minoria, eles terão de contar com a sua rejeição nas eleições.

Com cada ponto porcentual de desemprego ou de achatamento salarial, cresce o risco de políticos afoitos puxarem o freio de emergência do protecionismo e voltarem a tramar guerrinhas de comércio e desvalorização cambial que levam ao caos econômico e ao declínio do bemestar social de todas as nações como um todo. Para tanto, nacionalistas e outros sectários nem precisam ganhar eleições. Não, os adeptos políticos do livre comércio que governam até agora se transformarão em protecionistas de um dia para o outro, caso esperem disso um bom número de votos.[7]

Pode acontecer assim, mas não precisa ser assim. Afinal de contas, dispomos hoje da vantagem incalculável da experiência histórica. Sabemos que, dentro de uma solitária caminhada nacional, não há escapatória para a armadilha do mercado global. Por isso, precisamos procurar e caminhar por outras saídas. Quem quiser evitar a recaída para o nacionalismo econômico, portanto, precisa insistir em regulamentar o mercado ilimitado por meio de um sistema estatal de atendimento social, de tal forma que os enormes ganhos em eficiência atinjam todos os cidadãos. Só assim será possível preservar o ainda amplo consenso sobre as vantagens do mercado aberto.

É enganosa, porém, a esperança de restabelecer a estabilidade econômica e social com um ato de vontade política, na Alemanha, França ou qualquer outro país europeu. Nenhum caminho leva de volta aos anos 60 e ao início da década de 70, quando governos nacionais determinavam para as suas nações, com relativa independência e mediante tributação, a justa medida da distribuição de renda e abafavam com investimentos estatais os ciclos de crise conjuntural. Para isso, o emaranhado econômico já avançou demais. Na corrida global atrás de fatias do bolo do mercado mundial, as nações correm numa estrada de alta velocidade e de múltiplas pistas, da qual – até o momento da grande colisão – os países só podem retornar sob o risco da própria ruína.

Nem seria desejável esse retorno. A integração econômica mundial, afinal de contas, abre oportunidades incalculáveis. O enorme ganho de produtividade poderia ser usado igualmente para libertar da pobreza um grande contingente e financiar uma cruzada pelo bem-estar social e contra a cultura do desperdício. Então tudo dependeria de direcionar o isolamento suicida dos mercados mundiais para caminhos social e democraticamente compatíveis, transformando a globalização da injustiça num processo de mútuas compensações por todo o planeta.

Existem estratégias para estancar a marcha para a sociedade 20 por 80, e o mais importante passo inicial seria restringir o poder político que acabou sendo embutido no mercado financeiro. Através do lançamento de um imposto sobre fluxo de divisas e créditos do Exterior, os governos e os bancos centrais, emissores de papel-moeda, não precisariam mais se curvar incondicionalmente às exigências excessivas dos mercadores bancários. Em vez de frear os investimentos com juros altos e combater a inflação, eles poderiam começar juntos a conceder financiamentos a juros reduzidos e assim fomentar maior crescimento e ocupação.[8] Uma medida desse tipo teria de ser forçosamente atrelada à criação de um "imposto ecológico" que encarecesse o uso de recursos naturais e a uma paralela redução de encargos sociais que valorizasse a força de trabalho.

Além disso, existe amplo consenso a respeito da necessidade de melhorar o alcance e a eficiência dos sistemas de formação profissional. Dando como certo que a sociedade industrializada cederá lugar à sociedade informatizada, então se configura como um escândalo o fato de que na Europa e nos EUA um número crescente de jovens não tem acesso ao estudo, e as universidades entram em decadência porque o boicote tributário das empresas e dos ricos emagrece o orçamento nacional.

Para proporcionar estudo a um número maior de pessoas e também criar mais postos de trabalho, por exemplo, por intermédio de investimentos estatais num sistema de trânsito favorável ao meio ambiente, será preciso criar novas fontes de arrecadação para os orçamentos públicos. Já por esse motivo os lucros provenientes de juros de grandes aplicações não podem continuar livres de tributaçâo. Igualmente, o chamado imposto sobre fortunas e taxas progressivas sobre bens supérfluos proporcionariam maior justiça tributária.

A perigosa polícia do mundo

Todas as propostas, contudo, se baseiam num pressuposto comum que não existe no momento: governos capazes de agir e de enfrentar a nova transnacional financeira com essas reformas, sem levarem o castigo da evasão de capitais. A única nação que ainda poderia dar início a uma mudança por força própria é a superpotência econômico-militar dos EUA. Porém, são remotas as chances de haver uma iniciativa americana para sujeitar as forças do mercado, em favor de todas as populações. Pode-se esperar, isto sim, que futuros governos americanos voltem a apostar mais em aparentes soluções protecionistas e tentar obter vantagens comerciais para o seu país, à custa de outros.

Se olharmos para a tradição americana, nunca existiu uma América abnegada que ajuda o resto do mundo a superar seus problemas. Os governos dos EUA, seja qual for sua identidade política, sempre fizeram exclusivamente aquilo que consideravam de interesse nacional. Enquanto foi preciso combater o comunismo no Leste europeu, os EUA precisaram contar com uma Europa Ocidental próspera que mostrava ao comunismo o lado açucarado. Para esse fim, contudo, a Europa não é mais necessária para Washington. Diante da perspectiva de lucros para as empresas estabelecidas nos EUA, futuros governos americanos não hesitarão em auxiliar politicamente as forças de mercado.

Uma antecipação dos conflitos mundiais que podem surgir foi fornecida pela administração Clinton com a crise do dólar de 1995. Em agosto de 1996, aconteceu outro golpe. Sob a alegação de combate ao terrorismo, o presidente dos EUA assinou uma lei cuja finalidade era banir do mercado americano todas as empresas européias e japonesas, especialmente da indústria do petróleo e da construção, que mantivessem negócios com a Líbia e o Irã. De imediato, os países da União Européia se viram obrigados a ameaçar com represálias. Exatamente porque o Estado de bem-estar-social americano está destroçado e não resguarda seus cidadãos contra os surtos de crise internacional, uma ruptura com o mercado global poderia vir, presumivelmente, daquele mesmo país que tanto defendeu a liberdade econômica. Não só como policial do mundo o gigante norte-americano se torna cada vez mais imprevisível. Ele também está desaparecendo como guardião do livre comércio mundial.[9]

A alternativa européia

Contra esse perigo, os países da Europa podem e devem mobilizar-se. Mas a saída não consiste em contrapor à fortaleza América do Norte uma fortaleza Europa. Um dos trunfos europeus é o conhecimento das conseqüências avassaladoras que podem resultar do sucateamento econômico mútuo entre os povos. Por isso, é válido confrontar o destrutivo radicalismo de mercado anglo-saxão com uma alternativa européia viável e poderosa.

Uma união política, ligada por uma moeda comum e uma história comum dolorosa mas superada, não teria peso menor do que os EUA e as futuras potências China e Índia. A grandeza econômica é o único fator importante de poder nos mercados globalizados, como comprovam os estrategistas do comércio dos EUA há muitos anos. Amparada num mercado de 400 milhões de consumidores, a Europa unificada poderia fortalecer-se a ponto de criar uma nova política econômica, inicialmente para dentro e depois para fora, que se aproxime mais dos princípios de John Maynard Keynes e Ludwig Erhard do que daqueles de Milton Friedman e Friedrich von Hayek. Somente uma Europa unificada será capaz de impor ao capitalismo global desenfreado novas regras de equilíbrio social e de preocupação ecológica.

É tanto mais fatídico o fato de que muitos europeus convictos, nos gabinetes governamentais de Lisboa a Helsinque, até agora têm praticado a unificação européia exclusivamente pelo caminho tecnocrático e excluído os eleitores da configuração do futuro europeu. A conseqüência foi a Europa das empresas, nas quais funcionários anônimos, assessorados pelos onipresentes lobistas da indústria, transformaram o programa de cortes sociais em leis da União Européia, de acordo com o modelo americano, sem que os cidadãos fossem informados de suas vantagens e desvantagens. Com o aperfeiçoamento do mercado interno, no final do processo, os países da Europa escorregaram na incapacidade de fazer reformas. Já não conseguem mais agir sozinhos, devido a sua interdependência, mas falta-lhes a legitimação democrática para decisões majoritárias. Portanto, a condição essencial para uma liga de nações européias viável é a democratização rigorosa do seu processo de tomada de decisões. Somente depois que a legislação do Conselho de Ministros sair das catacumbas para a luz do dia, depois que cada lei da União Européia for debatida nos parlamentos nacionais com a participação do público, a alternativa européia terá uma chance real. A própria capacidade de reformar será restabelecida quando a nova Europa se organizar sob a égide da democracia.

Isso não significa de modo algum a criação de uma burocracia estatal executiva que tudo regula. O contrário, sim, seria possível. A restauração do primado da política sobre a economia tiraria da serpente de muitas cabeças do burocratismo o solo fértil no qual vêm medrando novas cabeças incessantemente. Se as diretrizes da estrutura tributária e financeira fossem decididas politicamente e não por consenso de funcionários anônimos em nível europeu, seria eliminada a base para o sistema cada vez mais caótico de cobrança de impostos em todos os países da União Européia, através de cujas lacunas o capital internacional produz prejuízos de três dígitos de bilhões para os orçamentos nacionais. O mesmo se aplica ao esquema de crescente distribuição de subvenções de todos os tipos, que só se tornou incontrolável porque a União Européia, incapaz de tomar decisões, não conseguiu assegurar um mecanismo simples de compensação financeira entre os diversos países envolvidos.

Quem afirmar que falta o consenso dos cidadãos para uma Europa unificada está chutando fora do gol. A democracia não é uma condição, mas um processo. A verdade é que os tecnocratas da União Européia não despertam grande simpatia junto ao eleitorado, e isso com justiça, pois há anos eles vêm desgastando até o ridículo a democracia nacional dos Estados. Também é certo que a grande maioria dos europeus não deseja seguir por vontade própria o caminho da autodesintegração social americano-britânica. Se a UE democratizada for o único caminho para trazer estabilidade social, viabilizar o futuro da ecologia e a soberania nacional, então esse projeto poderá contar com grande maioria política, pelo menos na França, no norte da Europa e na Escandinávia.

Não existe a força política capaz de guiar a UE para fora do beco sem saída burocrático? Ainda não, mas ela seria viável. Existem, sim, muitos milhões de cidadãos que se engajam na preocupação social, seja em seu local de trabalho, seja na sua vizinhança. Há inúmeras iniciativas sociais e ecológicas para a busca de alternativas à loucura do mercado mundial. Basta lembrar o Greenpeace, as associações de bairros ou as creches comunitárias, os sindicatos e as igrejas, a assistência a idosos e deficientes, os atos de solidariedade aos países em desenvolvimento e os numerosos grupos de apoio a imigrantes. Em todas as partes do mundo, muitas pessoas fazem consideráveis sacrifícios diários para o seu engajamento civil em prol do bem comum.

A sociedade de cidadãos existe e é mais forte do que supõem seus membros atuantes. Também muitos empregadores organizados estão convencidos de que a desvalorização do trabalho não se justifica e apenas protela o inevitável. Justiça não é uma questão de mercado, mas sim de poder. Por isso as greves gerais na França, na Bélgica e na Espanha deram o sinal certo. Mesmo que em parte servissem à defesa de interesses corporativos, valeram como protesto contra a má distribuição de renda e assim foram entendidas pela grande maioria da população. De outra forma, o apoio popular não teria sido tão amplo. Os movimentos sindicais em Londres, Bonn e Roma do mesmo modo representam um sinal de força, que pode se expandir por toda a Europa até que os governos não consigam mais ignorar-se uns aos outros.

Para os mesmos objetivos batalham numerosos ativistas e representantes das grandes igrejas cristãs, que oferecem aos jovens engajados espaço para iniciativas sociais próprias. A constante participação em massa nas datas consagradas das igrejas evangélicas da Alemanha sinaliza a grande procura de orientação e solidariedade na atual sociedade de alta eficiência.

Enquanto isso, nota-se uma fermentação também nas elites econômicas e políticas da Europa. Muitos de seus membros sentem profundo mal-estar diante da possibilidade de o Velho Continente ficar ainda mais americanizado, mesmo que não o confessem abertamente. Os mais corajosos começam a empenhar-se publicamente por uma mudança de moeda. Rolf Gerling, por exemplo, bilionário e principal acionista da maior companhia de seguros européia, vem batalhando e dando dinheiro, juntamente com outros representantes da área financeira, para a reforma ecológica dos países industrializados. "Nossa imagem mundial está decaindo", diz Gerling, ao prever uma mudança de época tão marcante "como da Idade Média aos tempos modernos".[10]

Enfim, em quase todos os países da Europa Ocidental existe suficiente energia social para engajar-se nas reformas democráticas, contra a ditadura dos mercados, e opor-se à eliminação dos benefícios sociais e à implantação da Nova Direita. Isso até agora nunca gerou força política criativa em nenhum lugar da Europa. Mas nem sempre será assim. O ponto fraco da alternativa européia não é a falta de apoio dos eleitores, mas sim a diluição da iniciativa regional. Uma perspectiva de reforma que termina nas fronteiras do Estado não é mais uma reforma compatível com a era da economia transnacional. Por que então não seria possível reunir os milhões de cidadãos engajados numa aliança civil fidedigna e proporcionar-lhes uma perspectiva européia capaz de ultrapassar fronteiras? A União Européia não pertence só aos funcionários e tecnocratas, e sim a todos.

Se a cidadania se apropriar da União Européia, antes que ela volte a despedaçar-se em partículas nacionais, o debate sobre a globalização estará bem encaminhado. E a Alemanha por certo não será a última a influir no processo. Em todos os partidos alemães, existe um número suficiente de políticos capazes de prever que o atual rumo do mercado mundial não poderá mais ser mantido por muito tempo. Helmut Kohl e seu adversário social-democrata Oskar Lafontaine pelo menos estão de acordo quanto à constatação de que a UE oferece uma chance única de restabelecer a capacidade de ação do Estado – oportunidade que até os liberais reconhecem, pelo menos aqueles que se vêem como defensores dos direitos do cidadão. Por exemplo, se a criminalidade continuar crescendo no solo fértil do mercado europeu sem Estado, os políticos terão poucos argumentos convincentes contra a expansão do aparelho de controle policial.

Não corre perigo menor a plataforma do maior Partido Verde da Europa, o alemão, que propõe a reforma ecológica da sociedade industrial. Certamente, os países ricos "terão que renunciar a uma parte do seu bem-estar" em benefício do resto do mundo, como o tributarista Oswald Metzger formula a doutrina de seu partido.[11]

As nações do Norte, esbanjando com seu consumo supérfluo, passarão então por mudanças incisivas, que exigirão alguns sacrifícios. Somente a superação da economia de descartáveis através de uma economia de prestação de serviços, além de um urbanismo voltado para o homem e não para o automóvel poluidor, oferece a possibilidade de criar para os países do Sul o espaço de que eles precisam para seu próprio desenvolvimento.

É verdade que a redistribuição globalizada de renda, em favor dos capitalistas, não nos aproxima nem um passo dessa meta e nos impulsiona cada vez mais para a frente. As perdas salariais dos operários e empregados, bem como a redução dos serviços sociais, não beneficiam esses países, mas apenas aquela quinta parte da sociedade de ricos e altamente qualificados, cujos salários e lucros financeiros aumentam na medida em que todo o resto precisa satisfazer-se com menos. Enquanto a maioria dos eleitores viver com medo de passar muito em breve para o lado dos perdedores, programas de reforma ecológica têm pouca perspectiva de granjear apoio maciço, embora apenas a suposição de renúncia ao consumo esteja ligada a isso. O cidadão esclarecido da classe média, com um emprego seguro, talvez possa deixar seu automóvel na garagem, mas o chauvinista do bem-estar, jamais.

Se todas as partes da União Européia levantarem a bandeira da integração social que consta de seus respectivos programas políticos, a economia internacionalizada terá de enfrentar o desafio e ceder. Então, será apenas o caso de desenvolver os instrumentos e as instituições, por meios europeus, que tornem a viabilizar a política criativa. A chave para o deslanche europeu ainda será fornecida por Helmut Kohl: a unificação monetária. Com ela abre-se a possibilidade de impor regras sociais contratuais ao centro nervoso da globalização, o mercado financeiro internacional. Ao mesmo tempo, porém, será promovida uma aliança tão estreita entre os países da UE que eles abrirão brechas democráticas na legislação comum, ou então fracassarão. Como essa chance será aproveitada, dependerá em grande parte de saber se a renitente política intramuros acordará de sua hibernação européia e ampliará o horizonte dos respectivos sonhos de reforma para além das fronteiras nacionais.

Um dos economistas críticos da América, Ethan Kapstein, diretor do Conselho para Relações Exteriores em Washington, colocou em poucas palavras qual é o problema: "O mundo", escreveu Kapstein em maio de 1996, "segue fatalmente o rumo de um daqueles momentos trágicos que fará com que historiadores do futuro perguntem: por que não foi tomada nenhuma providência em tempo? Será que as elites econômicas e políticas não perceberam a profunda desestruturação que levou à transformação econômica e técnica? E o que os impediu de tomar as medidas necessárias para evitar uma crise social global?"[12]

Para os cidadãos do Velho Continente isso significa que eles precisam decidir qual das correntes da nova Europa irá configurar o futuro: a democrática, que remonta à Revolução Francesa de 1789, ou a totalitária, que venceu na Berlim de 1933, com a ascensão do hitlerismo. Desde que não deixem a iniciativa aos utopistas do mercado, desbravadores do caminho para a Nova Direita, os europeus saberão sair-se melhor!

10

DEZ IDÉIAS CONTRA A SOCIEDADE 20 POR 80

1. Uma União Européia democratizada e atuante:
Individualmente, os Estados europeus não podem mais promover reformas num mercado interno altamente integrado como o da União Européia. A federação das nações, contudo, na sua forma atual também não tem condições de impor mudanças profundas como, por exemplo, um imposto do petróleo. Isso porque falta ao Conselho de Ministros – o verdadeiro órgão legislador da UE, sediado em Bruxelas – a legitimação democrática para decisões majoritárias. Duas medidas – eleições de representantes para a Comissão Européia (o órgão executivo), através do Parlamento Europeu, e o debate nos parlamentos nacionais a respeito de cada projeto de lei – poderão revitalizar a democracia européia e permitir alianças políticas para reformas acima das fronteiras.

2. Fortalecimento e europeização da sociedade civil:
Quanto mais a desigualdade material ameaçar a coesão das sociedades, tanto mais importante é que os próprios

cidadãos defendam os direitos democráticos básicos e fortaleçam a solidariedade social. Seja na vizinhança ou no local de trabalho, atendendo numa creche ou em iniciativas em defesa do meio ambiente, em todos os lugares aparecem chances de se opor à marginalização dos economicamente fracos e insistir em alternativas ao radicalismo de mercado e ao desmantelamento das políticas sociais. Cooperação além-fronteiras e entrosamento são capazes de proporcionar força insuspeitada à cidadania engajada. É direito de cada um participar da configuração do futuro, mesmo quando esta se desenvolve em Bruxelas. Pensar globalmente e agir localmente é bom, mas atuar em conjunto, além-fronteiras, é melhor.

3. Unificação monetária européia:

Grandeza é o único fator de poder na economia globalizada. O fim da dispersão monetária na Europa pela implantação da moeda única – o euro – pode colocar de pernas para o ar a relação de força entre os mercados financeiros e os Estados europeus. As taxas cambiais podem ser estabilizadas e o valor de troca de cada moeda nacional pode ser negociado com os sócios no Exterior, e não ficar à mercê do arbítrio do banco emissor de dólares dos EUA e dos banqueiros de Londres, Nova York ou Cingapura. Se for possível transformar o euro na moeda principal, a União Européia terá vigor suficiente para obrigar o fechamento dos paraísos fiscais e a justa tributação dos lucros privados com as diferenças de juros internacionais.

4. Expansão das leis da UE sobre tributação:

A política tributária é a chave para a orientação democrática do desenvolvimento econômico, sem intervenções dirigistas e burocráticas no mercado. A economia da Europa está tão interligada que tal orientação só é possível em nível c ropeu, supranacional. Além disso, essa é a única forma de dar um fim à competição interna na UE pela tributação mais baixa dos investimentos produtivos e dos grandes patrimônios.

5. Criação de um imposto sobre o comércio de divisas (taxa Tobin) e sobre créditos em bancos não europeus:

O prejuízo para o bem-estar social, causado pelas flutuações especulativas das taxas cambiais, pode ser reduzido consideravelmente mediante um imposto sobre o fluxo de divisas e créditos estrangeiros, conforme sugerido pelo economista americano James Tobin. Considerando que o lucro obtido com diferenças de juros entre as diversas moedas seria menos compensador, caberia ao Banco Central Europeu adaptar com autonomia o valor dos juros à situação conjuntural européia, sem seguir o modelo americano. O imposto sobre divisas, além disso, abre fontes de receita imprescindíveis para o apoio àqueles países que não conseguem acompanhar o ritmo da globalização dos mercados.

6. Padrões mínimos sociais e ecológicos para o comércio mundial:

Governos de países em desenvolvimento, que só conseguem obter superávit comercial graças à mão-de-obra infantil, à destruição ambiental e aos salários de fome, além de reprimirem os sindicatos, cometem abuso contra os recursos humanos e naturais de suas nações. Se a Organização Mundial do Comércio (OMC) impusesse sanções contra os países infratores dos direitos básicos – com a devida comprovação por autoridades da ONU –, as elites não-democráticas do Sul pelo menos seriam obrigadas a praticar uma política de desenvolvimento que verdadeiramente permita o progresso de suas populações.

7. Reforma tributária em âmbito continental:

A tributação mais elevada do consumo pode fomentar profissões com bom potencial de trabalho e limitar o crescimento do transporte de mercadorias por meios ecologicamente devastadores, cobrindo distâncias cada vez maiores. O trabalho humano seria valorizado e a automação com grande consumo de energia ficaria menos rentável. O remanejamento da carga tributária, além disso, oferece a chance de separar o orçamento da Previdência da receita dos trabalhadores ativos.

8. Introdução de um imposto europeu sobre bens supérfluos:

Os ganhos de capital por parte das empresas não podem ser tributados apenas com base na média mundial. Isso só aumentaria os preços para os produtos e serviços da Europa e expulsaria os investidores. Para viabilizar a justa participação dos globalizadores no financiamento de serviços sociais, um imposto progressivo sobre bens supérfluos seria uma compensação apropriada, permitindo um recolhimento de 30% sobre tudo o que os ricos tanto apreciam: compra de imóveis além das necessidades próprias de domicílio, carros de luxo, iates de passeio, aviões particulares, jóias valiosas etc.

9. Sindicatos europeus mais combativos:

A grande omissão dos sindicalistas da Europa foi sua desistência, até agora, da criação de uma entidade combativa em escala continental. Só por esse motivo não existem comissões de fábrica em funcionamento na Europa e os trabalhadores dos diversos países entram no jogo da rivalidade. Se os representantes do operariado alargassem sua curta visão atual, terminaria a influência dos eficientes lobbies empresariais sobre as decisões de Bruxelas, e a política social da UE poderia tomar forma.

10. Fim da desregulamentação sem proteção social:

A dissolução dos monopólios estatais nos setores de comunicação e abastecimento de energia, bem como a abertura de mercados até agora protegidos para a concorrência internacional, vem tendo efeitos devastadores sobre o nível de emprego. Se não for possível assegurar que sejam criados, aproximadamente, tantos postos de trabalho quantos os que são perdidos pela liberalização, qualquer abertura de mercado deveria ser adiada até que volte a diminuir o desemprego.

NOTAS

Para maior clareza, nomes de artigos e livros em alemão foram traduzidos.

1. A sociedade 20 por 80
1) Discurso de 27 de setembro de 1995 em San Francisco.
2) Três jornalistas puderam participar de todos os trabalhos no evento de San Francisco, de 27 de setembro a 1º de outubro de 1995; entre eles estava Hans-Peter Martin.
3) Suplemento de Economia, 14/6/96; Prognóstico Wifo, em Die Presse, 30/3/96.
4) Die Woche, 26/1/96.
5) Die Zeit, 12/1/96.
6) Frankfurter Allgemeine, 29/1/96 e 30/4/96.
7) Neue Kronenzeitung, 14/5/96.
8) Frankfurter Rundschau, 22/3/96, e Frankfurter Allgemeine, 4/6/96.
9) Der Spiegel, 4/96.
10) Karl Marx/Friedrich Engels, Obras, tomo 16: "Salário, Preço e Lucro", págs. 103-152, edição Berlim, 1962.
11) Der Spiegel, 4/96.
12) Conceito criado pelo economista Edward Luttwak em 1995.
13) Financial Times, 30/4/96.
14) Segundo pesquisas de Timothy Egan, "Many Seek Security in Private Communities", em: New York Times, 3/9/95; Lester Thurow: "The Future of Capitalism", Nova York, 1996.

2. Tudo em toda parte
1) Escala involuntária em abril de 1994.
2) Visita em janeiro de 1995.
3) Visita em abril de 1993.
4) Visita em março de 1992.
5) Pela última vez em fevereiro de 1996.
6) Conversa em 27/10/92, em Paris.
7) New Perspectives Quarterly, outono de 1995, pág. 3.
8) Idem, pág. 9.
9) Idem, págs. 13 a 17.
10) Idem, pág. 2.
11) Die Welt, 2/2/96.
12) Der Spiegel, 22-96, pág. 99.
13) Süddeutsche Zeitung, 12/4/95.
14) RTI, 22/5/96.

15) Conversas desde outubro de 1986, última em 23/7/96, em Nova York.
16) Visita a galerias de artes em Tomsk (abril de 1994), em Lisboa (novembro de 1993) e em Viena: exposição "Coming up – Arte jovem na Áustria", Museu de Arte Moderna, de 11/6 a 15/9/96.
17) Conversas com Peter Turrini, de dezembro de 1994 a agosto de 1996, em Viena, Retz e Bregenz; primeiros relatos publicados em Der Spiegel, 18-95, págs. 192 e seguintes
18) Impressões colhidas por ocasião dos concertos de 13/7/96 em Viena e 20/7/96 em Nova York.
19) The Economist, citado do Manager Magazin Special, 1-96, pág. 9.
20) Visita em julho de 1996.
21) Conversa em fevereiro de 1991, no Rio de Janeiro.
22) Der Spiegel, 21-96, pág. 191
23) Conversa em novembro de 1992, em Bremen.
24) IDC-Deutschland Info, 17/1/96.
25) New Perspectives Quarterly, inverno de 1995, pág. 21.
26) Business Week, 24/4/95.
27) Business Week, 22/1/96.
28) Welt am Sonntag, 25/6/96.
29) Visita a Atlanta, de 19 a 21/7/96.
30) Conversa em 20/7/96, em Atlanta.
31) World Resources 1996-97, "The Urban Environment", Washington, pág. 3.
32) Discurso na Conferência da ONU sobre a Situação Social Mundial, em março de 1995.
33) UNDP, Human Development Report, Nova York, julho de 1996.
34) OCDE, Database, pesquisa em Paris, julho de 1996.
35) Conversa com Dinesh B. Mehta em 20/3/96, em Paris.
36) OCDE, Database, pesquisa em Paris, julho de 1996.
37) New Perspectives Quarterly, outono de 1994, pág. 2.
38) ORF-Teletext, 10/8/95; Frankfurter Rundschau, 26/6/96.
39) Estudo efetuado por grupo de trabalho acadêmico na Universidade de Hamburgo, sobre causas de guerras; citado no Frankfurter Allgemeine, 26/6/96.
40) Robert D. Kaplan, "A anarquia vindoura", em Lettre, primavera de 1996, pág. 54.
41) Idem, idem, pág. 58.
42) Foreign Affairs, Council on Foreign Relations, verão de 1993, pág. 22.
43) Conversas em 12, 13 e 14 de setembro de 1994, no Cairo.
44) Der Spiegel, 23/96, pág. 158.
45) World Urbanization Prospects, The '94 Revision, Nova York, pág. 105.
46) Frankfurter Allgemeine, 4/6/96.
47) Der Spiegel, 23-96, págs. 156 e seguintes.
48) The Economist, 29/7/95.

49) Conversa em dezembro de 1992, em Bonn.
50) Foreign Affairs, Council on Foreign Relations, março-abril de 1996, pág. 86.
51) Der Spiegel, 2/93, pág. 103.
52) Relatório UNDP de 1994; Instituto de Pesquisa da ONU para Desenvolvimento Social ("States of Disarray", 1995).
53) Idem, idem.
54) World Resources 1996-97, Nova York-Oxford, 1996.
55) Der Spiegel, 23/96, pág. 168.
56) Der Standard, 14/6/96.
57) Foreign Affairs, Council on Foreign Relations, janeiro-fevereiro de 1996, pág. 65.
58) World Resources 1996-97, Nova York-Oxford, 1996.
59) Odil Tunali na revista ambientalista World Watch, 2-96, págs. 27 e seguintes.
60) Idem, idem, pág. 31.
61) Der Spiegel, 2-96, pág. 106.
62) World Resources 1996-97, Nova York-Oxford, 1996.
63) Newsweek, 9/5/94.
64) Visita em abril de 1994.
65) Newsweek, 9/5/94.
66) ORF-Teletext, 13/6/96.
67) Conversa em junho de 1996.
68) Conversa em 19/10/1995, em Viena.
69) Von Weizsäcker, E.U.; Lovins, A.B.; Lovins, H.L.: "Fator Quatro – Prosperidade em dobro, consumo dos recursos naturais pela metade", Munique, 1993.
70) "The Crucial Decade: The 90's and the Global Environmental Challenge", World Resources Institute, Washington, 1989.
71) Conversa em junho de 1989, em Washington.
72) Conversas com Lester Brown, Chris Flavin e Hilary French, do Worldwatch Institute, durante a Eco-92, conferência da ONU no Rio de Janeiro, em junho de 1992.
73) Conversa em 27/10/92, em Paris.
74) Por último Brown, Lester R.: State of the World 1996, Nova York-Londres, 1996.
75) Conversa em 27 de setembro de 1995, em San Francisco.
76) Frankfurter Allgemeine, 7/5/96.
77) Idem, idem.
78) Conversa em dezembro de 1991, em Paris.
79) Frankfurter Allgemeine, 9/12/95, pág. 15.
80) Weiner, Myron: The Global Migration Crisis, MIT, Nova York, 1995.
81) Idem, idem.
82) Conversa em 27/10/92, em Paris.

3. Ditadura com responsabilidade limitada
1) Conversa em 6/2/96, em Washington.
2) International Herald Tribune, 16/1/95.
3) Financial Times, 26/1/95.
4) Conversa em 6/2/96, em Washington.
5) Financial Times, 16/2/95.
6) International Herald Tribune, 2/2/95.
7) Conversa em 29/1/96.
8) International Herald Tribune, 2/2/95.
9) International Herald Tribune, 3/4/95.
10) Idem, idem.
11) The Economist, 7/10/95.
12) Segundo avaliações recentes do Banco de Compensações Internacionais, o total de vendas diárias chegava a 1,25 trilhão de dólares, com base nos levantamentos de 1994. Desde então os cientistas econômicos constataram acréscimo anual de 15%, de tal modo que o limite de 1,5 trilhão nesse ínterim já deve ter sido ultrapassado.
13) Conversa com o porta-voz da Reuters, Peter Thomas, em 25/1/96, em Londres.
14) Der Spiegel, 12-94.
15) Valor apurado pelo Euro-currency Standing Committee do grupo G-10, junto ao Banco de Compensações Internacionais. Citado por Edgar Meister em: "Derivativos pela Perspectiva do Controle Bancário", texto de palestra, 29/1/96.
16) Essa soma é citada por Wilhelm Nölling em: "Proteger o mundo financeiro de si mesmo", Die Zeit, 5/11/93.
17) Conversa em 31/1/96, em Washington. A pedido, foi alterado o nome do entrevistado.
18) A descrição da ofensiva contra o Sistema Monetário Europeu baseia-se na excelente exposição contida em: Gregory J. Millman, "The Vandals Crown – How rebel currency traders overthrew the world's Central Banks", Nova York, 1995.
19) Dados e citações de: Steven Salomon, "The Confidence Game – How unelected Central bankers are governing the changed world economy", Nova York, 1995.
20) Vereinigte Wirtschaftsdienste, 16/10/93.
21) Frankfurter Allgemeine, 3/2/96.
22) Em: Deutsche Bundesbank, extratos de artigos publicados na imprensa, 28/9/95.
23) The Economist, 7/10/95.
24) Erich Dieffenbacher, "Instituições bancárias off-shore", texto da palestra em seminário sobre lavagem de dinheiro, Berlim, 7/10/93.
25) Frankfurter Allgemeine, 17/11/95.
26) Conversa em 8/1/96, em Berlim.

27) Departamento Suíço de Justiça e Polícia, relatório "Perfil da situação: Dinheiro do Leste", outubro de 1995.
28) Segundo documentação interna do Ministério da Fazenda da Alemanha, elaborada em meados de 1995.
29) Jean-François Couvrat/Nicolas Pless: "A face oculta da economia mundial", Münster, 1993.
30) Newsweek, 3/10/94.
31) Conversa em 1/2/96, em Nova York.
32) Handelsblatt, 25/1/96.
33) New York Times, 27/2/95.
34) 1 ponto porcentual = 0,1%; Financial Times, 24/1/96.
35) Segundo demonstrativo do Ministério da Fazenda alemão, em resposta a uma consulta do Parlamento, segundo o Frankfurter Rundschau de 10/9/95.
36) Comissão Européia, Relatório do Comitê Independente de Peritos para Tributação de Empresas (Relatório Rüding), Luxemburgo, 1992.
37) The Economist, 7/10/95.
38) Boletim Deutsche Bank Research, segundo o Frankfurter Allgemeine de 15/3/96.
39) The Economist, 29/4/95.
40) The Economist, 7/10/95.
41) Deutsche Bundesbank, extratos de artigos publicados na imprensa, 11/1/96.
42) Conversa em 31/1/96, em Londres.
43) International Herald Tribune, 22/4/95.
44) Wirtschaftswoche, 20/4/95.
45) Conversa em junho de 1995, em Berlim.
46) Reuters, 19/2/96.
47) O caso Negara foi descrito detalhadamente em: G. Millman, "The Vandals Crown", Nova York, 1995, págs. 225 e seguintes.
48) The Economist, 18/11/95.
49) Frankfurter Allgemeine, 19/1/96.
50) Berliner Zeitung, 8/3/96.
51) Frankfurter Allgemeine, 2/9/96.
52) The Economist, 3/2/96.
53) James Tobin, "A Proposal for International Monetary Reform", em: The Eastern Economic Journal 3-4, julho-outubro de 1978.
54) Calcula o economista David Felix que, aplicando-se uma alíquota de 1% ao volume anual de vendas tributável de 72 trilhões de dólares, isso proporcionaria receitas de 720 bilhões de dólares.
55) Jörg Huffschmid, "Mecanismos de funcionamento, vantagens e limites da taxa Tobin", em: Informationsbrief Weltwirtschaft & Entwicklung, número especial de agosto de 1995.
56) Conversa em junho de 1995.

57) Alexander Schrader, "Imposto sobre movimento de divisas: fracasso programado", em: Deutsche Bank Research, boletim de 26/6/95, citado por Jörg Huffschmid segundo nota 55.
58) Citado por Gregory Millman, pág. 231.
59) Sueddeutsche Zeitung, 21/3/95.
60) Barry Eichengreen/James Tobin/Charles Wyplosz, "Two cases for sand in the wheels of international finance", em: The Economic Journal, 105/95.
61) Frankfurter Allgemeine, 17/3/95.
62) Wall Street Journal, 16/9/93.
63) Vereinigte Wirtschaftsdienste, 30/9/93.
64) G. Millman, conforme nota 47, págs. 255 e seguintes.
65) Bem assim as avaliações do estrategista do Banque Lambert de Bruxelas, Roland Leuschel, conforme conversa em 30/1/96, em Bruxelas.
66) Confira Julia Fernald e outros: "Mortgage Security Hedging and the Yield Curve", Federal Reserve Bank, Nova York, Research Paper nº 9411, agosto de 1994.
67) Der Spiegel, 12/94.
68) Idem, idem.
69) Wirtschaftswoche, 47-94.
70) Wilhelm Nölling, "Proteger o mundo financeiro de si mesmo", em: Die Zeit de 5/11/93.
71) Felix Rohatyn, "Mercados financeiros globais, necessidades e riscos", em: Lettre nº 46, outono de 1994, e "America in the year 2000", palestra no Forum Bruno Kreisky de Viena, em 8/11/95.
72) Handelsblatt, 13/4/95.
73) Deutsche Presse-Agentur, 27/1/95.
74) Frankfurter Allgemeine, 13/12/95.
75) Edgar Meister, "Derivativos pela perspectiva do controle bancário", texto de palestra, 29/1/96.
76) Conversa em 21/1/96, em Frankfurt.
77) Conversa corn o porta-voz da Euroclear, David Thomas, em 21/1/96 em Bruxelas.
78) International Herald Tribune, 5/2/96.
79) The Economist, 17/2/96.
80) International Herald Tribune, 4/6/96.

4. A lei da selva
1) The Economist, 7/1/95.
2) Citado em Die Zeit, 24/11/95.
3) Financial Times, 28/3/96.
4) Financial Times, 3/7/96.
5) International Herald Tribune, 29/8/95.

6) Todas as citações de: Thomas Fischermann, "Pena do Primeiro Mundo", em Die Zeit, 3/11/95.
7) Segundo dados do Departamento Federal Alemão de Trabalho, citado por Die Zeit, 24/11/95.
8) Até 1990, pertenciam à OCDE (Organização para Cooperação e Desenvolvimento Econômico), com sede em Paris, apenas os 23 clássicos países industrializados do "Ocidente", isto é: Estados Unidos, Canadá, Japão, Austrália, Nova Zelândia, Alemanha, França, Grã-Bretanha, Itália, Espanha, Portugal, Holanda, Dinamarca, Grécia, Irlanda, Bélgica, Luxemburgo, Suécia, Noruega, Finlândia, Islândia, Áustria e Suíça. Desde então foram admitidos mais cinco países, economicamente mais fracos, que por tratado estão ligados à União Européia ou à zona de livre comércio norte-americana, o Nafta. São estes os países: Turquia, México, Hungria, Polônia e República Checa.
9) Die Woche, 12/9/93.
10) Wall Street Journal Europe, 12/3/93.
11) Edzard Reuter, "Como o melhor conhecimento pode proporcionar o melhor modo de agir", texto de palestra na Associação Alfred Herrhausen, em junho de 1993.
12) Der Spiegel, 4-96.
13) World Trade Organization, Trends and Statistics, Genebra, 1995.
14) Citado por Elmar Altvater/Birgit Mahnkopf em "Limites da globalização", Münster, 1996.
15) United Nations Conference on Trade and Development (Unctad), World Investment Report, Nova York-Genebra, 1995.
16) Paolo Cecchini e outros, "Europa-92: A vantagem do mercado interno", Baden-Baden, 1988.
17) Financial Times, 26/2/96.
18) Segundo uma reportagem de In These Times, 26/12/95.
19) Dados do Los Angeles Times, 5/12/95.
20) Business Week, 16/10/95.
21) Frankfurter Allgemeine, 29/4/96, e Der Spiegel, 15/96.
22) Dados do U. S. Bureau of the Census, Current Population Reports, citado por Lester Thurow em "The future of capitalism", Nova York, 1996.
23) Dados citados por Simon Head, "O fim da classe média", em Die Zeit de 26/4/96.
24) Lester Thurow, pág. 180, vide nota 22.
25) Segundo cálculo do New York Times, com base na estatística da Secretaria do Trabalho americana, International Herald Tribune de 6/3/96.
26) Phillip Cook/Robert Frank: "The Winner-Takes-All Society", Nova York, 1995.

27) International Herald Tribune, 17/11/95.
28) Idem, idem.
29) Robert Reich, "A nova economia mundial", Frankfurt-Berlim, 1993; e Frankfurter Allgemeine de 29/4/96.
30) Lester Thurow, págs. 126 e 165-166, vide nota 22.
31) Citado por Silvio Bertolami, "Somos todos passados pela máquina de moer carne", em Die Weltwoche de 31/8/95.
32) Frankfurter Allgemeine, 29/4/96.
33) Citado por Simon Head, vide nota 23.
34) Stephan Roach, "America's recipe for industrial extinction", no Financial Times de 14/5/96.
35) Financial Times, 14/5/96.
36) Segundo dados dos conglomerados citados em Focus, 45-95.
37) Frankfurter Allgemeine de 29/5/96 e International Herald Tribune de 29/2/96.
38) Citado por Heinz Blüthmann, "Despedidas em prestações", em Die Zeit de 8/9/95.
39) Der Spiegel, 16/96.
40) The Economist, 14/10/95.
41) Le Monde Diplomatique, outubro de 1995.
42) Reuters, 19/3/96.
43) Die Zeit, 22/7/96.
44) Der Standard, 25/5/96.
45) Die Tageszeitung, 6/3/96.
46) Bloomberg Business News, 18/3/96.
47) Frankfurter Allgemeine, 3/6/96.
48) Frankfurter Rundschau, 2/12/95.
49) Frankfurter Allgemeine de 13/10/94 e Frankfurter Rundschau de 16/10/94.
50) Frankfurter Allgemeine, 30/10/93.
51) Der Spiegel, 16/96.
52) Frankfurter Allgemeine, 27/6/96.
53) Mais detalhado em: H. Schumann, "Autoprivação de poder na política – A crise programada do sistema da Comunidade Européia", em: Kursbuch, 107/92.
54) Segundo dados da Association of European Airlines.
55) International Herald Tribune, 3/7/96.
56) Espanha, Portugal, Grécia e Irlanda conseguiram prazos de transição até 2003.
57) The Economist, 1/6/96.
58) Der Spiegel, 8/96.
59) International Herald Tribune, 23/4/96.
60) Der Spiegel, 2/96.
61) Le Monde Diplomatique, 1/96.

62) Financial Times, 24/4/96.
63) Frankfurter Rundschau, 2/5/96.
64) Die Zeit, 24/5/96.

5. Mentiras cômodas

1) Silvio Bertolami, "Ressaca depois da embriaguez de tequila", em: Die Weltwoche, 12/1/95.
2) Dados de Anne Huffschmid, "Desmascarando à mexicana", em: Blätter fur deutsche und internationale Politik, 6/95.
3) Newsweek, de 18/3/96
4) Conforme nota 2.
5) Frankfurter Allgemeine, 25/7/96.
6) Descrição apoiada em: Frédéric Clairmont, "Aprender com Cingapura", Le Monde Diplomatique de 10/6/95.
7) Segundo cálculos do conselheiro econômico do governo francês, Gerard Laffay, professor de Economia na Universidade de Paris, em: Die Zeit, 12/4/96.
8) As diferenças essenciais entre as estratégias de desenvolvimento ocidentais e asiáticas foram analisadas por Charles Gore, da Organização Internacional do Trabalho, em: "Methodological nationalism and the misunderstanding of East Asian industrialization", Unctad discussion paper nº 111, Genebra, 1995.
9) International Herald Tribune, 29/7/96.
10) International Herald Tribune, 18/3/96.
11) Der Spiegel, 39-95.
12) Frankfurter Allgemeine, 16/12/93.
13) Financial Times, 20/6/96.
14) International Herald Tribune de 28/2/96 e The Economist de 13/4/96.
15) Die Tageszeitung de 28/2/96 e Frankfurter Allgemeine de 21/5/96.
16) Conversa em outubro de 1993.
17) Le Monde Diplomatique, 18/2/96.
18) Adrian Wood, "North–South Trade, Employment and Inequality", Oxford, 1994.
19) Unctad, World Investment Report 95-96, Genebra.
20) O mais recente produto da fábrica de ideologias, no qual foram interpretadas todas as teses e teorias respectivas, coube ao economista de Harvard, Robert Lawrence: "Single World, Divided Nations? – International Trade and OCDE Labor Markets", divulgado como publicação da OCDE, Paris, 1996.
21) Excluindo a Alemanha Oriental, segundo documenta o relatório mensal do Bundesbank de julho de 1996, citado pelo Frankfurter Allgemeine de 19/7/96.
22) Durante a entrevista televisionada "Assumir posição", canal ARD, em 11/4/96.

23) Frankfurter Allgemeine, 4/6/96 e 17/6/96.
24) Frankfurter Allgemeine, 12/6/96.
25) Die Tageszeitung, 10/6/96.
26) Segundo dados do Ministério do Trabalho e Previdência alemão, citado em: Heiner Geissler, "Ameaça de nova luta de classes", Berliner Zeitung de 4/1/96.
27) Dados extraídos da excelente análise sobre a crise de financiamento do Estado social, de Wolfgang Hoffmann: "Rachaduras nos alicerces", em Die Zeit de 15/12/95.
28) Segundo afirmações do presidente do Instituto de Pensão e Aposentadoria dos Empregados Mensalistas, Hans-Dieter Richardt, por ocasião de um seminário de imprensa em 22/2/96.
29) Heiner Flassbeck/Marcel Stremme, "Recibo pela virtude", em Die Zeit de 1/12/95.
30) Handelsblatt, 19/7/96.
31) Documentado no Frankfurter Allgemeine de 19/6/96.
32) Stern, 46-95.
33) Michael Wortmann, "Anotações sobre o contexto de investimentos diretos e a competitividade da Alemanha", texto inédito, Berlim 1996.
34) Frankfurter Rundschau, 4/5/96.
35) Der Spiegel, 19/96.
36) Segundo cálculos do departamento de pesquisa da Associação Alemã dos Sindicatos (DGB), citado no Frankfurter Rundschau de 14/7/96.
37) O Instituto Alemão de Pesquisa Econômica, sob a direção de Michael Kohlhaas, estimou a partir de 1995 um acréscimo anual de 7% nos resultados da tributação das fontes de energia, segundo o desenvolvimento estrutural da economia da Alemanha como um todo. A estimativa, feita para os dez anos seguintes, também prevê para 2005 uma arrecadação de 121 bilhões de marcos, que independentemente da sua origem poderiam ser rateados em contribuições sociais e abonos sobre salários. O Instituto propõe que 71% das receitas deverão ser empregadas para reduzir os encargos patronais para seguridade, barateando assim o trabalho. O resto deveria ser creditado ao contribuinte como bônus ecológico, à razão de 400 marcos por pessoa. Documentado em Die Zeit de 10/6/94.
38) Em Klaus Backhaus e Holger Bonus (editores): "A armadilha da aceleração ou a vitória da tartaruga", Stuttgart, 1995.

6. Salve-se quem puder, mas quem pode?
1) Em 29 de setembro de 1995, em San Francisco.
2) Conversa em 21/6/96, no vôo Viena–Berlim.
3) Conversa em 24/7/96, em Frankfurt.
4) Conversa em 1/10/95, em Reston, Virgínia.

5) Conversa em 21/7/96, em Nova York.
6) Mensagem por fax de Justin Fox, em 20/8/96.
7) Estimativas dos professores Roy C. Smith e Ingo Walter, da Universidade de Nova York, durante conversa em 2/2/96.
8) Harper's Magazine, outubro de 1995, pág. 55.
9) New York Times, 1/2/96.
10) New York Times, 21/1/96.
11) Die Zeit, 31/5/96, págs. 9 a 11.
12) Die Woche, 28/6/96, pág. 6.
13) Public Forum, 14/6/96, pág. 12.
14) Die Tageszeitung, 16/2/96, pág. 13.
15) Frankfurter Rundschau, 22/6/96, pág. 4.
16) Hans-Peter Martin, "Premissas para a felicidade terrestre", em: Der Spiegel, 33/89, por último visita em 1/3/96.
17) Conversa em 11/8/96, em Heiligendamm.
18) ORF-Teletext, 19/8/96.
19) Idem, 20/8/ 96.
20) International Herald Tribune, 17 e 18/8/96.
21) Conversas em 23/1/95, 2/10/95 e 31/1/96, em Washington.
22) ZDF-Auslands Journal, 19/8/96.
23) Conversas em 2/2/96 em Nova York e 21/3/96 em Ladenburg.
24) ORF-Teletext, 18/8/96.
25) Thomas L. Friedman no International Herald Tribune, 8/2/96.
26) Entrevista em Der Standard de 21/8/96; pela primeira vez, cartazes em 30/8/96; conversa em 30/8/96, em Viena.
27) Citado em Falter, 31-96, pág. 9.
28) ORF (Rádio da Áustria), Zeit im Bild de 2/8/96.
29) Citado pelo Los Angeles Times Syndicate International, junho de 1995, e reproduzido entre outros em Welt am Sonntag de 25/6/96.
30) Perfil e citações de Luttwak, em Die Weltwoche, 31/8/95.
31) Conforme nota 29.
32) Idem, idem.
33) Conversas em 22 e 23/8/96, em Viena.
34) Conversa em 8/7/96, em Viena.
35) Franz Köb, "Parar – Do retardamento do tempo", Doppelfaut Presse, Bad Teinach, 1996.
36) Carta particular de 24/7/96.

7. Culpados ou vítimas?
1) Observações feitas em diversas sessões da ONU em Nova York, a última em janeiro de 1996.
2) Visita em 22/7/96, em Nova York.
3) Em 30/7/96, em Bonn.
4) Em 5/9/94, no Cairo.

5) Conversas em 12, 13 e 14/9/94 no Cairo e em 26 e 27/1/95 em Nova York.
6) Conversa em 5/2/96, em Washington.
7) Conversa em 2/2/96, em Nova York.
8) Conversa em 31/1/96, em Washington.
9) Conversa em 1/2/96, em Nova York.
10) Conversas em 29/6/95 e 21/11/95, em Viena.
11) Conversa em 29/9/95, em San Francisco.
12) Conversas em 29/9/95 em San Francisco e 20/7/96 em Atlanta; também The New York Times de 2/8/96.
13) Carta particular de 24/7/96,
14) Conversa em 9/11/93, em Munique.
15) Conversa em 13/5/95, em Viena, bem como em 5/8/96 e em 11/8/96.

8. A quem pertence o Estado?
1) Der Spiegel, 11/96.
2) Handelsblatt de 26/3/93 e Frankfurter Rundschau de 24/2/95.
3) Frankfurter Allgemeine de 9/7/96 e Der Spiegel 12/96.
4) Frankfurter Rundschau, 27/3/94.
5) Financial Times, 13/10/94.
6) Die Zeit, 25/6/93.
7) Die Woche, 3/11/ 95.
8) Der Spiegel, 12/96.
9) Der Spiegel, 26/96.
10) Commission on International Investment, "Incentives and Foreign Direct Investment", relatório da secretaria da Unctad, Genebra, 1995.
11) Frankfurter Rundschau, 15/12/96.
12) Markus Dettmer e Felix Kurz, "Uma sensação de Natal", em: Der Spiegel, 20/95.
13) Deutsche Presse-Agentur, 22/5/96.
14) Conforme nota 10.
15) Segundo cálculos do Instituto Alemão de Pesquisa Econômica.
16) Council of Competitiveness, "Charting Competitiveness", em: Challenges, outubro de 1995, citado por Lester Thurow, "The Future of Capitalism", Nova York, 1996.
17) Wochenpost, 2/9/96.
18) Cifras de Will Hutton, "The State We're in", Londres, 1995, e The Independent de 16/6/96.
19) Frankfurter Rundschau, 29/6/96.
20) International Herald Tribune, 30/8/95.
21) Financial Action Task Force Working Group, relatório publicado em Paris, 1990.
22) Time, 24/8/94.

23) Citado segundo Klaus Wittmann, "Perfeito, muito rápido e atrevido", em: Die Zeit, 3/5/96.
24) Susan Strange, "The Retreat of the State", Oxford, 1996.
25) Durante o simpósio "Dinheiro em Excesso?" da Academia Evangélica Loccum, 12/5/96.
26) Deutsche Press-Agentur, 8/7/96.
27) Segundo dados da Comissão Antimáfia do Parlamento italiano, divulgados em 3/6/96.
28) Frankfurter Rundschau, 19/4/96.
29) Kenichi Ohmae, "The End of the Nation State", Nova York, 1995.
30) "Does government still matter? – The State is withering and global business is taking charge", Newsweek de 26/6/95.
31) Confira Frankfurter Allgemeine de 15/5/96.
32) Commission on Global Governance, "Our Global Neighbourhood", Oxford, 1995.
33) Frankfurter Rundschau, 9/2/96.
34) Mais detalhes em: Harald Schumann, "Soberano da Europa", em Kursbuch 117, Berlim, 1994.
35) Niall FitzGerald, "A European Nightmare", em: Financial Times, 5/6/96.

9. O fim da desorientação

1) Karl Polanyi, "The great transformation", Frankfurt, 1978.
2) Ulrich Beck, "Capitalismo sem trabalho", em: Der Spiegel, 20/96.
3) Financial Times, 30/4/96.
4) Carta particular de 24/7/96.
5) Die Woche, 26/4/96.
6) International Herald Tribune, 1/2/96.
7) No caso, é exemplar a tentativa dos ministros do Trabalho da Alemanha e da França, contrária a todas as regras do mercado interno europeu, de expulsar os operários de construção baratos, vindos de Portugal e da Inglaterra, das obras naqueles dois países, mediante imposição de salário mínimo legal. Também a medida tomada pelo governador da Saxônia, Kurt Biedenkopf, contra o direito da União Européia ao ressarcimento, quando da outorga de incentivos à Volkswagen, é no fundo uma medida protecionista, que distorce a concorrência na Europa.
8) Essa exigência está sendo apoiada por crescente número de profissionais da economia, tais como os peritos do órgão de comércio da ONU, a Unctad, os economistas do Instituto Alemão de Pesquisa Econômica ou o banqueiro de Wall Street e conselheiro do presidente Clinton, Felix Rohatyn. Confira: relatório da Unctad de 1995, págs. 4 a 9, Genebra; Heiner Flassbek e Rudolf Dressler, "Globalização e política social nacional", Berlim-Bonn, 1996; Felix Rohatyn, "America

in the year 2000", texto de palestra no Fórum Bruno Kreisky de Viena, em 8/11/95; Roger Bootle, "The Death of Inflation", Londres, 1996.
9) Tal prognóstico também foi apresentado de forma concludente pelos pesquisadores econômicos Stepan Leibfried, da Universidade de Bremen, e Elmar Rieger, de Harvard, em: "Fundamentos do livre comércio", Die Zeit de 2/2/96.
10) Berliner Zeitung, 13/4/96.
11) Der Spiegel, 32/96.
12) Ethan Kapstein, "Workers and the world economy", em: Foreign Affairs, Council on Foreign Relations, maio de 1996, pág. 18.

AGRADECIMENTOS

Os autores agradecem a todos os que os encorajaram a escrever este livro, principalmente aqueles que, apesar do estresse da globalização, encontraram tempo para conversas e estímulos valiosos.

Anil Agarwal, Bella Abzug, Carmen Bersch, Madhu Bhaduri, Andrew Braunsberg, Edgar M. Bronfman, Lester Brown, Richard Butler, Boutros Boutros-Ghali, Michel Camdessus, Barber B. Conable Jr., Markus Dettmer, Erich Dieffenbacher, Ricardo Díez Hochleitner, Julian Disney, Bénédicte Dupoux, Harald Ettl, Rainer Falk, Peter Felch, Caroline Fetscher, Chris Flavin, Hans Fleisch, Michael Findeisen, Thomas Fischer, Justin Fox, Hermann Franz, Fernando Gabeira, Adrienne Germain, Mikhail Gorbachev, Al Gore, Mathias Creffrath, William Greider, Peter Handke, Wilhelm Hankel, Andreas Hauskrecht, Peter Heller, Edmund Hillary, Heimo Hoch, Jeanette Hofmann, Ivan Illich, Pilar Isaac-Candeias, Hans-Ulrich Klose, Margaretha Kopeinig, Michal Kovác, Hans-Helmut Kotz, Jürgen Kautz, Ferdinand Lacina, Claus Leggewie, Gerd Leipold, Gisela Leske, Roland Leuschel, Amory B. Lovins, José Lutzenberger, Andreas Mailath-Pokorny, Mahathir Mohamad, Adam Markham, Inge Martin, Jack P. Martin, Dennis Meadows, Edgar Meister, Gregory J. Millman, Valerie Monchi, Klaus-Peter Möritz, Ward Morehouse, Michael Müller, Rolf S. Müller, Rainer Münz, Kamal Nath, Wally N'Dow, Kum'a Ndumbe III., Wilhelm Nölling, Désirée Nosbusch, Bisi Ogunleye, Charles Oman, Yves Perreard, Erica Bo Petersen, Wolfgang Petritsch, Volker Petzoldt, David Pitt, Barbara Pyle, Werner Raith, John

Rawls, Wolfgang Reinicke, Michael Renner, Wolfgang Riehle, Cesar Rodrigues Rabanal, Elfi Rometsch, Rüdiger von Rosen, Curt Royston, Jeffrey Sachs, Nafis Sadik, Jochen Sanio, Reijiro Sawafuji, Waltraud Schelkle, Rosa Scheuringer, Anton Schneider, Bertrand Schneider, Leonard Schrank, Alexander Schubert, Stirling D. Scruggs, Gordon Shepherd, Bernd Spahn, Michael Snow, Ulrich Steger, Stephen Silvia, Patrick Slough, Roy C. Smith, Marcel Stremme, Washington SyCip, Gilbert Trigano, Klaus Töpfer, Ted Turner, Peter Turrini, Vincent J. Truglia, Barbara Unmüßig, Herman Veltman, Günter Wallraff, Ingo Walter, R. Christopher Whalen, Ernst Ulrich von Weizsäcker, Simon Wiesenthal, Dieter Wild, Timothy Wirth, Michael Wortmann, Yun Ho Jin, membros do grupo jornalístico Contrapunkt, assim como muitos outros que nos ajudaram com informações e preferem não ser mencionados nominalmente. Profundo agradecimento final a Rudiger Dammann, que sempre pôs fé neste projeto.

Hans-Peter Martin e Harald Schumann
Viena e Berlim, setembro de 1996.